Siegfried Bäuerle / Helgard Moll-Strobel /
Gerd-Bodo Reinert / Helmut Wehr

Gewalt in der Schule

Reihe Schule und Unterricht

Herausgegeben von Jörg Petersen und
Gerd-Bodo Reinert

Auer Verlag GmbH

Gedruckt auf umweltbewußt gefertigtem, chlorfrei gebleichtem und alterungsbeständigem Papier.

1. Auflage. 1999

Gesamtherstellung: Ludwig Auer GmbH, Donauwörth
ISBN 3-403-0**3095**-4

Inhaltsverzeichnis

Vorwort

Die ‚Institution Schule' wird damit konfrontiert, daß Schüler immer öfter und von Mal zu Mal erbarmungsloser Gewalt anwenden. Gewalttätige und aggressive Kinder als auch Jugendliche sind eine nicht zu verschleiernde Barriere der mitmenschlichen Kommunikation und häufige Ursache des Burnout-Syndroms. Die Hilflosigkeit wächst.

Das 21. Jahrhundert wird das Jahrhundert der unbewältigten Aggressivität. Um das immer brisanter werdende Problem, das sich zunehmend auch in der Schule zeigt, zu bewältigen, brauchen wir Einsicht in die komplexen Ursachen und Zusammenhänge von Aggression und Gewalt. Zum anderen benötigen die Lehrer aber auch konkrete Hilfen, wie sie in der Schule mit dieser schwierigen Problematik umgehen können. Die Autoren stellen sich diesem Thema und versuchen, vor dem Hintergrund neuester Forschung einen Überblick zu dem bedrückenden Gewaltproblem zu geben durch in der Praxis erprobte Konzepte, Tips und Strategien zum Umgang mit Gewalt.

Gelegentliche Wiederholungen in den verschiedenen Texten sind beabsichtigt, damit sich auch derjenige gut orientieren kann, der nur einige Kapitel lesen möchte. Die Autoren haben sich für die Bezeichnung Schüler und Lehrer entschieden. Selbstverständlich beinhalten diese Begriffe auch Schülerinnen und Lehrerinnen.

Karlsruhe/Heidelberg, im September 1999

Siegfried Bäuerle
Gerd-Bodo Reinert

SIEGFRIED BÄUERLE

Ursachen von Gewalt in der Schule

1. Ausgangslage

1.1. Aggression und Gewalt in der Schule läßt sich nicht mehr totschweigen

„Vor kurzem häuften sich in der Leistikow-Schule in Berlin-Zehlendorf die Morddrohungen gegen Lehrer dermaßen, daß der Direktor die Polizei rufen mußte. Es war die erste große Razzia in einer deutschen Schule. Neunzig Polizisten stürmten die Schule, unterzogen die Schüler der siebten und achten Klasse, dreizehn bis fünfzehn Jahre alt, einer Leibesvisitation, suchten und fanden Pistolen, Messer, Drogen. Sieben Schüler wurden in Handschellen abgeführt“ (Dönhoff 1998, S. 1; vgl. auch Etzold 1999, S. 35).
Bis Ende der achtziger Jahre gehörte in Deutschland das Thema „Gewalt in der Schule“ zu den Tabu-Themen. Schule sollte mit der Thematik „Gewalt“ nicht in Verbindung gebracht werden. Lehrer und Schulleiter fürchteten um das Ansehen ihrer Schulen und verschwiegen – soweit dies überhaupt möglich war – die kindlichen und jugendlichen Aggressionstaten. Das Phänomen „Schülergewalt“ hatte die Lehrer offenbar mitten ins Herz getroffen.
Seit den neunziger Jahren wurden in Deutschland – in nahezu sämtlichen Bundesländern und in einigen größeren Städten – empirische Untersuchungen zum Problem „Gewalt in Schulen“ durchgeführt, was als ein Zeichen zu werten ist, daß sich dieses brisante Thema nicht mehr totschweigen läßt (vgl. Dettenborn 1993a; Ferstl u. a. 1993; Grundmann u. a. 1991; Harnischmacher 1994; Hensel 1994; Hurrelmann 1993; Hurrelmann/Freitag 1993; Institut für sozialwissenschaftliche Information und Studien 1993; Linneborn/Kindler 1994; Niebel u. a. 1993; Schubarth/Melzer 1994; Schul- und Kulturreferat der Stadt Nürnberg 1992; Spaun 1994; Staatliche Pressestelle der Freien und Hansestadt Hamburg 1992; Staatliches Schulamt für die Stadt Frankfurt 1991; Staatliches Schulamt für die Stadt Kassel 1993; Stadt Gladbeck 1993; Vieluf 1993). Kultusministerien, Schulämter und Schulen gingen nunmehr auf breiter Front in die Offensive und überlegten, was mit Schülern zu tun sei, die sich massiv den in der Schule intendierten Anpassungsbemühungen widersetzen.

Da Medien seit den siebziger Jahren immer wieder Horrormeldungen über eskalierende Gewalt in amerikanischen Schulen publizierten, in denen Schüler und Lehrer nicht nur brutal niedergeschlagen und körperlich verletzt wurden, sondern in gar nicht so wenigen Fällen auch ihr Leben lassen mußten, soll nun aufgezeigt werden, wie sich die aktuelle Situation bezüglich Gewalt an deutschen Schulen auf Grund einiger Studien und Untersuchungen darstellt. Kann man sagen, daß Gewalt in deutschen Schulen so dramatisch angestiegen ist, wie dies zuweilen aus Presse und Funk zu vernehmen ist? Läßt sich die Behauptung „Faustrecht macht Schule" (Kuhn 1998, S. 72) aufrecht erhalten?

1.2. Zu den Begriffen „Aggression" und „Gewalt"

Ab den sechziger Jahren haben sich eine Reihe bekannter Forscher bemüht, den Begriff „Aggression" zu definieren (vgl. Bandura/Walters 1963; Berkowitz 1962; Buss 1961; Feshbach 1964; Kaufmann 1965). Interessant ist, daß seit kurzem einige namhafte Aggressionsforscher die beiden Begriffe *Aggression* und *Gewalt* synonym verwenden; aggressives und gewalttätiges Verhalten wird nicht mehr unterschieden (vgl. Bründel/Hurrelmann 1994, S. 23; Schwind u. a. 1995, S. 4). Der Begriff *Gewalt* verdrängt zuweilen sogar den Begriff *Aggression*, er wird sozusagen als Oberbegriff eingeführt. Andere Autoren bezeichnen weiterhin – wie bisher – *Gewalt* als eine *spezifische* Form der Aggression (vgl. Blomeyer 1994, S. 78; Rauchfleisch 1992a, S. 36; Schulte-Markwort 1994, S. 16). Ob eine Begriffsverschmelzung gerechtfertigt und sinnvoll ist, soll an dieser Stelle nicht diskutiert werden. Jedenfalls macht sie Praktikern vor Ort die Sache einfacher, da sie nicht mehr überlegen müssen, ob ein konkretes Schülerverhalten unter „Aggression" oder „Gewalt" einzuordnen ist.

Was ist nun unter „Aggression" bzw. „Aggressivität" und „Gewalt" zu verstehen? Nach Bründel/Hurrelmann (1994, S. 23) bezeichnet *Aggression* „eine Handlung, die auf die Verletzung eines Menschen zielt". Selg (1982, S. 352) hat folgende Definition vorgeschlagen: „Eine Aggression besteht in einem gegen einen Organismus oder ein Organismussurrogat gerichteten Austeilen schädigender Reize (‚schädigen' meint beschädigen, verletzen, zerstören und vernichten; es impliziert aber auch wie ‚iniuriam facere' oder ‚to injure' schmerzzufügende, störende, Ärger erregende und beleidigende Verhaltensweisen, welche der direkten Verhaltensbeobachtung schwerer zugänglich sind)."

Unter „Aggressivität" wird die *Absicht* verstanden, eine verletzende Handlung zu begehen (vgl. Bründel/Hurrelmann 1994, S. 23). Schwind u. a. (1990,

S. 36) nehmen zu dem Begriff *Gewalt* wie folgt Stellung: „Als Minimalkonsens in der öffentlichen (politischen) Diskussion und in den einzelnen Wissenschaftsdisziplinen läßt sich ein Gewaltterminus herausfiltern, der die zielgerichtete, direkte, physische Schädigung von Menschen durch Menschen erfaßt." „Stellt man auf das Gewaltverständnis in der Bevölkerung ab, wird überwiegend auch noch der körperliche Angriff auf Sachen einbezogen" (ebenda, S. 36); es wird von einem vandalistischen Verhalten gesprochen. Beim Vandalismus handelt es sich um ein „intendiertes, schädigendes und normverletzendes Verhalten gegen Sachen" (Klockhaus/Habermann-Morbey 1986, S. 3), wobei in der Regel *fremde* Gegenstände beschädigt werden.

Bei Aggression bzw. Gewalt hat man es demnach mit einem *zielgerichteten* Austeilen schädigender Reize gegenüber Objekten zu tun. Auf die Bedürfnisse und den Willen der geschädigten Menschen wird dabei keine Rücksicht genommen. Kritisch hierzu sei angemerkt, daß es etwas problematisch ist, Gewalt *nur* auf eine *beabsichtigte* Schädigung zu beschränken, weil die Schädigungen, die Menschen durch unbeabsichtigte Gewalt erfahren, um ein Vielfaches größer sind (vgl. Vontobel 1995, S. 35).

In welchen *Formen* kann sich gewalttätiges Verhalten äußern? Man spricht dann von Aggression bzw. Gewalt, wenn „sich Aggressivität so manifestiert, daß Menschen physisch, psychisch oder in ihren Rechten beeinträchtigt oder geschädigt werden, oder wenn Menschen sich selbst schaden, wenn Sachen sinnlos oder zum Ärger anderer Menschen beschädigt oder zerstört werden" (Struck 1994, S. 6). Gewalt läßt sich also in „physische Gewalt" und „psychische Gewalt" unterteilen (vgl. Schwind u. a. 1995, S. 4). Die *physische Gewalt* ist einerseits gegen Personen gerichtet – wie zum Beispiel die körperliche Gewalt – und andererseits gegen Sachen. Zur *psychischen Gewalt* zählen vor allem verbale Aggressionen, wie Beleidigungen, ironische Bemerkungen, Bloßstellungen, aber auch Drohungen, um den anderen zu nötigen oder zu erpressen (vgl. ebenda, S. 5).

Da von Aggression bzw. Gewalt dann gesprochen wird, wenn eine Aktion *absichtlich* ausgeführt wird, um den anderen zu schädigen, ist es nicht unproblematisch, wenn man den Begriff der „strukturellen Gewalt" (Galtung 1975) auch in die Gewaltdefinition einbezieht (vgl. Schwind u. a. 1990, S. 36). Nach Galtung wären alle Lehrer gewalttätig, die einen Notendruck in der Schule ausüben, aber auch alle Kultusminister, da sie zuweilen große Klassen zulassen, eine Unterversorgung der Schule mit Lehrern hinnehmen und die Schulpflicht aller Kinder und Jugendlichen durchsetzen. Die Dimension der *strukturellen Gewalt* erweitert den Gewaltbegriff „ins Uferlose". Mit der Entscheidung, strukturelle Gewalt nicht in die vorliegende Gewaltdefinition einzubeziehen, soll jedoch keineswegs zum Ausdruck gebracht werden, daß strukturelle „Gegebenheiten" unserer Gesellschaft nicht das Verhalten von Menschen zu beeinflussen vermögen oder gar Gewalt- und Aggressionsreaktionen begünstigen bzw. auslösen können.

2. Statistische Angaben

Die Problematik „aggressives und gewalttätiges Verhalten in der Schule" kann unter vier Aspekten beleuchtet werden:

- Gewalt von Schülern gegen Schüler
- Gewalt von Schülern gegen Sachen
- Gewalt von Schülern gegen Lehrer
- Gewalt von Lehrern gegen Schüler

Hauptgegenstand der bisherigen Forschung war „Gewalt von Schülern gegen Schüler" bzw. „Gewalt von Schülern gegen Sachen". „Gewalt von Schülern gegen Lehrer" bzw. „Gewalt von Lehrern gegen Schüler" wurde kaum erforscht.

2.1. Gewalt von Schülern gegen Schüler

2.1.1. Verbale Aggressionen

Am meisten werden verbale Aggressionen konstatiert. Etwa 80% aller deutschen Lehrer beobachten mindestens einmal pro Woche, daß sich Schüler untereinander – zum Teil in übelster Weise – verbal angreifen, sich beleidigen und provozieren (vgl. Schwind u. a. 1995, S. 115). Die Schimpfworte kommen häufig aus der Fäkalsprache und aus dem sexuellen Bereich: „Arschloch", „Fotze" und „Hure" sind oft schon „übliche" Ausdrücke, die auf jedem Schulhof fallen und bereits von Erstkläßlern zu hören sind. Die Ausdrücke sollen Stärke und Überlegenheit demonstrieren, sind jedoch eine Art Protzerei, die auf Überkompensation und Unterlegenheitsgefühle hinweisen.
Befragt man Lehrer, so sind diese der Meinung, daß die verbale Aggression unter Schülern in den letzten Jahren erschreckend zugenommen hat. Interessant ist, so die Feststellung der Lehrer, daß die verbale Aggression besonders bei Mädchen eskaliert.

2.1.2. Körperliche Auseinandersetzungen

Die *zweithäufigste Gewaltart* in deutschen Schulen sind *körperliche Auseinandersetzungen.*

Um diese Art von aggressiven Verhaltensweisen quantitativ zu erfassen, kann die Untersuchung vom Bundesverband der Unfallversicherungsträger der öffentlichen Hand (1993) herangezogen werden. Untersuchungsgegenstand waren Unfälle, die durch Raufereien und Schlägereien an allgemeinbildenden Schulen in Deutschland unfallstatistisch über einen Zeitraum von zehn Jahren erfaßt wurden. Dieser Untersuchung zufolge können etwa ein Viertel aller Schülerunfälle auf Tätlichkeiten zurückgeführt werden (vgl. Schwind u. a. 1990, S. 71). Die Schüler wurden bei diesen Auseinandersetzungen so verletzt, daß eine ambulante bzw. stationäre Behandlung bei einem praktizierenden Arzt oder im Krankenhaus erfolgen mußte. Der genannten Untersuchung zufolge müssen jährlich 1,2% aller Schüler an deutschen Schulen – das sind 97000 Schüler – einen Arzt aufsuchen oder in ein Krankenhaus eingeliefert werden, weil sie in der Schule von Klassenkameraden körperlich angegriffen und verletzt wurden. Geht man im Durchschnitt von einer 10jährigen Schulzeit eines Schülers aus, so läßt sich festhalten, daß etwa jeder zehnte Schüler in Deutschland *einmal* während seiner *gesamten* Schulzeit einen Arzt oder ein Krankenhaus aufsuchen mußte, weil ihn seine Mitschüler verletzten.

Im Hinblick auf die Art der erlittenen Schädigungen kann festgehalten werden: Ein Drittel dieser Schüler erleiden in der Schule Gehirnerschütterungen bzw. Oberflächenprellungen, ein Viertel Quetschungen, aber auch Zerrungen und Verrenkungen, etwa 10% Frakturen (Arm- und Beinbrüche u. a. m.) und 2% Zahnverletzungen. In konkreten Zahlen ausgedrückt heißt dies: Jährlich müssen in Deutschland 10000 Schüler zum Arzt bzw. ins Krankenhaus, weil Mitschüler ihnen absichtlich Frakturen – wie Bein- oder Armbruch – zugefügt haben. Immerhin noch etwa 2000 Schüler lassen sich jährlich ihre in der Schule zugefügten Zahnverletzungen durch Zahnärzte – soweit dies dann noch möglich ist – behandeln.

2.1.3. Weitere Ergebnisse aus der Aggressionsforschung

Knapp drei Millionen der etwa elf Millionen Schüler sind schon einmal *bewaffnet* in die Schule gekommen. In der Bochumer Untersuchung (vgl. Schwind u. a. 1995, S. 162) berichteten 24,5% der befragten Schüler, daß sie schon einmal eine *Waffe* in die Schule mitgenommen hatten. Die Befunde

von Schwind decken sich mit den Resultaten von Dettenborn (1992, S. 18; 1993b, S. 177), der feststellte, daß 26% der befragten Berliner Schüler bereits „Gegenstände zu ihrer Verteidigung" bei sich trugen. Das Staatliche Schulamt Kassel (1993, S. 53ff.) ermittelte 18% Waffenträger unter den Schülern.
„Als die am häufigsten mitgeführte Waffe erweist sich (...) das Messer (...). An zweiter Stelle wurde (...) Tränengas genannt, gefolgt von der Gaspistole, dem Schlagring, der Pistole, dem Wurfstern und dem Schlagstock" (Schwind u. a. 1995, S. 162).
In Untersuchungen konnte festgestellt werden, daß „Waffeneffekte" aggressionsfördernd sind: „Wo Waffen gezeigt werden dürfen, erhöht sich die Aggressionsbereitschaft. Wer Waffen besitzt, tendiert dazu, sie auch einzusetzen" (Schwind u. a. 1990, S. 301; vgl. auch Schwind u. a. 1995, S. 18), vor allem, wenn die Person bereits aggressionsmotiviert ist (vgl. Heckhausen 1989, S. 326).
In jeder zweiten Schule in Deutschland wird das Phänomen *Raub* und *Erpressung* (von Geld, Kleidung usw.) festgestellt (vgl. Schwind u. a. 1995, S. 119; S. 204). Über die Gesamthöhe des in Schulen erbeuteten Raubgutes lassen sich bislang keine konkreten Angaben machen.
An 4000 der insgesamt 45 000 Schulen in Deutschland ereignet sich *sexueller Mißbrauch von Mädchen.* Demnach ist selbst die Schule ein Ort, an dem es vorkommen kann, daß Mädchen sexuell mißbraucht werden. Nach Schwind u. a. (1995, S. 120) kamen bei 12% der Bochumer Schulen sexuelle Mißbräuche vor.
Gewalthandlungen werden überwiegend von *männlichen Tätern* ausgeübt. Über alle Gewalttaten hinweg sind es 70% Jungen, bei den Körperverletzungen sogar 90% (vgl. Bründel/Hurrelmann 1994, S. 28ff.; Schwind u. a. 1995, S. 30; Staatliche Pressestelle der Freien und Hansestadt Hamburg 1992). Auch unter den Opfern sind deutlich mehr Jungen als Mädchen (vgl. Schwind u. a. 1995, S. 161). Zu den Opfern zählen meist körperlich schwache, ängstliche und unbeliebte Mitschüler (vgl. Nolting 1995, S. 19). „Von den Mädchen wird Gewalt vor allem in verbaler Form ausgeübt" (Schwind u. a. 1995, S. 206).
Aggressives Verhalten tritt am häufigsten während des *Pubertätsalters* auf. Interessant und besorgniserregend ist, daß die Gewalttaten sich immer weiter „vorverlagern", heute also immer jüngere Schüler gewalttätiges Verhalten zeigen. Man spricht in diesem Zusammenhang von einer „Ablaufbeschleunigung" bei Gewalthandlungen.
An *großen Schulen* wird im Durchschnitt mehr Gewalt ausgeübt als an kleinen (vgl. Schwind u. a. 1990, S. 94), in städtischen mehr als in ländlichen, in Schulen, die im Schnitt *größere Klassen* haben, tendenziell mehr als an sol-

chen mit kleineren Klassen und in Schulen mit einem hohen *Ausländeranteil* mehr als an Schulen mit einem geringen Ausländeranteil (vgl. ebenda, S 94). „Etwa ‚einmal in der Woche' kam es nach den Beobachtungen von 19,5% der befragten Lehrer zu (tätlichen) Auseinandersetzungen zwischen deutschen und ausländischen Schülern" (Schwind u.a. 1995, S. 330). Allein Olweus (1994) konnte in skandinavischen Schulen keinen Zusammenhang zwischen Gewalt in der Schule und der Schul- bzw. Klassengröße feststellen (vgl. Korte 1993, S. 27; Schwind u.a. 1995, S. 233).
Aggressionsdelikte sind in den verschiedenen Schularten unterschiedlich ausgeprägt: In Gymnasien treten am häufigsten von allen Schularten verbale Aggressionen sowie Raub, Erpressung und Bedrohung auf (vgl. Schwind u.a. 1995, S. 205). In den Haupt- und Sonderschulen dagegen finden sich die meisten Gewalttäter, die physische Gewalt ausüben (vgl. ebenda, S. 205). „Obwohl Hauptschüler nur 14% der Versicherten ausmachen, gehen 40% des ‚aggressivitätsbedingten Unfallgeschehens' auf ihr Konto" (Struck 1995, S. 6; vgl. auch Schwind u.a. 1995, S. 30).
Gewalt in der Schule ist an unterschiedlichen Orten verschieden stark zu beobachten. Der häufigste Tatort ist der *Pausenhof*, gefolgt vom *Schulweg*, wobei besonders auf dem Heimweg Tätlichkeiten vorkommen (vgl. Schwind u.a. 1995, S. 165). Auch bei der Untersuchung des Bundesverbandes der Unfallversicherungsträger der öffentlichen Hand (1993) wurde festgestellt, daß auf dem Schulhof die meisten Raufunfälle passieren, die eine ärztliche Versorgung notwendig machen. Diese Tatsache bedeutet, daß Lehrer über das „wahre" Ausmaß der Aggression an ihrer Schule nicht voll informiert sind, da sich viele Aggressionen und Gewalttaten an einem Ort ereignen, an dem die Schüler nicht unter der unmittelbaren Aufsicht ihrer Lehrer stehen. Des weiteren kann angenommen werden, daß die vergleichsweise wenigen Lehrer, die Aufsicht in den Pausen führen, keinen vollständigen Überblick über Gewalttaten auf dem Pausenhof haben können, da sich auf manchen deutschen Pausenhöfen mehr als 1000 Schüler aufhalten.
Auch läßt sich nachweisen, daß der *Brutalisierungsgrad* bei Aggressionstaten zugenommen hat (vgl. Schwind u.a. 1995, S. 328). Schüler schlagen heute noch zu, wo sie früher von ihren Opfern abgelassen haben. An Hauptschulen wird etwa doppelt so oft zugeschlagen wie vor zehn Jahren (vgl. Struck 1995, S. 6).
„Der Bielefelder Jugendforscher Klaus Hurrelmann ermittelte, daß etwa 15% eines Schülerjahrgangs als aggressiv und gewalttätig zu beschreiben sei; und da die Mädchen dabei durchwegs zu vernachlässigen seien, sei fast jeder dritte Junge ein möglicher Täter im Sinne von Körperverletzung, Erpressung, Sachbeschädigung oder Psychoterror" (ebenda, S. 8). Nach Untersuchungen von Schwind u.a. (1995, S. 290) fallen 11,4% der Schüler

aus den Klassen 7 bis 13 durch gewalttätiges Verhalten auf. Zum *harten Kern* der Gewalttätigen gehören in Deutschland etwa 500 000 Schüler, das sind 4% aller Schüler.

2.2. Gewalt von Schülern gegen Sachen

An deutschen Schulen entsteht jährlich ein Schaden von 150 bis 200 Millionen DM, der durch vandalistisches Verhalten der Schüler angerichtet wird (vgl. Schwind u. a. 1990, S. 71; Struck 1994, S. 84). Vor allem Tische, Fenster, Türen, Wände, Toiletten und Bücher werden von Schülern erheblich beschädigt. Nach einer Untersuchung von Klockhaus/Habermann-Morbey (zit. n. Schwind u. a. 1990, S. 70) kann angenommen werden, daß nahezu alle Schüler vandalistisches Verhalten zeigen. Die von Klockhaus/Habermann-Morbey in Nürnberg befragten 13- bis 18jährigen Schüler gaben zu 87% (im Jahre 1983) bzw. zu 95% (im Jahre 1984) zu, daß sie schon einmal schulische Gegenstände zerstört hatten. Bei der Darstellung der Untersuchungsbefunde blieb allerdings offen, ob und inwieweit bereits kleinste Beschädigungen unter den Begriff „Vandalismus“ subsumiert wurden.
Beim vandalistischen Vorgehen handelt es sich überwiegend um Gruppendelikte, die vor allem von Jungen ausgeführt werden. Sachbeschädigungen ereignen sich häufig während der Unterrichtspausen bzw. kurz davor oder danach (vgl. Schwind u. a. 1990, S. 63 ff.).
An Grundschulen und Gymnasien ist Vandalismus seltener als an Sonder-, Haupt- und Realschulen zu beobachten. Die meisten Schäden in Schulen werden von Jugendlichen im Alter zwischen 13 und 16 Jahren angerichtet (vgl. ebenda, S. 68). In der Bochumer Untersuchung haben Schwind u. a. (1995, S. 330) festgestellt, daß jede vierte Schule (24,3%) mindestens „einmal im Monat“ mit Vandalismus konfrontiert wird.

2.3. Gewalt von Schülern gegen Lehrer

Während es in den USA nicht gerade selten vorkommt, daß sogar Lehrer von Schülern körperlich angegriffen werden, scheinen – nach den bisherigen wissenschaftlichen Erkenntnissen – an den deutschen Schulen *massive* körperliche Angriffe von Schülern gegenüber ihren Lehrern nur in Einzelfällen existent zu sein. Es muß jedoch hinzugefügt werden, daß in der deutschsprachigen Forschung dieser Aspekt bislang sehr vernachlässigt wurde.

In der von Schwind u. a. (1995, S. 100 f.) initiierten und über mehrere Jahre hinweg durchgeführten Bochumer Untersuchung konnte „eine kleine Gruppe von Schulen (7,2%) identifiziert werden, in denen ein hohes Ausmaß an Aggression zu beobachten war und Lehrer auch von Schülern tätlich angegriffen wurden“. Bei einer Untersuchung in Kassel (Staatliches Schulamt für die Stadt Kassel 1993) gaben 7% der befragten Lehrer an, selbst schon einmal Opfer körperlicher Schülerangriffe gewesen zu sein. Demnach ist davon auszugehen, daß in 2000 von den insgesamt 45 000 deutschen Schulen Lehrer von Schülern körperlich angegriffen und auch verletzt werden. Körperliche Angriffe auf Lehrer, die *tödlich* enden, sind bisher – Gott sei Dank – an deutschen Schulen noch nicht vorgekommen. In Einzelfällen wurden Lehrer von ihren Schülern allerdings lebensbedrohlich verletzt.
In amerikanischen Schulen ist die Lage für die dort unterrichtenden Lehrer dramatischer: „So gaben 0,8% aller an Junior High Schools befragten Lehrenden und 0,5% aller an Senior High Schools befragten Lehrer an, im Zeitraum von nur zwei Monaten (!) Opfer einer Körperverletzung (‚assault‘) geworden zu sein; weitere 0,6% der Lehrer – sowohl an Junior High Schools als auch an Senior High Schools – waren in demselben Zeitraum Opfer eines Raubes (‚robbery‘) geworden“ (Schwind u. a. 1995, S. 44).
Verbale Aggressionen – wie Beleidigungen und Provokationen – sind nach einer Untersuchung von Schwind u. a. (1995, S. 331) recht häufig anzutreffen: 6,3% der Schulleiter und 13,3% der Lehrer nahmen „mehrmals in der Woche“ verbale Attacken von seiten der Schüler gegenüber Lehrern wahr. Genannt wurden beleidigende und erniedrigende Ausdrücke wie „Arschloch“, „blöde Sau“, „Penner“ und weitere Worte, wiederum vor allem aus der Fäkalsprache. Über das Ausmaß von Telefonterror gegen Lehrer oder über zerstörerische Handlungen am Eigentum des Lehrers liegen bislang keine empirischen Befunde vor.

2.4. Gewalt von Lehrern gegen Schüler

Nachdem die Prügelstrafe in deutschen Schulen verboten wurde, kommt es nur noch selten vor, daß Lehrer ihre Schüler *körperlich* züchtigen. Dennoch kann davon ausgegangen werden, daß Lehrer kein *absolut* gewaltfreies Verhältnis zu ihren Schülern haben. Vor allem handelt es sich um *psychische* Gewalt, wenn sich Lehrer an Schülern „vergreifen“. Schubarth u. a. (1996, S. 39) stellten aufgrund einer Untersuchung fest, daß es an 21% der hessischen, 16% der baden-württembergischen, 10% der thüringischen und 7% der sächsischen Schulen zu Gewalthandlungen seitens der Lehrenden gegenüber ihren Schülern kam. Als Beispiele für die mannigfachen Formen von Lehrerfehlverhaltensweisen werden sowohl Handgreiflichkeiten, Ohrfeigen, Werfen von Gegenständen als auch Beschimpfungen und Beleidigungen genannt.

Daß Gewaltmittel nicht nur Fäuste sind, erfahren nicht wenige Schüler durch verletzende Bemerkungen ihrer Lehrer. So sagte ein Lehrer – schmunzelnd und augenzwinkernd – zu einer achten Hauptschulklasse: „Über die Klassenarbeit von Stefan sprechen wir lieber nicht!" Jeder der anwesenden Schüler wußte genau, was der Lehrer damit zum Ausdruck bringen wollte. Stefan hatte die verdeckte Botschaft seines Klassenlehrers verstanden, bekam einen hochroten Kopf, schämte sich und wollte am liebsten „in den Boden versinken".

Ein anderer Lehrer ließ sich zu folgenden abwertenden Äußerungen hinreißen: „Dann geh doch lieber ab und heirate ..." und „ ... zur Hausfrau reicht's noch gerade" (Hänecke 1998, S. 65). Als ein weiteres typisches Beispiel für ein Lehrerverhalten, das nicht gerade Kennzeichen einer pädagogischen Höchstleistung ist, ist folgende niederschmetternde Äußerung zu nennen: „Du schaffst das ja eh nicht! Du bist einfach zu blöd!" (ebenda, S. 56). Manche Lehrer beschimpfen und beleidigen einzelne Schüler in einer äußerst derben Art und Weise, indem sie diese beispielsweise „impotente Sau", „fette Sau", „Spinatwachtel" oder „Schleiereule" nennen, wie Hänecke (1998, S. 62) aufgrund einer Befragung herausfand. Manche Lehrer ahnen oft nicht, was sie bei den ihnen anvertrauten Schülern anrichten, wenn sie diese in einer derartigen Weise fertigmachen (vgl. Gürtler 1993, S. 10).

Psychische Gewalt durch Lehrer ereignet sich oft, ohne daß sich Lehrer darüber bewußt sind, welche Schädigungen sie bei Schülern hinterlassen. Dennoch kann psychische Gewalt Schüler „mitten ins Herz treffen", sie sehr verletzen, vor allem wenn es sich um sensible und wenig selbstbewußte Kinder handelt.

Kränkungen von seiten der Lehrer kommen sicherlich häufiger vor als Lehrer und Eltern annehmen, und sie werden oftmals von den Schülern als „schlimmer" erlebt als aggressive Angriffe durch Mitschüler. Erniedrigende Bemerkungen durch einen Lehrer haben für Kinder und Jugendliche eine stärkere Wirkung als jene durch Mitschüler. Über den Forschungsgegenstand „Lehrergewalt" fehlen noch empirische Befunde, um sie genauer interpretieren zu können. Gewalttätiges Verhalten von Lehrern dem Schüler gegenüber paßt überhaupt nicht in das Bild einer modernen Pädagogik und wird deshalb auch nur ungern thematisiert.

3. Ursachen von Aggression und Gewalt

Nach dem gegenwärtigen Stand der Aggressionsforschung läßt sich sagen, daß es für aggressives und gewalttätiges Verhalten von Kindern und Jugendlichen *kein einheitliches* Theoriemodell gibt. Aggression und Gewalt lassen sich auf *vielfältige* Ursachen zurückführen, man spricht von einem *multifaktoriellen* Bedingungsansatz (vgl. Bäuerle/Moll-Strobel 1996). Monokausale Erklärungsmuster haben an Bedeutung verloren.
Dominierten noch vor einigen Jahren zur Erklärung aggressiver Verhaltensweisen Erklärungsansätze aus *einzel*wissenschaftlichen Perspektiven (tiefenpsychologischer Ansatz, lernpsychologischer Ansatz u. a. m.), so wird heute die Notwendigkeit einer ganzheitlichen Sichtweise herausgestellt, d. h. fächer- und theorieübergreifende Aspekte zu betrachten (vgl. Schwind u. a. 1995, S. 19; Sturzbecher/Langner 1997, S. 28). Als „*Haupt*quellen" für aggressives Verhalten haben sich die drei Variablen „Familie", „Gesellschaft" und „Schule" herauskristallisiert, auf die hier näher eingegangen werden soll.

3.1. Familie

Daß familiäre Sozialisation psychische Entwicklungsverläufe und die Einstellungen von Kindern und Jugendlichen wesentlich zu beeinflussen vermag (vgl. Sturzbecher/Langner 1997, S. 29), ist eine fundamentale Tatsache, die in vielfältiger Weise wissenschaftlich untersucht wurde. Im Hinblick auf die Gewalterfahrungen läßt sich folgendes festhalten: „Die Familie ist der Ort, an dem die meisten Menschen das erste Mal Gewalt erfahren" (Schwind u. a. 1990, S. 80). Sie ist für viele Kinder heutzutage nicht mehr der Ort der Geborgenheit und des Wohlergehens. Rauchfleisch (1992b, S. 7) schreibt deshalb zu Recht: „Betrachten wir die Lebensgeschichte aggressiver Menschen, so fällt auf, daß sie in der frühen Kindheit ebenso wie im weiteren Verlauf ihres Lebens – zum Teil schwerste – Traumatisierungen erfahren haben." Gewalttätige Schüler kommen häufig aus Familien, die zumindest eines der nun zu diskutierenden Merkmale tragen:

3.1.1. Aggressive Kinder wachsen in gewalttätigen Familien auf

Untersuchungsbefunde weisen darauf hin, daß gewalttätige Kinder und Jugendliche oft selbst *Opfer* von Gewalttaten in ihren Familien waren. Kinder, die gegenüber anderen Menschen aggressiv reagieren, haben nicht selten in ihren Herkunftsfamilien vielfältige und traumatisierende Gewalterfahrungen gemacht (vgl. Bründel/Hurrelmann 1994, S. 31; Godenzi 1993, S. 185 ff.; Struck 1995, S. 14). „Es besteht ein Zusammenhang zwischen Gewalterfahrungen in der Kindheit und eigener Gewaltanwendung (...), der plakativ als ‚Zyklus' oder ‚Kreislauf der Gewalt' gekennzeichnet wird" (Schwind u. a. 1990, S. 88): *Opfer werden vielfach zu Tätern – Täter waren häufig selbst Opfer* (vgl. Büttner 1993, S. 21 f.).

Daß es in nicht wenigen der insgesamt 22 Millionen Familien in Deutschland – aber auch in anderen zivilisierten Ländern – alles andere als friedfertig und gewaltfrei zugeht (vgl. Büttner 1993, S. 72 ff.), zeigen eine Reihe von Forschungsergebnissen.

- Der deutsche Kinderschutzbund stellte fest, daß ungefähr 10% aller Kinder und Jugendlichen von ihren Eltern *massiv* verprügelt und mißhandelt werden (vgl. Meyenberg/Scholz 1995, S. 48). Etwa 100 Kinder sterben jedes Jahr, weil sie von ihren Eltern zu Tode geschlagen oder einfach nicht ausreichend ernährt werden. 300000 junge Menschen überstehen die Schläge ihrer Eltern nur mit körperlichen Folgen (vgl. Struck 1994, S. 129). Die auf der Basis von empirischen Befunden angestellten Schätzungen von Kindesmißhandlungen in Deutschland bewegen sich zwischen 20000 und 500000 pro Jahr (vgl. Schwind u. a. 1990, S. 76). Die Differenz bei den Zahlen ist beachtlich, da gerade in diesem Bereich die Dunkelziffer recht groß ist.

  „‚Die Eltern-Kind-Gewalt' richtet sich überwiegend gegen Kinder in den ersten Lebensjahren (...). Säuglinge und Kleinkinder sind besonders mißhandlungsgefährdet (...). Mißhandelte Kinder sind häufig unerwünschte Kinder. Ferner erhöhen angeborene Mißbildungen, ungewöhnliches Verhalten des Neugeborenen und von der Norm abweichendes Aussehen das Risiko des Kindes, mißhandelt zu werden (...). Auf der Täterseite treten stärker junge Eltern in Erscheinung (...); die Täterschaft liegt häufiger bei den Müttern als bei den Vätern" (Schwind u. a. 1990, S. 73). 70% aller Eltern – so eine Untersuchung des Deutschen Kinderschutzbundes – stimmen einer Erziehung mit Prügeln zu (vgl. Bründel/Hurrelmann 1994, S. 65; Schwind u. a. 1990, S. 76; Struck 1994, S. 12). Einen „Klaps auf den Po" erhalten etwa 60% aller Kinder in Deutschland.
- Jährlich werden etwa 15000 sexuelle Mißbrauchsfälle, die sich in den Herkunftsfamilien zugetragen haben, angezeigt (Bründel/Hurrelmann 1994, S. 55). Die weitaus meisten sexuellen Mißhandlungen an Kindern kommen nicht zur Anzeige. Das Totschweigen solcher häßlichen Straftatbestände ist zwar zuweilen zu verstehen, aber keineswegs zu billigen. „Der Täter schweigt, der nicht mißhandelnde Elternteil schweigt, das

Opfer selbst schweigt und auch die Öffentlichkeit schweigt und läßt damit die mißhandelten Kinder allein mit ihrem furchtbaren Geheimnis" (Rauchfleisch 1992a, S. 88; vgl. auch Schulte-Markwort 1994, S. 96). Die Umwelt schweigt, ohne sich über die fürchterlichen Konsequenzen für die mißhandelten Kinder Gedanken zu machen. Sie verschließt Augen und Ohren, wenn es in der Nachbarfamilie Probleme gibt. Sexuelle Mißhandlungen stellen eine extrem starke seelische Belastung für das betroffene Kind dar, zum Teil auch für seine Eltern und Geschwister. Man geht von einer hohen Dunkelziffer aus und spricht von bis zu 300 000 in ihren Familien sexuell mißhandelten Kindern pro Jahr.

- Alkohol spielt als Auslöser gewalttätigen Verhaltens gegenüber Kindern eine große Rolle. „Nach amerikanischen Untersuchungen ist bei 60% bis 93% (...) der Kindesmißhandlungen Alkohol im Spiel" (Schwind u. a. 1990, S. 80; vgl. auch Schulte-Markwort 1994, S. 107). Ungefähr drei Millionen Kinder leiden in Deutschland unter Eltern, die zuviel Alkohol trinken (vgl. Struck 1994, S. 31; Bäuerle 1993b). Was Kinder unter „total besoffenen" Vätern – und zunehmend auch unter alkoholisierten Müttern – mitmachen müssen, ist zum Teil nicht zu beschreiben.

Geschlagene und mißhandelte Kinder wachsen in einer feindlich gesinnten Atmosphäre auf. Oft sind Schläge nur ein *einzelner* Ausdruck von Ablehnung des Heranwachsenden. Kinder, die „innerlich erfrieren", gehören zu den destruktiven und aggressiven Charakteren (vgl. Rauchfleisch 1992a, S. 29). Ihr Selbstwertgefühl wurde geschwächt, oder – um es in psychoanalytischer Sprache auszudrücken – ihr kindlicher Narzißmus wurde verletzt. Bereits im Jahre 1919 schrieb Freud (1965) in der ersten psychoanalytischen Abhandlung zum Thema „Gewalt gegen Kinder" folgendes: „Man versteht bald, daß Geschlagenwerden, auch wenn es nicht sehr weh tut, eine Absage der Liebe und eine Demütigung bedeutet. So manches Kind, das sich für sicher thronend in der unerschütterlichen Liebe seiner Eltern hielt, ist durch einen einzigen Schlag aus allen Himmeln seiner eingebildeten Allmacht gestürzt worden." Aus der kindlichen Unterlegenheit, dem Ohnmachts- und Minderwertigkeitsgefühl entwickeln sich, wie Adler (1973, S. 63 ff.) darlegen konnte, Überlegenheits- und Aggressionsphantasien. Das Kind möchte stark, siegreich und beherrschend sein. Die Lebensläufe von aggressiven Kindern und Jugendlichen sind oft ein eindrucksvolles Bilderbuch, aus dem Schlüsse auf Fehlverhaltensweisen abgelesen werden können. Geschlagene oder gar mißhandelte Kinder kommen oft aus Familien, die mit ihrer persönlichen oder familiären Situation nicht mehr fertig werden. In der psychologischen Forschung wird der Begriff „sozialer Streß" als erklärendes Prinzip für prügelnde Eltern genannt. Zunehmend mehr Eltern geraten in sie überfordernde Situationen, in denen Gefühle der

Hilflosigkeit oder Ohnmacht entstehen können. Ausgangspunkt von Überforderungen eines Familiensystems sind oftmals frustrierende Erfahrungen, die schnell zu einer Enttäuschungswut führen und sich in aggressiven Verhaltensweisen gegenüber Kindern manifestieren.
Als soziale Streßfaktoren werden genannt: „mangelnde Bildung, ungelernter Beruf, geringere Berufschancen, Arbeitslosigkeit, finanzielle Schwierigkeiten bis hin zur Armut, Wohnraumenge, hygienische Mängel, Kinderreichtum bei ungünstigen wirtschaftlichen und räumlichen Verhältnissen, Zwang zur Berufstätigkeit der Mütter, speziell im Zusammenhang mit Alleinerziehung sowie der Ausländerstatus" (Petri 1996, S. 85; vgl. auch Rauchfleisch 1992b, S. 7; Schwind u. a. 1990, S. 90). Etwa eine Million Kinder leben in Deutschland von der Sozialhilfe (vgl. Struck 1994, S. 1).
Zuletzt kann noch darauf hingewiesen werden, daß Gewalt von Kindern, die in gewalttätigen Familien aufwachsen, bereits von klein auf als ein recht erfolgreiches Reaktionsmuster gelernt wird. Solche Kinder haben erfahren, daß gewalttätiges Verhalten dadurch belohnt wird, daß mögliche Hindernisse aus dem Weg geräumt werden. „Wer Gewalt in der Familie als erfolgreiches Konfliktlösungsmittel kennengelernt hat, wird sie mit hoher Wahrscheinlichkeit auch später anwenden" (Schwind u.a. 1990, S. 81). Selbst erfahrene Gewalt wird dann an die Mitschüler weitergegeben, wenn das erlebte „Vorbild" in der Familie mit seinen aggressiven Handlungen erfolgreich war. „Sind die Vorbilder nun Eltern, die dem Kind zeigen, daß man besser nicht auf die Argumente des anderen eingeht, sondern sich möglichst schnell und unter Anwendung von Gewalt durchsetzt, so wird das Kind sich wundern, wenn es für das von Lehrern bestraft wird, was zu Hause vorgelebt wird" (Schulte-Markwort 1994, S. 109).
Aggressives Verhalten wird nach lerntheoretischer Auffassung durch Beobachtung von solchen „Vorbildern" gelernt, die aufgrund ihrer Aggressivität erfolgreich waren. Auf die Entstehung aggressiver Impulse und die Verfestigung aggressiver Verhaltensweisen haben insbesondere Lerntheoretiker – wie Buss (1961) und Berkowitz (1962, 1969) und auch Bandura (1979) mit seinem sozial-kognitiven Konzept – hingewiesen.

3.1.2. Gewalttätige Kinder haben inkonsequente Eltern

Lernprozesse spielen im Hinblick auf aggressives Verhalten bei Kindern und Jugendlichen eine wichtige Rolle. So konnte aufgrund von Untersuchungen nachgewiesen werden, daß gewalttätige Kinder häufig aus Familien kommen, deren Mütter und Väter in ihrem Erziehungsverhalten inkonsequent sind. „Heute ein Nein, morgen ein Ja – der Wechsel zwischen

Verbot und Erlaubnis fordert Kinder geradezu zur Rebellion heraus", schreibt Schuster-Brink (1997, S. 19). „Aggression und Gewalt können bei Kindern und Jugendlichen dann auftreten, wenn keine klaren Regeln für das Miteinander in einer Familie existieren, wenn Eltern keine festen Vereinbarungen treffen" (Bründel/Hurrelmann 1994, S. 42). Bei einem inkonsequenten Verhalten lernt das Kind, daß letztlich das eigene Verhalten zur Zielerreichung maßgebend ist, und daß auf die Verhaltensweisen von Erwachsenen kein Verlaß ist. „Konsequenzen sind keine Strafen", stellt Rogge (1998, S. 73) zu Recht fest.

In diesem Zusammenhang muß auf die lernpsychologisch wichtige Regel der *intermittierenden Verstärkung* hingewiesen werden. So konnte in der lernpsychologischen Forschung festgestellt werden, daß ein Verhalten, das hin und wieder zu einem Erfolg und hin und wieder zu einem Mißerfolg führt, im allgemeinen besonders gut gelernt wird. Kinder, deren Verhalten nicht jedes Mal erfolgreich ist, sondern vielleicht nur jedes zweite oder dritte Mal, erfahren ein Aggressions-Training besonderer Art, ohne daß den Eltern dies bewußt wäre. Solche Kinder nehmen sozusagen einige Mißerfolge hin, um sich dann ihrer Erfolge um so sicherer zu sein.

Kinder, deren Eltern ein inkonsequentes Verhalten zeigen, lernen, daß elterlicher Widerstand letzten Endes überwindbar ist, wenn sie diesen nur häufig genug zu überwinden versuchen. Mütter bzw. Väter, die in ihrem Verhalten inkonsequent sind, unternehmen immer wieder den Versuch, Widerstände aufzubauen oder Grenzen zu setzen, schieben diese aber dann zuletzt – nach einem mehr oder weniger heftigen Intervenieren des Jugendlichen – beiseite. Man kann geradezu sagen, daß inkonsequente Eltern ihren Kindern aggressive Verhaltensweisen antrainieren (vgl. Bründel/Hurrelmann 1994, S. 48). Von daher ist es nicht verwunderlich, daß besonders aus Familien, in denen inkonsequent erzogen wird, eher aggressive Kinder und Jugendliche kommen.

Um gewaltpräventiv zu erziehen, ist es wichtig, jungen Menschen das *richtige* Maß an Versagungen abzuverlangen (vgl. Aichhorn 1971, S. 178). Inkonsequentes Erzieherverhalten hat damit zu tun, daß Eltern vielfach zunächst einmal zu hohe Anforderungen an die Kinder stellen, diese jedoch revidieren müssen, weil sie von den Kindern nicht eingehalten werden können.

Kinder werden dann belastbarer und frustrationstolerant, wenn ihnen *realistische* Grenzsetzungen und *klare* Regeln zugemutet werden. „Ein Kind, das klare Regeln hat, weiß, was es darf, und fühlt sich mitnichten unterdrückt" (Schuster-Brink 1997, S. 23). Konsequentes Verhalten von Eltern und ein Verhalten, das sich an Regeln hält, sind bedeutsame Bausteine auf dem Weg zu einer gewaltreduzierten Einstellung bei Kindern.

3.1.3. Gewalt bei Kindern ist Ausdruck eines Liebesdefizits

Die Verrohung zwischenmenschlicher Beziehungen in unserer Gesellschaft schreitet deshalb so rasch voran, weil viele Eltern ihre Kinder nicht mehr in sozialer und vor allem emotionaler Hinsicht „füttern". Die „emotionale und soziale Immunität" vieler Kinder und Jugendlicher ist eine Überlebensstrategie einer gefrusteten Jugend, die keine dauernden und warmherzigen Bindungen an ihre Mütter und Väter aufbauen konnten (vgl. Zeltner 1993, S. 96). „Die meisten Kinder wachsen heute emotional unterernährt auf", stellt Struck (1995, S. 3) zu Recht fest. Wissenschaftliche Forschungsergebnisse deuten darauf hin, daß „die Mutterliebe eine wichtige Grundlage für die Zivilisierung der menschlichen Natur und damit auch für die erwachsene Liebes- und Aggressionsfähigkeit des Kindes darstellt" (Büttner 1992, S. 40). Bei gewalttätigen Kindern handelt es sich häufig um Menschen, denen die notwendige Liebe und Anerkennung nicht zuteil wurde (vgl. Heinemann 1992, S. 15).
Weil es Kinder nicht gelernt haben, echte Liebesbeziehungen aufzubauen, kommt es im späteren Erwachsenenleben zu vielfältigen und massiven Beziehungsabbrüchen. Aus psychoanalytischer Sicht kann man sagen, daß die Erfüllung primärer Bedürfnisse, wie Liebe und Geborgenheit (kurz: „basic mothering"), bei Kindern und Jugendlichen häufig nicht mehr gegeben sind. Da das elementarste aller Grundrechte, das Recht auf eine psychisch unversehrte und damit gesunde Entwicklung, in vielen Familien nicht mehr garantiert wird, entwickelt sich das Zusammenleben von Menschen zunehmend schwieriger. Bereits Adler (1973, S. 63 ff.) sprach von einem Zärtlichkeits*bedürfnis* des Kindes, das sich früh bemerkbar macht. Er sah in dem Zärtlichkeitsbedürfnis einen Teil des angeborenen Gemeinschaftsstrebens und betonte damit seine soziale Komponente. Emotionalität und Soziabilität sind aufs engste miteinander verflochten.
Aggressives Verhalten kann vor allem bei solchen Schülern festgestellt werden, die in ihrer Lebensgeschichte Kälte und Freudlosigkeit erfahren (vgl. Rauchfleisch 1992a, S. 29). Für Kinder mit mangelnder emotionaler Stabilität ist es „nicht möglich, ein basales Vertrauen in sich selbst und in die umgebende Welt zu entwickeln" (Rauchfleisch 1989, S. 67). Ein solches Erziehungsresultat dokumentiert, daß *Geborgenheit* und *Akzeptanz* zu den grundlegendsten Bedürfnissen eines Menschen gehören. Wenn diese beiden Bedürfnisse nicht befriedigt werden, kommt es zu innerseelischen Belastungen, die aggressives Verhalten auslösen können.
Kinder benötigen zur Angstvermeidung und -verarbeitung den Schutz von Personen ihres Vertrauens. „Ob Angst pathogen wird (...), hängt von der Verteilung der Coping- bzw. der Defence-Mechanismen ab (Lazarus 1966).

Coping meint die Gesamtheit der inneren Ressourcen und äußeren Voraussetzungen eines Individuums, einen Streß bei einer Bedrohung der psychophysiologischen Balance zu bewältigen (...) Bei den subjektiven Voraussetzungen, einen Streß durch Coping zu bewältigen, spielt nach Erkenntnissen der Streßforschung die soziale Unterstützung des Umfelds – und dies besonders bei Kindern – eine entscheidende Rolle" (Petri 1996, S. 40).
Viele Kinder unserer Republik werden – aus den unterschiedlichsten Gründen – von klein auf *allein* gelassen bzw. zu „Ersatzpflegeeltern" abgeschoben. So sehen nicht wenige Mütter und Väter Geldverdienen oder ihre berufliche Karriere als bedeutsamer an, als die lebensnotwendigen Bedürfnisse ihrer hilflosen Kinder zu befriedigen. Wenn Mütter und Väter ihre Kinder – bereits wenige Tage oder Wochen nach ihrer Geburt – nicht mehr in ausreichendem Maße emotional und sozial versorgen, kann man diesen Tatbestand nach den Ergebnissen der Streßforschung als eine moderne *Aussetzung* von Kindern bezeichnen (vgl. Rauchfleisch 1992b, S. 7). Frühe Lebenserfahrungen sind tief im Menschen verankert und beeinflussen sein Leben sehr nachhaltig (vgl. Büttner 1992, S. 41). „Besonders dann, wenn das Alleinsein für das Kind allzu schmerzlich war, wenn die Mutter es allzu früh seinen schwachen Lebenskräften überließ oder überlassen mußte, kann später die Wut über die nicht vorhandene Mütterlichkeit im Partner vernichtend sein" (ebenda, S. 41).
Kinder, die ohnmächtig miterleben, wie die Eltern ihre natürliche Verantwortung ihnen gegenüber von sich wegschieben und ihnen somit schwerwiegende psychische Traumen zufügen, gehören später häufig zu jenen Menschen, die die erfahrene Ohnmacht in Macht verkehren und sich in besonderer Weise destruktiv gegen ihre Umwelt wenden, die sie so erbarmungslos behandelt hat. Bereits vor Jahrzehnten hat Spitz (1969), ein Schüler von Freud, durch empirische Befunde nachweisen können, daß eine Verrohung im zwischenmenschlichen Bereich eintreten kann, wenn die sogenannten Objektbeziehungen zwischen Eltern und Kindern in quantitativer oder qualitativer Weise gestört werden.
Aus tiefenpsychologischer Sicht kann angenommen werden, daß Kinder, die emotional oder sozial zurückgestoßen werden, einen quälenden Schmerz des Alleinseins entwickeln und deshalb kein verläßliches Grundvertrauen in sich und der Außenwelt gegenüber aufbauen können. Wer bereits im Kleinkindalter ein Mißtrauen gegenüber der Umwelt entwickelt hat, dem bleibt als Jugendlicher oder Erwachsener häufig nur noch ein Ausweg offen (um sich selbst nicht zu zerstören): Destruktiver Angriff auf eine Gesellschaft, die ihn um die lebensnotwendige Liebe betrogen hat. Gewalttätige Schüler sind nicht selten Kinder und Jugendliche, die keine oder nur wenig Liebe erfahren haben.

Im Hinblick auf die Einstellung der Eltern zu ihren Kindern ist noch anzumerken, daß nachgewiesen werden konnte: Aggressive Kinder kommen nicht selten aus Familien, in denen Mütter und Väter eine *negative* Haltung gegenüber ihren Kindern haben (vgl. Schwind u. a. 1990, S. 81). Aggressive Kinder wachsen oft bei nörgelnden Eltern auf, die mit dauernder und negativer Kritik ihre Kinder sehr belasten (vgl. Bründel/Hurrelmann 1994, S. 46). Manche Mütter und Väter versäumen es, sich mit ihren Kindern zu freuen, wenn sie sich in *positiver* Weise verhalten. Sie nehmen angepaßtes und sozialverträgliches Verhalten des Kindes als selbstverständlich. Kinder benötigen aber immer wieder – um ein Vertrauen in das eigene Können und Verhalten aufzubauen – eine *positive* Rückmeldung, damit sie lernen, welche Verhaltensweisen den Eltern wichtig sind. Kindern und Jugendlichen ist mitzuteilen, was man an ihnen gut findet (vgl. Kast-Zahn 1997, S. 90). Häufig haben aggressive Kinder von ihren Eltern jedoch vor allem gehört, was sie nicht tun sollen und was sie falsch gemacht haben.
Zwischen Eltern und Kindern müssen warmherzige Beziehungen vorhanden sein, damit sich beim Kind eine Selbstannahme entwickeln kann, die wiederum Voraussetzung dafür ist, sich für andere einzusetzen. Ein negatives Selbstkonzept führt häufig zu einer geringen Selbstachtung, die entweder einen sozialen Rückzug oder ein aggressives Verhalten (gegen andere oder gegen sich) zur Folge haben kann. Kinder, die von ihren Eltern nicht angenommen wurden, die keine warmherzigen Beziehungen zu ihnen aufbauen durften, können sich selbst nicht akzeptieren und lehnen demzufolge auch ihre Mitmenschen ab (vgl. Schwind u. a. 1990, S. 78). Ein unheilvoller Destruktionszirkel im zwischenmenschlichen Verhalten nimmt seinen Lauf. Bei einem nicht geringen Teil der heutigen Jugend offenbart sich diese „Destruktionsenergie" in aggressiven Verhaltensweisen.
Eine den meisten Eltern zwar unbewußte, dennoch recht wirksame Form, ihren Kindern „den Boden unter den Füßen" zu entziehen, ist, diese *nur unter Vorbehalt* anzunehmen. Solche Kinder erfahren keine bedingungslose Akzeptanz. Immer mehr Kinder leiden darunter, daß ihre Eltern sie nur dann akzeptieren, wenn sie gute Schulleistungen mit nach Hause bringen oder wenn sie in jene Schulart gehen, die die Eltern für sie geplant haben. Nicht wenige Eltern wollen sich nicht mehr damit abfinden, daß ihre Kinder „nur" eine Hauptschule besuchen. Leistungsstarke und fleißige Kinder werden von ihren Eltern geliebt – nach dem Motto: Wenn du gute Schulleistungen mit nach Hause bringst, mag ich dich! Schlechte Zensuren oder gar das Sitzenbleiben des Sprößlings sind für solche Eltern eine narzißtische Kränkung. Eine derartige Instrumentalisierung wird von dem Kind als Liebesentzug empfunden und hat für sein Verhalten dieselben Auswirkungen wie die bereits genannten.

Da Kinder eine starke Neigung haben, sich mit den Lebensansichten und Einstellungen ihrer Eltern zu identifizieren, übernehmen sie auch deren Meinungen und lehnen sich selbst ab, wenn sie schlechte Schulleistungen erbringen (vgl. Petri 1996, S. 93). Nicht wenige Kinder – auch solche aus Mittelschicht- und Oberschichtfamilien – haben Eltern, die sie im Hinblick auf die erbrachten Schulleistungen nicht „total" annehmen wollen.
So sind die eindeutigen Forschungsbefunde der Kriminologie nicht verwunderlich, die zeigen, daß zwischen dem schulischen Leistungsversagen von Kindern und ihrem gewalttätigen Verhalten in der Schule ein recht enger positiver Zusammenhang besteht (vgl. Schwind u. a. 1990, S. 92). Wenn Heranwachsende schlechte Zensuren aufweisen, eine Klasse wiederholen müssen oder den intendierten Schulabschluß verfehlen, beantworten sie diese Frustrationen nicht selten mit aggressiven Verhaltensweisen. Schlechte Schüler sind in ihrem Selbstwertgefühl verunsichert und entbehren häufig der mütterlichen bzw. väterlichen Liebe.
Aggressives Schülerverhalten hat weiterhin viel mit dem Zerfall der familiären Strukturen in der modernen Gesellschaft zu tun. Familien müssen Schutzraum für Kinder sein, ihre Bedürfnisse nach Geborgenheit und Sicherheit werden in psychisch gesunden Familien befriedigt. In intakten Familien haben Kinder die Möglichkeit, sich mit dem Vater oder der Mutter zu identifizieren. Eine stabile und psychisch gesunde Familie ist der beste Garant für die Eindämmung von Gewalt bei Kindern und Jugendlichen. Wenn die Familien weiterhin „zerfallen", wird die Anzahl der aggressiven Kinder und Jugendlichen zunehmen. Zu Recht schreibt Deimling (1994, S. 22): „In einer Zeit, in der Ehescheidungen, Suchterkrankungen, neurotische Depressionen, Suizide und Suizidversuche sowie Kriminalität als Indikatoren eines anomischen Zustandes unserer Gesellschaft zunehmen, kommt alles darauf an, in breitesten Bevölkerungskreisen die familienpolitischen Voraussetzungen dafür zu schaffen, daß Kinder in einer Atmosphäre ungefährdeter Ordnung und unerschütterlichen Vertrauens in die Liebe und Zuneigung ihrer Eltern fröhlich und unbekümmert aufwachsen können." So hat Zeltner (1993, S. 98) leider recht, wenn sie schreibt: „Das Bild vom unbehausten jungen Menschen, der ohne Urvertrauen in eine bedrohliche Gegenwart ausgestoßen wird, trifft heute auf Unzählige zu." Diese „unbehausten" Kinder und Jugendlichen sind es, die in der Schule ihr Unwesen treiben. Deshalb kommt alles darauf an, Familien wieder als Basis für eine gesunde Gesellschaft zu sehen und wo nötig zu unterstützen.

3.2. Gesellschaft

Familien mit Kindern können die ihnen auferlegten Aufgaben nur dann sinnvoll lösen, wenn sie durch Personen außerhalb des Familienkreises unterstützt werden (vgl. Godenzi 1993, S. 45). Die gesellschaftlichen Rahmenbedingungen beeinflussen in einem nicht unerheblichen Maße die familiären Sozialisationsbedingungen.

3.2.1. Verunsicherung

Die heranwachsende Jugend ist sehr verunsichert, da sie in „einer aus den Fugen geratenen Gesellschaft" (Holthaus 1998, S. 11) lebt. Ein Grund dieser Verunsicherung liegt in unserer Gesellschaft, die von *Pluralismus* und von einem ständigen *Innovationsschub* geprägt ist. Die moderne westliche Welt ist *hochkomplex*. Diese hochkomplexen Strukturen können von vielen jungen Menschen nicht mehr durchschaut werden, verunsichern und ängstigen sie. Vor allem weniger begabte Menschen – aber nicht nur diese – wünschen sich vielfach eine neue Einfachheit und Übersichtlichkeit, um besser überleben zu können.
Weiterhin werden viele Menschen in unserer Gesellschaft durch eine Überzahl von *pluralistischen* Strebungen verunsichert. Sicherlich ist es grundsätzlich von Vorteil, wenn Menschen aus einer Vielfalt von Angeboten und Möglichkeiten wählen können. Ein *ausufernder* Pluralismus ist aber eher negativ für die seelische Stabilität von Kindern und Jugendlichen zu sehen, da er häufig polarisiert, statt gemeinsame Sinnhorizonte zu erschließen.
Wir leben in einer Zeit ohne Maß und ohne Grenzen, in der beispielsweise alle Lebensstile möglich sind. Man kann in einer hetero- ebenso wie in einer homosexuellen Beziehung leben. Homosexuelle Paare möchten zuweilen genauso Kinder aufziehen wie Mütter und Väter aus verschieden geschlechtlichen Lebensgemeinschaften. Aus einem Menü verschiedenster Werte und Möglichkeiten werden oft diejenigen herausgesucht, die für sich selbst am ehesten passen. Die in der modernen Gesellschaft vorfindbaren pluralistischen Strebungen werden von vielen Menschen als anstrengend und erdrückend empfunden, da dauernd Entscheidungsprozesse anstehen. Neben einer starken Verunsicherung kann ein *überbordender* Pluralismus auch zu einer Orientierungslosigkeit bei der heranwachsenden Generation führen. Sind mehrere Wege möglich, um an *ein* Ziel zu gelangen, dann können auch viele Wege eingeschlagen und verfolgt werden. Da nicht wenige wichtige Entscheidungen in einem Menschenleben vor allem im Kindes-

und Jugendalter zu treffen sind, junge Menschen aber oft nicht fähig sind, die Verantwortung für die Konsequenzen ihrer Entscheidungen einzuschätzen oder gar zu tragen, ist es nicht verwunderlich, wenn gerade Kinder und Jugendliche unter dem ständigen Entscheidungsdruck leiden und dieser sie dann letztlich verunsichert und ängstigt. Die heutige Jugend steht unter einer permanenten Last der Entscheidung. Wer so viele Entscheidungen zu treffen hat, fühlt sich leicht überfordert.
Es fehlt der jungen Generation die Sicherheit der Vorfahren. Traditionen können – so gesehen – auch als psychische Entlastung begriffen werden. In der heutigen Gesellschaft gibt es kaum noch rituelle Abläufe, die das Leben entlasten könnten. Die positiv zu sehende Freiheit bei Entscheidungen wird dann zu einer Last, wenn keine klaren Bezugspunkte und verläßlichen Ordnungen als verbindlich akzeptiert werden. Freiheit ist nur in der Gebundenheit und in der Verpflichtung an „Fixpunkte" auszuhalten. Wo sind diese Fixpunkte in unserer Gesellschaft? Wo sind feste, allgemeinverbindliche Leitlinien, an die sich Kinder und Jugendliche bei der Exploration ihrer Lebenswege halten können? „Die meisten Menschen fühlen sich jedoch in einer unübersichtlichen Welt voller Deutungsmöglichkeiten unsicher", stellen Berger/Luckmann (1995, S. 45) zu Recht fest.
Weiterhin wird die Verunsicherung des heutigen Menschen durch ständige *Innovationen* erhöht. Es ist unbestreitbar, daß „sich die Gesellschaft in einem schnellen, ja sogar immer schneller werdenden Wandlungsprozeß befindet" (Balser 1997, S. 13). Der moderne Mensch ist dem Wahn verfallen, alles müsse schneller, größer, besser sein. Wissen, das heute angeeignet wird, ist morgen möglicherweise veraltet. Die Veränderungen in der Arbeitswelt sind von einer so rasanten Geschwindigkeit, daß innerhalb kurzer Zeit ganze Industriebereiche wegbrechen und neue entstehen. Nicht wenige Menschen müssen zwei- oder dreimal in ihrem Leben einen neuen Beruf ergreifen. Wissenschaftliche Fortschritte sind so atemberaubend, daß diese zuweilen kaum noch – selbst von Spezialisten – bewältigt werden können.
Die fundamentale Verunsicherung des modernen Menschen, die sich nicht selten in einer großen Angst vor den zukünftigen Herausforderungen manifestiert, ist ein „guter" Nährboden für die Aggressions- und Gewaltbereitschaft von Kindern und Jugendlichen. Zwischen Angst und Aggression besteht ein recht enger Zusammenhang: Ängstliche, verunsicherte und in die Enge getriebene Menschen reagieren eher aggressiv als selbstbewußte Personen, die mit den an sie gestellten Herausforderungen adäquat umgehen können. Der Hinweis, daß die Gewaltbereitschaft der jungen Menschen mit der massiven Verunsicherung in dieser Gesellschaft zu tun hat, zeigt auch, daß es unmöglich sein wird, die Aggressionsbereitschaft

allein durch pädagogische Maßnahmen zu eliminieren. Vielmehr muß das soziologisch definierte Triumvirat (Schule, Elternhaus, Gesellschaft) zusammenwirken; und das ist nicht kostenneutral zu haben.

3.2.2. Narzißmus

Viele Menschen haben sich in den letzten Jahrzehnten in Richtung eines narzißtischen Durchsetzungswillens bei gleichzeitigem Rückgang von sozialer Sensibilität und selbstkritischer Reflexion entwickelt (vgl. Richter 1995, S. 189). Der moderne Mensch ist ein Narziß geworden, der sich lediglich um sich selber dreht. Nach der griechischen Sage verliebte sich der schöne Jüngling Narziß in sein eigenes Selbstbild. „Der narzißtische Mensch ist einfach nicht fähig, die Welt außerhalb von sich gefühlsmäßig als eigenständige Realität wahrzunehmen" (Funk 1993, S. 102). Auch der heutige Mensch ist in sich selbst verliebt, pflegt einen Kult um die eigene Person. Gerken/Konitzer (1996, S. 20) haben festgestellt, daß 80% der deutschen Jugendlichen eine narzißtische Grundeinstellung besitzen.
Narzißtische Menschen, die ihre eigene Innerlichkeit in den Mittelpunkt ihres Lebens stellen und die Welt außerhalb ihrer Person gefühlsmäßig nicht wahrnehmen können, verlieren leicht den emotionalen (nicht den intellektuellen) Kontakt zu Mitmenschen und vereinsamen gefühlsmäßig. „Eine andere Folge ist der *Mangel an Liebe*, denn es ist offensichtlich, daß ich niemanden außerhalb von mir liebe, wenn ich nur mit mir beschäftigt bin" (Funk 1993, S. 103). Narzißtische Menschen spinnen sich sozusagen ihre eigene Isolation.
So kann die Feststellung, daß immer mehr Menschen *allein* leben, nicht verwundern. Nach Gronemeyer (1992, S. 42 f.) sind in München von 650 000 Wohnungen 330 000 *Ein*personenhaushalte. Es kann angenommen werden, daß insgesamt ein Drittel aller Haushalte in Deutschland Single-Haushalte sind. Selbstverständlich können nicht alle Menschen, die in Einpersonenhaushalten leben, als Narzißten bezeichnet werden! Mit diesem Hinweis sollte lediglich auf den *Trend* der Vereinsamung in unserer Gesellschaft hingewiesen werden.
Wie hängt nun die eher narzißtische Grundeinstellung des modernen Menschen mit einem oft aggressiven und gewaltbereiten Verhalten zusammen? Narzißtische Menschen können sich nicht selbst schätzen und annehmen. „Es fehlt diesen Menschen weitgehend an einem kohärenten, ihrem Leben und Erleben Konstanz verleihenden Selbst, das ihnen das Gefühl von Selbstvertrauen und einer basalen Sicherheit vermitteln könnte und das dazu führen würde, daß sie sich in Vergangenheit, Gegenwart und Zukunft

als dieselbe Person erlebten“ (Rauchfleisch 1989, S. 73). Die zentrale Verunsicherung in ihrem Selbstwertgefühl führt dazu, daß sie dauernd auf der Suche nach narzißtischer Aufwertung sind und damit schnell die Bereitschaft wächst, bei einer Herabsetzung ihres Selbstbildes mit Feindseligkeit oder gar mit Aggressivität und Gewalt zu reagieren (vgl. Fromm 1989, S. 172).

Nicht selten versuchen narzißtische Menschen ihr geschwächtes Selbstwertgefühl mit Hilfe von Macht- und Omnipotenzvorstellungen zu kompensieren, was sich in einer geltungssüchtigen Haltung zeigen kann. Gewalttäter kehren ihr aufgrund von narzißtischen Kränkungen entstandenes Insuffizienzgefühl um und demonstrieren Überlegenheit, da sie sich als stark und mächtig fühlen wollen. Insofern weisen die zunehmenden und brutaler werdenden Aggressionstendenzen bei Kindern und Jugendlichen auf fragile Selbstwertstrukturen hin.

Auf diesem Hintergrund kann man sagen, daß der narzißtische Mensch einen Hang zu aggressivem Verhalten hat. Je narzißtischer Menschen werden, desto eher sind sie bereit, Gewalt gegenüber ihren Mitmenschen anzuwenden. Sie haben gelernt, daß es zunächst darauf ankommt, die eigenen Bedürfnisse zu befriedigen. Eine Gesellschaft, die immer mehr Menschen mit narzißtischen Persönlichkeitsstörungen hervorbringt, zerstört sich letzten Endes selbst. Dem absehbaren gesellschaftlichen Chaos kann nur noch ausgewichen werden, wenn sich vor allem die junge Generation einer „gesellschaftlichen Inpflichtnahme“ (vgl. Etzioni 1997) nicht verweigert. Der moderne Mensch muß wieder vermehrt lernen, nach seinen Pflichten – nicht nur nach seinen Rechten – zu fragen. „Dieser Prozeß muß vom Versuch begleitet sein, aus sich herauszugehen und sich anderen zuzuwenden. Er läßt sich mit Worten einfach beschreiben: Unsere Aufmerksamkeit richtet sich auf andere aus, auf die Welt der Natur, der Ideen, der Kunst, auf gesellschaftliche und politische Ereignisse, so daß wir an der Welt außerhalb unseres Ego ‚interessiert‘ sind. Wenn jemand den Willen und die feste Absicht hat, die Gefängnismauern des Narzißmus und der Selbstsucht zu überwinden, wenn er den Mut gefaßt hat, die dabei auftretenden Ängste durchzustehen, wird er bereits etwas von der Freude und Kraft erleben, die er einmal erlangt“ (Funk 1993, S. 140). Kindern sind Möglichkeiten zu bieten, diese „Freude und Kraft“ in Elternhäusern und in der Schule, aber auch in Vereinen, Gemeinschaften usw. zu erleben.

3.2.3. Materialistische Einstellung

Westliche Industriegesellschaften sind stark durch materialistisches Denken und Handeln geprägt. Materiellen Gütern wird eine hohe „Symbolbedeutung für die Herausarbeitung des Status und der sozialen Rolle" (Mitscherlich 1970, S. 67) beigemessen. Auf vielfältige und höchst sublime Art und Weise wird Menschen suggeriert, daß ihr Lebenssinn und -ideal in der Anhäufung von Besitz liege.
Da man glaubt, mit Geld sich alles leisten und ein angenehmes und abgesichertes Leben führen zu können, gilt der Reichtum von materiellen Gütern als ein zentrales und erstrebenswertes Ziel des modernen Menschen. „Geld regiert die Welt" und gibt in einer materialistischen Welt dem einzelnen Menschen ein Gefühl der Sicherheit und Wertschätzung.
In einer kapitalistischen Gesellschaft entsteht aber vor allem bei den ärmeren Schichten ein Problem – die Schere zwischen Armut und Reichtum geht immer mehr auseinander –, weil gerade sie den Eindruck gewinnen müssen, daß sie nichts wert sind, wenn sie nicht genügend Geld und materiellen Reichtum besitzen. Insofern scheint es folgerichtig zu sein, wenn Menschen mit wenig Wohlstand versuchen, zu Geld und Besitz zu kommen. Hinzu kommt, daß es manche „Anbieter" vorzüglich verstehen, bei völlig saturierten Menschen mit ausgeklügelten Werbetechniken immer neue Bedürfnisse zu wecken. Eine gnadenlos kommerzialisierte Gesellschaft schafft Menschen, die ihren persönlichen Wert nur in materiellem Reichtum sehen, nach dem Motto: „Haste was, biste was!"
Je größer die Kluft zwischen reich und arm wird, desto mehr werden die Heranwachsenden aus ärmeren Schichten versuchen, ihr Defizit auszugleichen. Viele der materiell schlechter gestellten Menschen sind zunehmend weniger bereit und zum Teil auch nicht mehr fähig, auf den „allgegenwärtigen" Wohlstand zu verzichten, der von vielen gesellschaftlichen Kräften für so bedeutsam gehalten wird. „Wenn Kinder frühzeitig an unsere konsumorientierte Umwelt angepaßt werden, sind sie später in ihren Entscheidungen alles andere als frei" (Schuster-Brink 1997, S. 30). „Je mehr der Mensch haben will, je mehr er sich abhängig macht von den Dingen und ihnen verhaftet ist, desto mehr wird er ein Gefangener der Dinge" (Funk 1993, S. 30). Konsumorientierte Nationen schaffen sich einen Menschentypus, für den der Kauf und der Gebrauch von Gütern ein wesentliches und ihre Persönlichkeit bestimmendes Lebenselement darstellt. Der Aufbau von „Haben-Strukturen" (vgl. Funk 1993), die sich auch in „positiven" Einstellungen zu gewalttätigem Verhalten zeigen können, ist der Preis, den eine kapitalistische und auf Profit hin ausgerichtete Gesellschaft für den erreichten Wohlstand zu zahlen hat. Die Ökonomie verdrängt immer mehr die menschlichen Werte.

Solcherart konditionierte Menschen können schnell Habgier oder gar Habsucht entwickeln. Da jedoch die materiellen Ressourcen nicht ausreichen, um die oft maßlos übertriebenen Wünsche zu erfüllen, können Jugendliche leicht dazu tendieren, ihre Bedürfnisse „auf kurzem Wege" (Raub, Erpressung u. a. m.) zu befriedigen. Für viele Menschen, die sich mit der allgemeinen Anbetung des materiellen Besitzes identifiziert haben, bedeutet Leben ein fortwährender Kampf, materielle Güter zu erringen bzw. zu verteidigen. Man nimmt sich einfach das, was man haben möchte, auch wenn man „etwas nachhelfen" muß. Gewalt kann somit als Vehikel betrachtet werden, um an „Konsum-Ziele" zu gelangen, die ansonsten nicht zu erreichen sind, aber als erstrebenswert angesehen werden.

3.2.4. Erlebnisgesellschaft

Viele Menschen in unserer Wohlstandsgesellschaft möchten um jeden Preis ein angenehmes und erlebnisorientiertes Leben führen. Es wird alles angestrebt, was Genuß und Zerstreuung bietet. Da der heutige Mensch glaubt, geradezu ein Recht auf exotische Erlebnisse und Vergnügen zu haben, ist Feiern und Genießen angesagt. Besonders solche Freizeitaktivitäten werden bevorzugt, die „Mega-Erlebnisse" offerieren und jedermann zum Staunen bringen. Der Erlebnishunger der heutigen Menschen ist kaum zu stillen.

Junge Menschen, die in einer ausufernden Erlebnis-Gesellschaft aufwachsen, entwickeln einen „Erlebnis-Hunger" – nach dem Motto: „Wenn ich nichts erlebe, gibt es mich nicht!" Von daher ist es nicht verwunderlich, daß bei einem Teil der heutigen Kinder und Jugendlichen Entbehrung, Pflichtbewußtsein und harte Arbeit nicht hoch im Kurs stehen. Geradezu fatal ist, wenn bei den Jugendlichen die Erfahrung dazu kommt, daß sich Anstrengungen tatsächlich nicht mehr lohnen, weil man z. B. sowieso keinen Job bekommt. Nicht wenige Jugendliche leben in einer irrealen Welt – voll von Wünschen, Sehnsüchten und Bedürfnissen, die von außen an sie herangetragen werden.

Junge Menschen werden in einer auf Kommerz ausgerichteten Erlebnis-Gesellschaft instrumentalisiert, ihre Gefühle und Bedürfnisse werden sozusagen vermarktet. Der Mensch ist zum reinen Instrument verkommen, der keine Initiative mehr entwickelt und von außen gesteuert wird. Da Kinder nur dann zu belastbaren Persönlichkeiten heranreifen können, wenn sie sich *aktiv* mit der Welt auseinandersetzen, bleiben sie in einer erlebnisorientierten Gesellschaft infantil und benehmen sich – selbst als heranwachsende und erwachsene Personen – oftmals wie Kinder. Sie „schlotzen" an der Zigarette oder saugen am LSD-getränkten Zuckerchen wie an einer stillenden Mutterbrust (vgl. Bäuerle 1993b, S. 13). Erlebnisorientierte Menschen haben die notwendigen Schritte in die Realitätsebene nicht geschafft. Gewalttätiges Verhalten hat für erlebnisorientierte und von sich selbst entfremdete Menschen die Funktion, sich Reize zu verschaffen, einen „Nervenkitzel“ gleichsam, um nicht unter der Langeweile zu leiden. Langeweile kann der Mensch kaum ertragen, er muß diese zu kompensieren versuchen (vgl. Funk 1993, S. 93). Die Gewalttat von Menschen ist nicht selten eine Reaktion auf die als quälend empfundene Langeweile, ein „Narkosemittel“ sozusagen, um das konditionierte Bedürfnis nach Reizen zu befriedigen. Nur mit Hilfe von produktiven und kreativen Arbeiten können Kinder eine *aktive* Einstellung zum Leben aufbauen. So kommt Farbe in ihr Leben. Je mehr jedoch die Erlebnisgesellschaft die Gefühle der Menschen instrumentalisiert, desto mehr werden Langeweile und damit auch die „aggressiven Tendenzen“ in unserer Gesellschaft zunehmen.

3.2.5. Bindungsarmut

Es ist auffallend, daß sich heutzutage viele Menschen nicht mehr binden wollen und auch nicht mehr binden können (vgl. Funk 1993, S. 39). Das Leben in verbindlichen Beziehungen ist für den modernen Menschen oftmals eine Qual. Auf andere Rücksicht zu nehmen, liegt nicht in den Überlegungen eines egozentrischen und nach Selbstverwirklichung strebenden Menschen.

Zunehmend mehr Menschen sind kaum bereit, in sozialer Hinsicht Verantwortung zu übernehmen. Sie begnügen sich lieber mit einer Zuschauerrolle. Man engagiert sich vielfach nur noch dann, wenn die Aktivitäten persönliche Vorteile bringen. Auf Dauer angelegte Bindungen werden von vielen Kindern und Jugendlichen nicht mehr eingegangen: „Nach Hurrelmann sind 20% aller deutschen Schüler ‚verwahrlost‘, d.h. bindungslos, bindungsarm oder bindungsunfähig gegenüber Bezugspersonen, Normen und Werten“ (Struck 1994, S. 37). Aufgrund dieser Beziehungsunfähigkeit sind junge Menschen Personen und Dingen gegenüber auch gleichgültig (vgl. Funk 1993, S. 39f.). Damit hängt auch zusammen, daß sich nicht wenige Schüler heute kaum noch für den Unterricht motivieren lassen.

Woher rührt die Bindungsarmut des modernen Menschen? Immer mehr Kindern wird es verwehrt, Wurzeln in ihrer sozialen Umwelt zu schlagen und vertrauensvolle Bindungen zu geliebten Personen aufzubauen. Seiß (1989, S. 17) stellt fest: „Die Ungeborgenheit, Ungebundenheit und Unverbindlichkeit des modernen Menschen, getarnt als Emanzipation, legitimiert durch die sogenannte Selbstbestimmung des Menschen, programmierte eine Fehlentwicklung mit allen ihren negativen Konsequenzen."

Da die Zahl der seelisch kranken Mütter und Väter im Steigen begriffen ist, ist eine vom Kind erlebte Instabilität bei sozialen Beziehungen nicht selten das Ergebnis einer psychisch belasteten Familie. Auch häufige Umzüge – von einer Wohnung in die andere, verbunden mit einem Schulwechsel und dem Verlust von Freunden – verstärken bei der jungen Generation ein Gefühl der Nicht-Zugehörigkeit zu einer Gruppe. Zudem herrscht in großen Schulen oft eine starke Anonymität vor. Die Lehrer kennen in solch einem Großbetrieb manchmal nicht einmal die Namen der Schüler, so daß sich diese auch nicht an einzelne Lehrer zu binden vermögen. Zuletzt können heute viele Kinder keine Beziehungen zu Sachen aufbauen, da unsere „Wegwerfgesellschaft" vor allem Neuanschaffungen braucht, um den ökonomischen Kreislauf aufrecht zu erhalten.

Hierzulande hat sich eine „Wegwerfgesellschaft" entwickelt, die nicht nur gebrauchte Produkte, sondern auch „lebendes Inventar" wegwirft. Hiervon zeugen unter anderem die immer länger werdenden Listen aussterbender Tiere und Pflanzen. Interessant ist, daß auch die Liste aussterbender Sprachen immer länger wird. Damit führt die Wegwerfmentalität zu einer Verarmung der geistigen Auseinandersetzung – ein „guter" Nährboden für die Gewaltgenese und -eskalation.

Wenn Kinder im Laufe ihrer Sozialisation nicht lernen, was Bindung heißt und ihnen vor allem die Erstbindung zu einer vertrauensvollen Bezugsperson bereits in den ersten Lebensjahren fehlt, wird es ihnen später auch nicht gelingen, „tiefere und anhaltende Beziehungen zu Menschen oder Sachen einzugehen" (Hentig 1979, S. 36). „Die Bindungs*un*fähigkeit und damit verbunden die Gesellschafts*un*fähigkeit des modernen Menschen wird unsere eigentliche Tragödie werden" (Bäuerle, in: Ministerium 1992, S. 16).

Aus der Attachment-Forschung wissen wir, daß Kinder mit sicheren Bindungen zu ihren Eltern über besser entwickelte soziale Fähigkeiten und über weniger „Lust" auf aggressive Auseinandersetzungen verfügen (vgl. Jacobson u. a. 1978; Perry u. a. 1978; Sroufe 1983). Bindungsunfähige Menschen hingegen können keine übergeordneten Normen und Regeln akzeptieren. Von daher ist zu verstehen, daß sich heute viele Schüler für „absolut" halten und Regeln, die andere aufgestellt haben, nicht beachten. Bindungsunfähige Menschen sind immun im Hinblick auf das Internalisieren von Werten und Normen.

Da der Mensch von Natur aus auf andere Menschen angewiesen ist, hat er ein Bedürfnis nach Nähe, Liebe, Wärme und Zuneigung zu anderen Personen. Erfahren Menschen diese Nähe nicht, greifen sie zuweilen zu Gewalt, um zumindest auf diese Art und Weise einen Kontakt herzustellen. Gewalt ist – so gesehen – der Versuch einer Kontaktaufnahme, obgleich es sich um eine gestörte Beziehungsaufnahme handelt, verursacht durch eine Sozialisation, die eine lebensnotwendige Verwurzelung in die soziale Umwelt nicht ermöglicht hat. Es hat sich immer wieder gezeigt, daß zu Gewalthandlungen neigende Menschen nicht nur familiär entwurzelt sind, sondern auch nicht in die Gemeinschaft der Mitmenschen aufgenommen wurden (vgl. Witzel 1969). Der „unbehauste" Mensch ist gewalttätig. „Wenn unsere Erfahrung zerstört ist, wird unser Verhalten zerstörerisch sein" (Laing 1969, S. 22).

3.2.6. Verlust von Werten und Normen

Eine Gesellschaft, die keine *verbindlichen* Werte und Normen hat, ist dem Untergang geweiht. Daß Normen*konsens* notwendig und auch erwünscht ist, zeigt sich bei vielen alltäglichen Erfahrungen. So schicken beispielsweise heute zunehmend mehr Eltern ihre Kinder in Konfessions- und Waldorfschulen, wobei ihnen oftmals die Tatsache, daß es überhaupt einen Wertekonsens gibt, wichtiger ist, als die konkreten Wertvorstellungen der Schule (vgl. Struck 1995, S. 193).

Zwar wird viel über Werte und Normen gesprochen und geschrieben (vgl. Rohrmoser 1995, S. 272), doch herrscht keine Einigkeit darüber, *welche* Werte als *verbindlich* zu gelten haben; eine nicht zu übersehende Wertediffusion ist allgegenwärtig. Die Wertekrise äußert sich in mannigfacher Weise: So halten immer mehr Menschen „die Hand auf", wenn sie eine Möglichkeit sehen, aus ihrer Position Vorteile zu ziehen. Um ein intendiertes Ziel schneller und effizienter zu erreichen, werden Schmiergelder in unserer „modernen" Gesellschaft bezahlt bzw. Bestechungsgelder angenommen. „Man wäre ja dumm, wenn man sich so ein paar läppische Euro entgehen ließe!" Es ist nicht nur der Machtmißbrauch mancher Politiker zu erwähnen, genauso korrupt wird auch in anderen gesellschaftlichen Bereichen vorgegangen.

Wenn Werte und Normen nach eigenem Gutdünken interpretiert und nach Maßgabe eigener Reflexion relativiert werden, darf man sich nicht über gewalttätige Schüler beklagen. Denn immer mehr Kinder und Jugendliche eignen sich genau jene Werte an, mit denen sie am bequemsten leben können und die sie von den Erwachsenen gelernt haben. Dabei wird Gewalt als „legales" Mittel zur Zielerreichung nicht ausgeschlossen. Hinzu kommt, daß in einer Gesellschaft, in der Werteunsicherheit herrscht, die Orientierungsfunktion des Fernsehens – bei dem Gewalt ein ganz wesentlicher Programmteil darstellt (vgl. Schwind u. a. 1990, S. 83) – zunimmt (vgl. Groebel 1993, S. 170).

Da Werthaltungen im emotionalen Bereich verankert sind (vgl. Brezinka 1993, S. 17), haben es jene Kinder schwer, bei denen die Grundbedürfnisse der Geborgenheit und Sicherheit nicht genügend befriedigt wurden, die von Erwachsenen vorgegebenen Werte und Normen zu internalisieren. Kinder und Jugendliche benötigen Eltern und Lehrer, die sie akzeptieren und ihnen warmherzig begegnen, damit sie sich mit deren Normen identifizieren können.

Werte und Normen lassen sich nicht durch rationale Belehrungen – z. B. mit Hilfe eines ministeriell eingeführten Ethikunterrichts – vermitteln. Vor allem solche Erzieher können ihren Zöglingen Werte und Normen „beibringen", die es nicht scheuen, einen klaren Standpunkt einzunehmen und diesen auch *glaubwürdig leben*. Nicht wenige nach hohen ethischen Zielen – wie Glaubwürdigkeit und Wahrhaftigkeit – strebende junge Menschen zerbrechen an den widersprüchlich gelebten Werten und Normen ihrer Erzieher und Vorbilder.

Zur Verinnerlichung von Werten und Normen kann es nur kommen, wenn *kein machtausübender* Erziehungsstil praktiziert wird (vgl. Schulte-Markwort 1994, S. 83). Wollen Eltern und Lehrer unter Androhung von Macht oder Gewalt die Werte in die Kinder „hineinprügeln", werden sie bei diesen Angst erzeugen, z. B. Angst vor einer Strafe, was dazu führt, daß die Heranwachsenden die an sie gestellten Regeln dann nicht halten, wenn sie keine Strafe oder keine Konsequenz für die Nichteinhaltung der Regeln zu erwarten haben. Harte und lieblose Erziehungspraktiken in Familie oder Schule zerstören das Grundvertrauen zu den Erziehungspersonen, das aber vorhanden sein muß, damit Kinder und Jugendliche bereit sind, die elterlichen oder schulischen Normen und Werte anzunehmen und zu verinnerlichen.

Die widersprüchlichen Diskussionen im Werte- und die skeptische Einstellung im Normenbereich (Klosinski 1981, S. 67) führen dazu, daß junge Menschen in unserer hochkomplexen Gesellschaft sehr verunsichert und in einen permanenten psychischen Spannungszustand versetzt werden, der zu aggressiven und gewalttätigen Verhaltensweisen führen kann. Das Ringen der Anhänger verschiedener, zum Teil diametral entgegengesetzter Werterichtungen hinterläßt nicht nur Wahlfreiheit, sondern – vor allem bei der heranwachsenden Jugend – auch eine tiefgreifende Orientierungsunsicherheit und -krise (Brezinka 1993, S. 11). Viele Kinder sind durch den weitgehenden Verlust eines verläßlichen und sie beschützenden Orientierungsrahmens in ihren Grundfesten massiv verunsichert. Besonders Ausländerkinder leiden vielfach an einem „Wertespagat", was u. a. dazu führt, daß gewalttätige Verhaltensweisen bei ausländischen Schülern im Vergleich zu deutschen Schülern höher sind.

3.2.7. Ungeklärte Sinnfragen

In der heutigen Zeit gibt es kaum noch Sinnvorgaben, der Mensch bewegt sich auf einer „Bühne, die leergeräumt ist“. Sinnhorizonte, die das Christentum tradiert hat, werden von einem großen Teil der Bevölkerung abgelehnt. Somit steht der Mensch sich selbst gegenüber. Da er nicht willens ist, darüber nachzudenken, „wozu man lebt und warum man in die eine und nicht in die andere Richtung geht“ (Funk 1993, S. 26), leidet er an einer tiefgreifenden und ihn verunsichernden Sinnleere, wie der Begründer der „Logotherapie“ Frankl in seinen insgesamt 27 Büchern (vgl. u.a. 1973; 1980; 1998), die in zwanzig Sprachen übersetzt wurden, schreibt.

Menschen ohne Ziel und Hoffnung wissen nicht, wohin ihr Weg letzten Endes geht. Machen sich gerade junge Menschen keine Gedanken über den tieferen Sinn ihres Lebens, so sind sie wie Personen, die auf einem Lebensschiff ohne Kompaß fahren, nicht davor gefeit, sich ständig im Kreis zu drehen. Menschen fühlen sich dann verunsichert, wenn sie ohne Perspektiven einer ungewissen Zukunft ausgesetzt sind. Personen, die sich über ihren Lebenssinn Gedanken machen, haben einen Wegweiser im Chaos von Zeit und Raum gefunden. In dem Maße, in dem die Menschen Aufgaben und Forderungen erfüllen und Werte verwirklichen, erfüllen und verwirklichen sie sich selbst.

Da Fragen nach der persönlichen Orientierung und nach dem Sinn des Lebens zu den letzten menschlichen Fragen gehören, dürfen in diesem Zusammenhang auch Glaubensfragen nicht ausgeklammert werden. Menschen, die nicht an Gott glauben, werden versuchen, alles zu unternehmen, um in dieser Welt nicht zu kurz zu kommen. Personen, die ihr Leben nur auf diesseitige Werte ausgerichtet und keine Hoffnung auf ein Leben nach dem Tode haben, fühlen sich unter Druck, möglichst viele Wünsche und Bedürfnisse während ihrer kurzen Lebensspanne zu befriedigen. Was hält Menschen, die nicht an Gott glauben, davon ab, aggressiv und gewalttätig anderen gegenüber zu sein? Insofern ist Struck (1994, S. 89) zuzustimmen, wenn er schreibt, daß die Gewaltbereitschaft des modernen Menschen mit der abnehmenden Religiosität zusammenhängt. Viele Menschen ohne Gottesbeziehung haben eine krankmachende Lebenseinstellung, die sich auf menschliche Beziehungen destruktiv auswirkt. Je brüchiger die Gottesbeziehung des „modernen“ Menschen wird, desto aggressiver wird er sich gegenüber seinen Mitmenschen verhalten. Die Qualität der Gottesbeziehung wirkt sich auf die Qualität der Menschenbeziehung aus.

3.2.8. Mangelnde Frustrationstoleranz

Deutschland gehört zu den reichsten Ländern der Erde. Diese Tatsache führte dazu, daß viele in dieser Wohlstandsgesellschaft aufgewachsene Kinder und Jugendliche in ihrer bisherigen Sozialisation die Erfahrung gemacht haben, daß die spontane, direkte und umstandslose Befriedigung ihrer Interessen nicht nur möglich, sondern – glaubt man den Werbespots – für das Glück des Menschen auch notwendig ist. Nicht wenige Heranwachsende fordern, was der Augenblick ihnen eingibt.

Die Welt ist für im Wohlstand lebende Kinder als ein großer und gigantischer Selbstbedienungsladen erfahrbar, in dem man sich alles – was man haben möchte – aussuchen kann. Die auf Kommerz ausgerichtete Gesellschaft hält eine nahezu unendliche „Wunschmaschinerie" in Gang, die Wünsche in beliebiger Weise produziert. Nach Maßgabe des herrschenden „life styles" werden Produkte den geweckten Bedürfnissen angepaßt. Werbemanager und -psychologen sind in dieser Hinsicht sehr kreativ und erfolgreich, der moderne Mensch äußerst „lernfähig".

Aus psychologischer Sicht läßt sich sagen, daß verwöhnte Menschen Anforderungen, die man an sie heranträgt, als eine Zumutung oder sogar Kränkung erleben und sie dementsprechend übersteigert reagieren. Da verwöhnte Kinder sich nur ungern belasten und in ihre Schranken weisen lassen, kann angenommen werden, daß manche von Eltern oder Lehrern gestellte Forderungen, von diesen mit aggressiven Mitteln bekämpft werden.

„Dennoch spielt speziell in der Entwicklung aggressiven und dissozialen Verhaltens von Kindern eine bestimmte Form der Verwöhnung eine besondere Rolle. Dabei geht es dann nicht um die Verwöhnung in dem Sinn, daß man seinem Kind häufig etwas besonders Gutes tut oder ihm viele Wünsche erfüllt. Vielmehr geht es um die Nicht-Eingrenzung expansiven Verhaltens des Kindes, sei es, weil es den Eltern gleichgültig ist, was ihr Kind macht (oder sie nur ihre Ruhe haben wollen), sei es, weil sie die Aggressionen ihres Kindes als Reaktion auf die Begrenzung fürchten. Man sollte nicht unterschätzen, wie weit verbreitet ‚kleine Tyrannen' sind, denen sich in der Familie keiner in den Weg zu stellen traut" (Schulte-Markwort 1994, S. 87 f.).

Nach der Frustrations-Aggressions-Hypothese (vgl. Dollard u. a. 1973) geht man davon aus, daß Frustrationen Aggressionen bedingen *können*. In Untersuchungen zeigte sich, daß *nicht jede* Aggression auf eine Frustration zurückzuführen ist und *nicht jede* Frustration zu einem aggressiven Verhalten führt (vgl. Miller/Dollard 1941, S. 33). Aggressives Verhalten ist demnach eine Folge von Frustrationen, wenngleich nicht davon ausgegangen werden kann, „daß alle spontanen Aggressionen durch ‚Frustrationen' ausgelöst werden" (Kempf/ Hilke 1982, S. 162).

Eine Frustration entsteht dann, wenn Menschen bei einer zielgerichteten Aktivität gestört oder gehindert werden. „Die dabei entstehende Aggression dient dazu, dem Individuum die Kraft zu verleihen, die es benötigt, um das ursprüngliche Handlungsziel zu erreichen. In der Lerntheorie werden vier Bereiche für Frustrationen unterschieden: Hindernisse, Mißerfolge, schädigende Reize und Mangelzustände“ (Schulte-Markwort 1994, S. 79). Unter biochemischen Aspekten kann gesagt werden, daß bei einer aggressiven Grundhaltung der Organismus zum Kampf vorbereitet wird: Adrenalin wird ins Blut ausgeschüttet, der Blutdruck steigt, der Herzschlag beschleunigt sich und die Muskeln werden mit Energie geladen.
In einer Wohlstandsgesellschaft haben viele Kinder und Jugendliche nur in einem beschränkten Maße die Möglichkeit, die sozial nötigen Triebeinschränkungen zu erlernen, die wichtig sind, damit sie mit Enttäuschungen und Belastungen im Leben fertig werden. Menschen, die keine Enttäuschungen verarbeiten können, stehen immer in Gefahr, anderen ablehnend oder gar aggressiv gegenüberzutreten. Wer Belastungen nicht ertragen kann, macht andere leidend. Gewalttätige Schüler dokumentieren durch ihre Verhaltensweisen, daß sie es nicht gelernt haben, mit ihren gescheiterten Hoffnungen in adäquater Weise umzugehen.

3.2.9. Vertechnisierung

Ein wichtiger Schlüssel zum Verständnis der Charakterstruktur des modernen Menschen ist die Veränderung, die sich in den letzten Jahren durch die Technik – und insbesondere durch die Elektronik – vollzog. Die nicht mehr aufzuhaltende Vertechnisierung und Computerisierung verändern das Bild, das der Mensch von sich selber hat und wirken sich massiv auf seine Einstellungen und Verhaltensweisen aus. Aggressive und gewalttätige Persönlichkeitsstrukturen der heutigen Schüler können ohne diese gesellschaftlichen Veränderungen nicht in vollem Maße verstanden werden.
Vielseitige weltweite Verflechtungen führen zu Abhängigkeiten und Beeinflussungsmöglichkeiten: Moderne Waffen können in diesem Zusammenhang ebenso genannt werden wie die Schädigung der Atmosphäre. Eine auf einem kleiner werdenden Globus allgegenwärtige Technik, deren verheerende Auswirkungen und Folgen nicht bis ins letzte Detail abschätzbar sind, macht vielen Menschen Angst, weil der einzelne dem „totalen Solidaritätsgefühl aller“ nicht trauen mag. Der moderne Mensch befindet sich auf einem „vertechnisierten Hochseil“ – bloß nicht nach unten schauen, es könnte „dumm“ ausgehen. Ein Selbstwertgefühl, das in dieser Weise von anderen abhängt, wird immer unsicher sein.

Gewalttätiges Verhalten kann als eine Reaktion auf ein von der Technik ausgehendes Bedrohungspotential gesehen werden. Selbstverständlich soll die Technik nicht *grundsätzlich* verteufelt werden, denn es gibt viele Gebiete, bei denen von einer segensreichen Beeinflussung und Weiterentwicklung durch technische Fortschritte gesprochen werden kann. Doch viele Menschen empfinden, daß noch nicht differenziert genug darüber nachgedacht wurde, *welche* technischen Errungenschaften für die Menschen hilfreich und sinnvoll sind und welche möglicherweise zu einer tödlichen Gefahr für die menschliche Spezies werden könnten. Nicht alles – was technisch möglich ist – ist erlaubt!

Vertechnisierung und Computerisierung haben zur Folge, daß auf den einzelnen Menschen ein starker psychischer Druck ausgeübt wird, der ihn in eine gereizte Stimmung versetzen kann. Menschen, die Computer bedienen, dürfen keinen entscheidenden Fehler machen, sonst sind die Konsequenzen möglicherweise fatal. Es gab wohl keine Zeit in der Menschheitsgeschichte, in der der einzelne *arbeitende* Mensch unter einem stärkeren psychischen Druck stand als heute.

Eine vertechnisierte Welt gewährt Menschen immer weniger Freiräume. Vor allem Kindern und Jugendlichen bietet eine „fertige“ Welt kaum Möglichkeiten, sich selbst zu erproben, ihre Grenzen auszuloten und basale Erfahrungen handelnd zu erlernen. Da aber gerade junge Menschen für ihr psychisches Wachstum Experimentiermöglichkeiten und -freude benötigen, kann eine auf technische Perfektion ausgerichtete Welt – die Erfahrungen und Erlebnisse weitgehend ausblendet – auf sie belastend wirken. Streß und psychische Belastung können als Ursachen für aggressive Verhaltensweisen gesehen werden.

Im Getriebe eines vertechnisierten Ablaufs fühlt sich der Mensch „als Rädchen“, ohnmächtig und nur noch zum Funktionieren benötigt. Der Mensch ist nicht mehr Herr *über* die Technik, sondern empfindet sich häufig als ein von ihr Abhängiger oder gar Getriebener. „Alles ist Betrieb geworden, muß funktionieren“ (Funk 1993, S. 28). Schon als Kind lernt der Mensch, daß Mitmenschlichkeit weniger gefragt ist. Das Produkt ist von Bedeutung. Der Mensch verkommt zu einer Ware, mit der man nicht „menschlich“ umgehen muß. Ihre tiefe Persönlichkeitsdeformierung ahnend, passen sich viele Kinder und Jugendliche nur widerwillig und notgedrungen dem „glatten, technologischen und kalten Funktionalismus der heutigen Gesellschaft“ (Baacke 1976, S. 144) an.

Je reibungsloser eine „fertige“ Welt funktioniert, desto mehr suchen sich gerade junge Menschen Angriffsflächen, an denen sie sich reiben können, die ihnen die Möglichkeit geben, sich zu produzieren – auch und gerade, wenn sie „über das Ziel hinausschießen“. Von daher ist zu verstehen, daß in

einer vertechnisierten Welt außergewöhnliche Gewalttaten von hohem Unterhaltungswert sind. Das Brave, Angepaßte, Biedere hat für Kinder und Jugendliche keine Anziehungskraft mehr.
Eine dem modernen Menschen aufgezwungene Abhängigkeitshaltung – menschliches Denken und Handeln wird weitgehend von der Maschine gesteuert – schafft einen entpersönlichten Menschen, der schnell bereit ist, seine Umwelt zu attackieren. Menschen, die in alltäglichen Situationen „dehumanisiert" wurden, durch Degradierung zu einem bedeutungslosen „Maschinenteilchen" ihre Identität verloren haben, sind eher bereit, gewalttätiges Verhalten auszuüben. Gewalthandlungen sind als Versuch zu werten, die Umwelt darauf „hinzuweisen", den *einzelnen* Menschen ernster zu nehmen, ihm seine Identität zu belassen.
Wer einmal erfahren hat, wie schnell und präzise eine enorme Vielzahl von Problemen durch Einsatz von Computern gelöst werden kann, ist geneigt, auch bei zwischenmenschlichen Beziehungen derart schnelle und perfekte Problemlösungen zu erwarten. Es entsteht bei vielen Menschen der Eindruck, „Welt und Leben seien auf Knopfdruck den eigenen Wünschen anzupassen" (Papesch 1993, S. 86). Auch gewalttätiges Verhalten ist oftmals ein Versuch, *schnelle* Entscheidungen herbeizuführen.
Technische Abläufe kommen vielfach ohne menschliche Kommunikation aus, menschliche Gespräche sind beim Lösen technischer Probleme weniger gefragt. Wen wundert es, wenn der Mensch in einer vertechnisierten Gesellschaft kaum noch in adäquater Weise mit seiner Sprache umgehen kann. Besonders Kindern und Jugendlichen fällt es bei zwischenmenschlichen Auseinandersetzungen immer schwerer, sich sprachlich zu äußern. Das „Lösen" von Konflikten mit der Faust weist in nicht wenigen Fällen darauf hin, daß Schüler es nicht gelernt haben, Konflikte auf verbaler Ebene auszutragen.

3.2.10. Überforderung

Wissenschaft und Forschung treten einen „Siegeszug" an, der noch vor wenigen Jahren kaum für möglich gehalten wurde. So erwarten führende Naturwissenschaftler – wie zum Beispiel der amerikanische Biologe Wilson (1998) –, daß die Forschung den genetischen Code vollständig entschlüsseln wird. Damit wird es möglich sein, die menschliche Kulturentwicklung insgesamt zu erklären. Die biologische Konstitution des Menschen ist dann veränderbar, menschliche Krankheiten weitgehend besiegt. Krebs wird den Schrecken verloren haben. Es ist keine Zukunftsvision mehr, einzelne menschliche Organe zu züchten, um damit in den Alterungsprozeß ein-

zugreifen. Der Mensch trägt die intellektuelle Welt und die Sehnsucht der Unsterblichkeit in sich. Er wird versuchen, „die Natur völlig zu erobern und eine neue vom Menschen bestimmte Welt zu erschaffen und (...) wie Gott allwissend und allmächtig zu werden" (Funk 1993, S. 120).
Computertechnologie, Quantenmechanik und Molekularbiologie – um nur drei zukunftsträchtige Forschungsbereiche herauszugreifen – werden dafür sorgen, daß im 21. Jahrhundert gewaltige Umwälzungen und kaum vorstellbare Neuerungen das Leben der Menschen bestimmen. Die Computerrevolution wird die Computerchips so klein und billig werden lassen, daß diese überall eingebaut und verwendet werden können. Durch die Vernetzung der Computer werden intelligente Büros, Wohnungen und Autos geschaffen. Die Arbeitswelt wird sich total verändern. Es wird nicht mehr lange dauern, bis die gesamte Erdoberfläche mit einer einzigen „intelligenten Hülle bedeckt" sein wird.
Die Quantentechnologie ist im Augenblick dabei, winzige Molekülmaschinen aus einzelnen Atomen zu entwickeln (um diese später zu bauen), die kleiner als ein Staubkorn sind und sich durch Aufnahme von Molekülen aus der Umgebung selbst fortpflanzen können.
Nur Gesellschaften, die in Forschung und Bildung massiv investieren und ihre Jugend anhalten, sich der intellektuellen Herausforderung zu stellen, können künftig „am Ball bleiben" und ihren hohen Lebensstandard sichern. Der moderne Mensch ist dazu verdammt, mit der rasanten Entwicklung Schritt zu halten, will er nicht einen großen Teil seines bisher errungenen Lebensstandards aufgeben. Das 21. Jahrhundert wird eindeutige Schwerpunkte in Bildung und Wissenschaft setzen. Menschen, die intellektuell nicht mithalten können oder wollen, stehen auf „verlorenem Posten".
So faszinierend die Fortschritte von Wissenschaft und Forschung auch sein mögen, sie bergen einen nicht unerheblichen Sprengstoff in sich. Der gewaltige Fortschritt wird den Menschen unlösbare Probleme und manches Dilemma bescheren, er wird sie vor Entscheidungen stellen, die sie bei ihrer psychisch-moralischen Beschaffenheit gar nicht treffen können.
Bereits heute müssen Ärzte Verantwortung übernehmen und entscheiden, ob manche Menschen durch medizinische Apparate am Leben erhalten werden sollen. Auch „Normalbürger" können bereits über Leben und Tod ihrer nächsten Angehörigen entscheiden: Dank der Pränataldiagnostik ist es für Eltern möglich, einen Blick in die Zukunft ihres Kindes zu werfen – und sie können möglicherweise die Schwangerschaft „abbrechen", das heißt ihr eigenes Kind töten lassen. Bereits heute entscheiden nicht wenige Menschen – Gott ähnlich – über Leben und Tod von Menschen, die sich nicht wehren können. Auf solche Extremsituationen ist der Mensch mit all

seinen Schwächen und Widersprüchen nicht vorbereitet, sie überfordern ihn hoffnungslos.
Der moderne Mensch verfügt über weitreichende Kenntnisse und kann sie sowohl in positiver als auch in negativer Weise einsetzen. Doch die Explosion des menschlichen Erkenntnisvermögens geht nicht Hand in Hand mit seiner moralischen Entwicklung und so bleibt ein Gefühl des Überfordertseins bei dieser Fortschrittsgeschwindigkeit und -gläubigkeit zurück. Ein Mensch, mit einem gottähnlichen Wissen und einer Moral, die diesem Wissen nicht gerecht wird, löst bei vielen tiefe Angst und Besorgnis aus. Die zivilisierte Gesellschaft hat bereits heute mit vielen „Altlasten" zu kämpfen, die dem Menschen nicht nur zum Segen, sondern auch zum Fluch gereichen. So können in naher Zukunft – um nur ein Beispiel zu nennen – biologische Waffen hergestellt werden, die nur bestimmte ethnische Gruppen umbringen.
Nicht wenige Menschen fühlen sich angesichts des explosionsartigen wissenschaftlichen Fortschritts überfordert, haben Angst vor zukünftigen Entscheidungen, was zu einer aggressiven Grundstimmung führen kann. In immer kürzerer Zeit müssen immer mehr und komplexere Informationen aufgenommen und verarbeitet werden. Es ist anzunehmen, daß sich die Menschheit künftig mit noch ganz anderen und auch mit massiveren Formen von Aggression und Gewalt auseinandersetzen muß, die noch schwerer in den Griff zu bekommen sind, als die bisher erfahrenen.

3.2.11. „Entgleisung" des Rechtsstaates

Das Gewaltverhalten der jungen Generation ist nicht nur aus ihrer Sicht zu betrachten, sondern auch aus der Perspektive von Richtern und Staatsanwälten, die sich mit den Straftaten der Jugendlichen zu beschäftigen haben. Es besteht bei Kriminologen kein Zweifel darüber, daß richterliche Urteile *auch generalpräventive* Wirkungen haben. Die Bevölkerung erwartet, daß Menschen, die Unrecht begehen, mit klaren und eindeutigen Sanktionen belegt werden.
Gewalt konnte sich in unserer Gesellschaft auch deshalb ausbreiten, weil Richter kaum mehr Recht – sondern lediglich Urteile – gesprochen haben (vgl. Bäuerle/Pawlowski 1996). Es soll *keine allgemeine* Richterschelte betrieben werden, aber es darf zumindest angemerkt werden, daß sich nicht wenige Richter bei immer mehr Menschen, die sich um den Fortbestand der heutigen Gesellschaft berechtigte Sorge machen, mit ihren milden Urteilen lächerlich gemacht haben (vgl. Jach 1998, S. 54 ff.). Viele Menschen fragen sich, was ein Jugendlicher heute alles anstellen muß, bis er endlich

eine *Strafe* bekommt, die auch weh tut. Kinder und Jugendliche verlieren den Respekt vor Richtern, die ihnen nicht die ihnen *zustehende* Strafe gewähren. Die Heranwachsenden benötigen solche Strafen, da sie in bestimmten Fällen eine Entlastung für den Übeltäter sein können. Allerdings müssen die Strafverfahren deutlich beschleunigt werden.
Viele Menschen, die sich rechtstreu verhalten, fühlen sich durch zu milde Urteile von Richtern betrogen. Immer mehr Menschen fragen sich, nicht nur wegen unverständlicher Urteile selbst vom höchsten deutschen Gericht, was eigentlich mit den Richtern los ist. Wissen die Repräsentanten des Gewaltmonopols mit ihrer Macht umzugehen (vgl. Lamprecht 1995)? Die Autorität und das Ansehen von Gerichten wurde – durch Richter selbst – beschädigt. Auch das Bundesverfassungsgericht ist nach einigen höchst kontrovers diskutierten Urteilsverkündigungen nicht mehr die unumstößliche Autorität, die es einst gewesen ist.
Das Vertrauen in die Justiz ist geschwunden, das konnte auch der Jugend nicht verborgen bleiben. Wenn die organisierte Kriminalität gerade deshalb in Deutschland Fuß faßt, weil sich die Kriminellen in unserem Staat vor Verfolgung sicher fühlen – da die Gerichte alle möglichen Argumente hin- und herbeleuchten –, so ist dies kein Ruhmesblatt für die deutsche Justiz. Auch bei der jungen Generation hat sich bereits herumgesprochen, daß es in Deutschland mafiaähnliche Strukturen gibt, die nach Aussagen des früheren Präsidenten des Bundeskriminalamtes Zachert bis in die Justiz hinein reichen sollen. Der Rechtssoziologe Sack sieht in der modernen Entwicklung des Strafrechts sogar die „Geschichte seiner Abschaffung“ (vgl. Jach 1998, S. 56).
Schwindet das Vertrauen der Bevölkerung, insbesondere der Jugend, in die Justiz weiter, so wird das Gewaltmonopol des Staates geschwächt, was dazu führt, daß Gewalttaten von Kindern und Jugendlichen noch zunehmen. Eine schwache und feige Justiz fördert eine vermehrt gewalttätige Jugend.

3.2.12. Perspektivlosigkeit

Es ist eine Binsenweisheit, daß die Zukunftsperspektiven für Kinder und Jugendliche in der heutigen Zeit unsicherer und ungewisser geworden sind als vor 20 Jahren. Diese Feststellung trifft besonders bei Haupt- und Sonderschülern mit Lernbehinderungen zu. Sie erleben sich als unterlegen und sind von ihren Fähigkeiten bei weitem weniger überzeugt als Schüler der „höheren“ Schularten (Realschule, Gymnasium). Dieses negative Selbstkonzept der Haupt- und Sonderschüler beeinflußt auch ihre emotionale und soziale Einstellung zu gesellschaftlichen „Gegebenheiten“.

Aufgrund empirischer Untersuchungen konnte nachgewiesen werden, daß die Zunahme von Aggressionen bei Kindern mit der Verarmung und Verelendung eines nicht geringen Teils der Familien zu tun hat. Zwischen ökonomischen Schwierigkeiten von Familien (Arbeitslosigkeit, geringes Einkommen) und aggressiven Verhaltensweisen ihrer Mitglieder konnte ein recht enger Zusammenhang festgestellt werden (vgl. Landau 1989; Landau/Raveh 1987; Schwind u. a. 1990, S. 161).
Unter den gewalttätigen Heranwachsenden befinden sich besonders viele, die befürchten, ins soziale Abseits zu geraten. Sie „haben schlechte Berufsaussichten, keine Zukunftsperspektiven und im Grunde nichts mehr zu verlieren. Solche Menschen sagen sich: ‚Was soll die ganze Anstrengung? Ich kriege sowieso keine Arbeit!'" (Bründel/Hurrelmann 1994, S. 165).
Besonders Jugendliche, die eine Sonderschule für Lernbehinderte oder eine Hauptschule besuchen, haben es zuweilen nicht leicht, eine Lehrstelle oder einen Arbeitsplatz zu finden. Eine Reihe von Lehrstellen, die bisher Sonder- oder Hauptschüler innehatten, werden von Realschülern und Gymnasiasten besetzt. Je mehr Schüler in Realschulen und Gymnasien gehen, desto bewußter wird Hauptschülern, daß sie zu den Verlierern dieser Gesellschaft gehören. Bundesweit besuchen nur noch ca. 20% eines Altersjahrgangs die Hauptschule. Von daher ist zu verstehen, daß sich viele Hauptschüler – ob der Exklusivität ihrer Schulart – zu den Ausgestoßenen dieser Gesellschaft zählen (vgl. Struck 1995, S. 2).
Die für die prekäre Situation von Hauptschülern und Sonderschülern (Lernbehinderte) Verantwortlichen müssen sich klar sein, daß das Ausgrenzen eines Teils der Jugend ein wichtiger Bedingungsfaktor für die Entstehung von Gewalt ist. Eine „geschlossene Gesellschaft", die nicht dafür sorgt, daß der Nachwuchs integriert wird, darf nicht darauf hoffen, daß sich die Heranwachsenden mit den Normen und Werten dieser Gesellschaft identifizieren. Wenn die Wissenschafts- und Forschungsgesellschaft junge Menschen mit einem geringeren Bildungsabschluß ausgrenzt, kann sie nicht erwarten, daß diese ihre Regeln beachten.
Sind weiterhin Personen mit einem enormen Reichtum nicht bereit, den ärmsten Mitgliedern der Gesellschaft zu helfen, verlieren sie den moralischen Anspruch auf „Unversehrtheit ihrer Lebensgrundlage". Globalität zwingt uns nicht nur, nach neuen Wirtschafts- und Finanzordnungen zu suchen, sondern auch nach einer neuen sozialen Ordnung. Gewalt von Kindern und Jugendlichen deutet darauf hin, daß die Allgegenwart des Konkurrenzdenkens zu Lasten der Solidarität geht.

3.2.13. Medien

Bei der Suche nach Ursachen von Aggressivität und Gewalt muß auch über Medien und deren Wirkung auf Kinder und Jugendliche verstärkt nachgedacht werden (vgl. Ruthe 1997, S. 65 ff.). Dabei ist zunächst „festzustellen, daß wohl niemand das Fernsehen als Informations- und Unterhaltungsmedium aus unserem Leben verbannen möchte“ (Frank 1996, S. 160). Da jedoch gerade in den letzten Jahren die Medien an Erziehungseinfluß gewonnen haben – viele Eltern und auch manche Lehrer haben ihren Erziehungsauftrag nicht mehr so ernst genommen –, ist darauf hinzuweisen, daß den „heimlichen Miterziehern“ im Hinblick auf die Entstehung von kindlichen und jugendlichen Gewalthandlungen „eine erhebliche Bedeutung“ (Schwind u. a. 1990, S. 82) zukommt.
96% aller deutschen Haushalte besitzen ein Fernsehgerät und 46% einen Videorecorder (vgl. Statistisches Bundesamt 1994, S. 123). Grundschüler sehen im Durchschnitt 100 Minuten täglich fern, meistens zwischen 18.00 und 21.00 Uhr. Bis zum 14. Lebensjahr hat ein deutsches Kind 18 000 Stunden vor dem Fernseher gesessen, 15 000 Stunden ist es in die Schule gegangen (vgl. Struck 1994, S. 119). Künftig kommt das Surfen im Internet dazu. Derzeit haben 40% aller Haushalte einen PC und vier Millionen Menschen surfen bereits im Internet.
Kinder und Jugendliche sehen täglich im Fernsehen (in Filmen ebenso wie in Nachrichten) eine breite Palette von Gewaltdarstellungen: Es wird geschlagen, gestochen, getreten, geschossen, Gliedmaßen werden abgehackt. Vergewaltigungen werden in Nahaufnahme gezeigt. Wir hören und sehen von Terroranschlägen, verbrecherischen Hinrichtungen, Bombendrohungen und Überfällen.
Kaum ein Tag vergeht, an dem nicht wehrlose Kinder in TV-Sendungen entführt, „zerstückelt“ oder gar gemordet werden. Mädchen werden von brutalen Zuhältern zusammengeschlagen oder vom Freund der Mutter sexuell mißbraucht. Während noch vor 20 Jahren nur gezeigt wurde, wie der Schuß fällt, kann man heute sehen, wo die Kugel einschlägt und was sie im einzelnen anrichtet. Wurde früher Gewalt im Fernsehen nur angedeutet, fließt heute das Blut in Strömen.
Eine Szene steht für viele: Behutsam streicht der Entführer dem kleinen, bildhübschen Mädchen eine Haarsträhne aus dem Gesicht und sagt lächelnd: „Schöne Ohren hast du. Möchtest du sie behalten?“ Später hört der empörte Zuschauer aus einem vermoderten Verlies ein schreckliches Gewimmer. In Nahaufnahme sieht man, wie die Beinchen zappeln. Schließlich fängt die Kamera ein völlig verschüchtertes Mädchen ein, ihr Kopfverband ist von Blut durchtränkt.

Mit derartig brutalen Szenen vermittelt Fernsehen ein negatives und grausames Bild von Menschen und der Welt (vgl. Schwind u. a. 1990, S. 83), was besonders bei der heranwachsenden Jugend zu Ängsten und – in der Abwehr dieser – zu Aggressionen führen kann. Gewalt ist die geheime Botschaft der Massenmedien, diese „tragen mit Verantwortung dafür, wie selbstverständlich oder nicht selbstverständlich Gewalt im sozialen System gehalten wird" (Groebel 1989, S. 156). Die Intendanten der Fernsehanstalten müssen sich vorhalten lassen, daß sie „ein gegenüber Gewalt offeneres/toleranteres gesellschaftliches Klima" (Groebel 1993, S. 165) mit vielfältigen Konsequenzen für die Wahrnehmungen, Einstellungen und Verhaltensweisen der heranwachsenden Jugend zulassen.
Obwohl nicht wenige im Fernsehen tätige Menschen glauben, daß sie zu den Progressiven im Lande gehören, ist ihnen vermutlich noch gar nicht aufgefallen, *welche* Ideale und Werte sie in ihren Sendungen vermitteln. Aggressivität, Brutalität und Härte sind Werte, „die ihre Wurzeln vornehmlich aus einer patriarchalen Ordnung des Gesellschaftsgefüges ziehen" (Petri 1996, S. 88). Fernsehen und die hierfür Verantwortlichen vermitteln Kindern und Jugendlichen nachhaltig und unaufhörlich den Eindruck, daß brutale Helden, die unbarmherzig Gewalt ausüben, zu den Siegern in unserem Land gehören. Man kann geradezu von einer „Verherrlichung aller Formen der Brutalität" (Petri 1996, S. 113; vgl. auch Schwind u.a. 1990, S. 251) sprechen.
Unabhängig vom Inhalt führt zu häufiger Fernsehkonsum bei Kindern zu einem *Bewegungsstau*. „Extrem langes Sitzen vor dem Fernseher schädigt nicht nur Bänder, Sehnen und Muskeln, sondern auch den Stoffwechsel des kindlichen Körpers und vor allem die Psyche, denn kleine Kinder sind häufig, wenn sie mehrere Stunden lang still und bewegungslos ferngesehen haben, anschließend äußerst unruhig, aufgekratzt und nervös" (Bründel/ Hurrelmann 1994, S. 185). Immer mehr Lehrer klagen zu Recht darüber, daß viele Schüler heute kaum noch über längere Zeit hinweg still sitzen und aufmerksam dem Unterricht zuhören können.
Aufgrund vielfältiger wissenschaftlicher Untersuchungsbefunde der Medienwirkungsforschung gibt es keinen Zweifel mehr daran, daß Fernsehgewalt Einfluß auf Wahrnehmung, Einstellung und Verhalten von Kindern und Jugendlichen hat (vgl. Groebel 1989, S. 154ff.; ders. 1993, S. 163ff.; Groebel/Winterhoff-Spurk 1989; Schwind u. a. 1990, S. 170). Kunczik (1975) ist zuzustimmen, daß es sich nicht um einen monokausalen und einfach darzustellenden Zusammenhang handelt. „Einigkeit besteht in der Wissenschaft darüber, daß eine Häufung von Mediengewalt mit dem Risiko negativer Konsequenzen verbunden ist" (Groebel 1993, S. 164). „Fast alle bislang wissenschaftlich sauber durchgeführten (d. h. empirisch und statistisch

kontrollierten) Untersuchungen demonstrieren einen kurzfristig eindeutigen Verhaltens*effekt* von Fernsehgewalt und eine längerfristig zumindest noch überzufällige *Korrelation* zwischen Menge der Fernsehgewalt und aggressiven Tendenzen" (Groebel 1993, S. 165). Mediale Gewaltdarstellungen sind „langfristig *ein* Sozialisationsagent für die Entwicklung der Aggression. Hoher Konsum von Medienbrutalität erzeugt *Gewöhnung* an aggressive Mittel und macht bei entsprechender Disposition (...) ihre konkrete Anwendung zusätzlich wahrscheinlicher" (Groebel 1989, S. 156; vgl. auch Schwind u. a. 1990, S. 84).

So ist es ganz und gar nicht verwunderlich, wenn man in der Schule immer mehr junge Menschen antrifft, die ohne innere Anteilnahme den ausgeführten Gewalthandlungen gegenüberstehen. Sie sind empfindungslos geworden. Viele Schüler sind aufgrund ihres enormen Fernsehkonsums desensibilisiert, unfähig, mit den Opfern mitzufühlen. Man schlägt auf jüngere und schwächere Mitschüler brutal ein, auch wenn diese bereits wehrlos und verletzt am Boden liegen. Wenn junge Menschen Tausende von bestialischen Mordszenen im Fernsehen gesehen haben, so bleiben sie von diesen schrecklichen Ereignissen nicht unbeeindruckt.

Es sind vor allem *emotional* und *sozial deprivierte* Kinder und Jugendliche aus sozial problematischem Milieu, die sich durch mediale Gewalthandlungen in ihren Denkschemata und Handlungsmustern nachhaltig beeinflussen lassen (vgl. Groebel 1989, S. 157). Je jünger diese Kinder sind, die sich Gewaltsendungen (auch in Form von Trickfilmen) ansehen, desto größer ist die Wirkungswahrscheinlichkeit der Medien, da bei ihnen weniger konkrete „gewaltfreie *Gegen*erfahrungen" vorliegen als bei Jugendlichen oder gar Erwachsenen. Über eine längere Zeit hinweg konsumierte Fernsehgewalt führt bei Kindern zu einer „seelischen Abstumpfung" (vgl. Frank 1996, S. 163). „Eine stärkere Wirkung von Gewaltdarstellungen wird vor allem dann angenommen, wenn es durch häufiges Kommunizieren dieser Inhalte zu einer Gewöhnung, ja zur Abstumpfung kommt" (Rauchfleisch 1992a, S. 143).

Bei medialen Gewalthandlungen handelt es sich um eine raffinierte und kaum zu überschätzende Form der „Umweltvergiftung", denen besonders ohnehin labile, in ihrer Persönlichkeit gestörte Kinder und Jugendliche ausgesetzt sind, die nicht selten erziehungsunfähige und überforderte Eltern haben. Für sozial und emotional destabilisierte Schüler wird Gewalt zu einem probaten Mittel, Konflikte rasch und nicht selten auch erfolgreich zu lösen, vor allem, wenn Fernsehgewalt als Verstärker der familiären und gesellschaftlichen Gewalt angesehen wird (vgl. Huesmann/Eron 1986).

Da mit der Zeit eine Gewöhnung an aggressive Reize eintritt, benötigen durch Fernsehgewalt desensibilisierte Menschen immer stärkere Reize, das heißt immer extremere Formen von Gewalthandlungen, um einen „physio-

logischen Ausgleich“ (vgl. Groebel 1993, S. 168) herzustellen. Die innere Leere wird bei vielen Jugendlichen bekämpft, indem sie immer gewalttätigere Filme ansehen.
Abschließend bleibt noch festzuhalten, daß das Fernsehen keineswegs dämonisiert werden soll. Die heutige Gewaltvermarktung via Fernsehen ist nicht gegen den mehrheitlichen Widerstand von Zuschauern möglich. Mediale Gewaltdarstellungen „sind nicht einfach Diktate der Fernseh-Programmdirektoren und von Video-Produzenten, sondern Resultate von Plebisziten ‚per Einschaltquote‘. Die tieferen Ursachen liegen also – wenn schon – auch bei den bewußten und unbewußten Bedürfnissen der Zuschauer/innen“ (Vontobel 1995, S. 78).

3.3. Schule

Ursachen von Schülergewalt liegen häufig – wie dargelegt – in familiären Erfahrungen und in ungünstigen gesellschaftlichen Rahmenbedingungen. Da Schule ein wichtiger Sozialisationsort ist, an dem sich Schüler neun und mehr Jahre aufhalten, dürfen die erzieherischen Einflüsse dieser Institution bei der Frage nach den Ursachen von kindlichen Gewalthandlungen nicht ausgeklammert werden. Von welchen *schulischen* Faktoren kann nun angenommen werden, daß sie aggressives Schülerverhalten verursachen oder dieses zumindest nicht wirksam bekämpfen bzw. beheben?

3.3.1. Überalterung der Lehrerschaft

Das Durchschnittsalter der sich im Dienst befindlichen Lehrer in Deutschland beträgt nahezu 50 Jahre; etwa jeder zweite Lehrer ist zwischen 50 und 65 Jahre alt. Kein anderes vergleichbares Land hat für sein „modernes“ Erziehungs- und Bildungssystem so alte Lehrer angestellt. In den letzten 20 Jahren haben die Politiker nur wenigen jungen Lehrern die Möglichkeit gegeben, Aufgaben in der Schule zu übernehmen, obwohl Zehntausende von modern ausgebildeten und hochengagierten Lehrern „auf der Straße stehen“ und gerne bereit wären zu unterrichten.
Die Mehrheit der in Deutschland praktizierenden Lehrer sind Omas und Opas; sie könnten es zumindest vom Alter her sein. Ihre Ausbildung haben sie in den fünfziger und sechziger Jahren erhalten. Die Hälfte der deutschen Primarlehrer stehen vor Kindern, die 40 Jahre jünger als sie selbst sind. Ein nicht unbeträchtlicher Teil der Lehrer, die erste Klassen unterrichten, ist sogar 50 Jahre älter als die vor ihnen sitzenden Schüler.

Ältere Lehrer sollen keineswegs als Ballast gesehen und verspottet werden. Doch es kann nicht überraschen, wenn „vergreiste“ Lehrer häufig den aktuellen Herausforderungen einer modernen Schule nicht mehr gewachsen sind und ihre Erziehungsaufgaben nicht so wahrzunehmen vermögen, wie dies gerade bei zu Gewalthandlungen neigenden Kindern und Jugendlichen nötig ist (vgl. Struck 1995, S. 34). Aggressive Schüler brauchen Lehrer, die psychisch stark und auch bereit sind, sich gegen die Disziplinlosigkeit ihrer Zöglinge zu stemmen.
Ohne einem oberflächlichen „Jugendwahn“ zu frönen, darf festgehalten werden, daß junge Lehrer vom Lebensalter her der Schülergeneration näherstehen und sowohl ihre Sprache als auch ihre Verhaltensweisen besser verstehen (vgl. Papesch 1993, S. 19). Sie sind in der Regel belastbarer als ältere Kollegen: „Mit dem Alter nimmt die Belastbarkeit ab. Obwohl die Belastung gleichbleibt, wird sie als größer empfunden. Lehrer neigen dazu, die Gründe für die objektiv anstrengender gewordene Arbeit nicht der veränderten eigenen Befindlichkeit zuzuschreiben, sondern den ‚schwieriger‘ gewordenen Schülern, selbst wenn deren Verhalten sich nicht geändert hat“ (ebenda, S. 20).
Erschwerend kommt hinzu, daß die Berufsgruppe der Lehrer heute tatsächlich stärker als früher belastet ist, da sie sich in pädagogischer Hinsicht gesteigerten Anforderungen gegenübersieht. Schwind u.a. (1995, S. 129) konstatierten aufgrund einer umfangreichen Studie: „Mehr als jeder zweite befragte Lehrer (55,6%) sprach auch davon, daß seine persönliche Belastung durch aggressives Schülerverhalten gestiegen ist.“ Bei älteren Lehrern kann die starke Beanspruchung im Schuldienst zu einem sogenannten „Burnout-Syndrom“ (Barth 1992) führen, was soviel wie *Ausgebranntsein* oder *Ausgezehrtsein* bedeutet. Die von „ausgebrannten“ Lehrern eingesetzten „Streßbewältigungstechniken“ sind nicht immer konstruktiv: Ein nicht unbeträchtlicher Teil der Lehrer zieht aggressive Verhaltensweisen gegenüber Schülern als Reaktion auf die erfahrene Belastung in Betracht (vgl. Schwind u.a. 1995, S. 134), was den schulischen Gewaltzyklus am Laufen hält.

3.3.2. Permissivität

Nach den Gesetzen der Lernpsychologie kann sich Verhalten dann verstärken, wenn dieses erfolgreich ist: Schüler, die in der Schule mit Hilfe von aggressiven Verhaltensweisen Erfolg hatten, werden dieses Fehlverhalten in Zukunft wieder anwenden. „Die Bekräftigungshypothese geht davon aus, daß es zwischen Aggressionen und den sie auslösenden Reizen Verknüpfungen auch der Art gibt, daß eine einmal durchgesetzte Aggression dieses Verhalten *verstärkt*. Je größer die Erfolge eines Kindes oder Jugendlichen bei der Umsetzung seiner Aggressionen, desto intensiver die Manifestation und Fixierung auf dieses Verhalten" (Schulte-Markwort 1994, S. 79).

Erreichen Schüler ein intendiertes Ziel, so verfestigt sich bei ihnen die Erwartung, daß sie in einer ähnlichen Situation auch wieder erfolgreich sein werden. Je häufiger Kinder bereits in ihren frühen Lebensjahren Erfolg mit Aggressionen hatten, desto eher können gewalttätige Verhaltensweisen auftreten. Aggressivität steht demnach unter der Kontrolle von positiven oder negativen Folgen. Ein aggressives Verhalten baut sich nach der *Theorie des Lernens am Erfolg* sukzessive auf.

Schüler, die durch ihr aggressives Verhalten in der Schule Erfolg haben, werden dieses Fehlverhalten in Zukunft häufiger anwenden. Da sich aggressives Schülerverhalten vor allem in solchen Bereichen ereignet, in denen Lehrer weniger Einsicht und Einflußmöglichkeiten haben, ist es nicht verwunderlich, wenn sich gewalttätiges Verhalten von Schülern besonders während der Pausen und auf dem Schulweg zeigt. Olweus (1994) ist zuzustimmen, wenn er feststellt, daß Aggressivität von Schülern auch mit der Qualität der Aufsicht in den Pausen zu tun hat.

Des weiteren ist anzumerken, daß heute nicht wenige aggressive Schüler Lehrer antreffen, die sich ihnen nicht „in den Weg stellen". So konnte nachgewiesen werden, daß Permissivität gegenüber gewalttätigem Verhalten bei Kindern und Jugendlichen aggressionsfördernd wirkt (vgl. Schwind u. a. 1990, S. 81). Auch bei den umfangreichen Untersuchungen von Olweus (1994) zeigte sich, daß Schülergewalt häufiger auftritt, wenn Lehrer gegenüber Gewaltaktionen ignorant sind, weil dann die Schüler ihr Tun als legitim und erfolgreich werten. Wegsehen bei gewalttätigen Verhaltensweisen wirkt aggressionsverstärkend.

Es ist anzunehmen, daß ältere Lehrer – im Durchschnitt betrachtet – permissiver als jüngere sind. Auf das Lebensalter der heutigen Lehrer wurde bereits eingegangen. Insofern hat das hohe Durchschnittsalter der Lehrer über den Erziehungsstil – als intervenierende Variable – Einfluß auf die zunehmende Gewaltbereitschaft bei Schülern. Aggressionspotential wird nach den Gesetzen des „Lernens am Erfolg" dadurch aufgebaut, daß die bedrohten oder angegriffenen Schüler sich nicht zur Wehr setzen und auch nicht von Lehrern beschützt werden. Gewalttätige Schüler weisen darauf hin, daß in der heutigen Schule Lehrer anzutreffen sind, die zu sehr zurückweichen und aggressiven Schülern nicht „in den Arm fallen". Permissive Lehrer haben eher gewalttätige Schüler.

3.3.3. Schulerfolg

Wie Befunde kriminologischer Untersuchungen zeigen, sind unter den gewalttätigen Schülern vor allem solche, die schlechte Schulleistungen erbringen oder gar eine Klasse wiederholen müssen. Gewalttäter finden sich häufig bei männlichen Hauptschülern bzw. bei Sonderschülern, die eine Schule für Lernbehinderte besuchen. Schulversagen korreliert positiv mit gewalttätigem Schülerverhalten: „Das Scheitern an schulischen Leistungsanforderungen, Versagen, Zurückversetzungen, Zurückstufungen, Schulwechsel werden als deutliche Beeinträchtigung des Selbstwertgefühls und als Minderung späterer beruflicher Lebenschancen erlebt und gewertet" (Bründel/Hurrelmann 1994, S. 125).
Schulversager haben mit der Wettbewerbsgesellschaft – in der es nur noch darum geht, andere auszustechen, um selbst ans Ziel zu kommen – besondere Probleme. Um ihr angeschlagenes Selbstwertgefühl zu egalisieren, entwickeln leistungsschwache Schüler Verteidigungskräfte; sie setzen eher aggressive Verhaltensmuster ein. Hurrelmann (1996, S. 14) ist der Meinung, daß „Aggressivität und Gewalt bei Schülerinnen und Schülern (...) als Verteidigungs- und Kompensationsmechanismen gegen diese psychischen und sozialen Verunsicherungen interpretiert werden (können), die in der Schule entstehen".
Hauptschüler werden in unserem Bildungssystem in doppelter Hinsicht bestraft. Einerseits gehören sie zu einer „Restschule", die nur noch von 20% aller Schüler in Deutschland besucht wird, andererseits leiden sie darunter, daß in ihrem Bildungsplan zuviel Wert auf den sprachlichen und mathematisch-logischen Bereich gelegt wird. Praktische Tätigkeiten (wie vermehrter Technikunterricht) und Lernen über die Handlungsebene könnten den Hauptschülern helfen, ihr verletztes Selbstwertgefühl wieder aufzubauen. Auch schöpferisch-produktives Entfalten eigenen Könnens und Wissens ist ein elementarer Bestandteil der menschlichen Selbstentfaltung und Identitätsbildung. Wenn Schüler lernen, mit ihrer „aggressiven Energie" schöpferisch umzugehen, können sie die negativen Auswirkungen verhindern. Junge Menschen, die ihre Aggressivität konstruktiv nutzen, werden frei und erleben eine innere Freude.
In diesem Zusammenhang kann angemerkt werden, daß es weniger darauf ankommt, die unterschiedlichen Begabungen in unterschiedliche Schularten aufzuteilen, sondern eher darauf, ob die unterschiedlichen Begabungen in ihren unterschiedlichen Schularten auch richtig gefördert werden.
Zuletzt ist zu erwähnen, daß die Schule von einem „abgehobenen" Leistungsbegriff ausgeht. Lehrer orientieren sich häufig an Leistungen, die im *wirklichen* Leben nicht abverlangt werden. Dies hat damit zu tun, daß die

meisten Lehrer selbst nie in einem Bereich außerhalb der Schule gearbeitet haben. Nach einer 13jährigen Schulzeit und einem Lehrerstudium an der Universität oder Pädagogischen Hochschule kehren sie als Unterrichtende an ihren früheren Ort zurück. „Die im Rahmen der Schule abverlangten Leistungen sind zumeist zu stark vom Zentrum persönlicher Bedürfnisse abgespalten, sie sind zu künstlich und fremd, sie lassen nur auf ganz schmalen und eingeengten Gleisen eine Entfaltung der Persönlichkeit zu. Sie reichen zudem nicht an den Kern der persönlichen Bedürfnisbefriedigung heran“ (Hurrelmann/Seewald 1983, S. 31). Wer beim schulischen Leistungsbegriff nicht den „gesamten menschlichen Rahmen“ beachtet, läuft Gefahr, daß seine Anstrengungen nutzlos bleiben und zuweilen sogar kontraproduktiv wirken. Die zunehmenden Aggressions- und Gewalttendenzen bei Schülern sollten für Lehrer ein deutliches Zeichen sein, das auf einen einseitigen und zudem verengten schulischen Leistungsbegriff hinweist.

3.3.4. Schulatmosphäre

Es hat sich gezeigt, daß es – was aggressives Verhalten von Kindern und Jugendlichen angeht – recht große Unterschiede zwischen einzelnen Schulen gibt. Bei den Untersuchungen des englischen Forschers Rutter (1979) stellte sich heraus, daß für die Genese und Verfestigung von gewalttätigem Schülerverhalten auch das *Schulklima* wichtig ist. Schulen, die weniger Schülergewalt aufwiesen, hatten ein Schulklima, das durch eine freundlich-soziale, aber auch arbeitsorientierte Umwelt gekennzeichnet war. Auch die „ästhetische“ Umwelt spielt in dieser Hinsicht eine Rolle: Schulen, die eine gute Schulkultur pflegen, haben insgesamt mit weniger Vandalismusschäden zu rechnen als Schulen, die auf Ordentlichkeit und Sauberkeit keinen so großen Wert legen.
Das Schulklima wird vor allem vom Schulleiter geprägt. In Schulen, die einen kaltherzigen und dominanten Schulleiter haben, herrscht in der Regel ein schlechteres Schulklima. Ein positives Schulleiterverhalten ist durch eine zielgerichtete Führung und durch die Einbeziehung der Lehrerschaft in Entscheidungsprozesse gekennzeichnet. Auch die Elternschaft wird von einem „guten“ Schulleiter in schulische Angelegenheiten involviert (vgl. Rutter 1979), wenn dies für die schulische Erziehung notwendig ist.
Lehrerkollegien, die sich über die Regeln der Leistungsanforderungen und über die wichtigsten pädagogischen Grundsätze der Schule einig sind, haben häufiger ein gutes Betriebsklima. Das Schulklima ist weiterhin

Resultat der Lehrerbeziehungen: Wenn die einzelnen Lehrer sich untereinander schätzen und ein freundliches Verhältnis zueinander haben, sich gegenseitig ein positives Feedback geben, so werden dies die Schüler schnell merken und das vorbildliche Verhalten in ihr Verhaltensrepertoire aufnehmen. Da Schulämter oft Lehrer an Schulen versetzen, die nicht in das Konzept der einzelnen Schulen passen, wird dadurch eine schlechte Atmosphäre vieler Schulen die Folge sein. Die Lehrerauswahl liegt leider nicht in der Zuständigkeit der einzelnen Schulen, so daß es auf den Zufall ankommt, ob sich eine positive Schulatmosphäre entwickeln kann. Für die Atmosphäre in der Schule tragen die Lehrer eine große Verantwortung (vgl. Papesch 1993, S. 114).

3.3.5. Lehrervorbild

Unter bestimmten Voraussetzungen kann Lernen auch dann stattfinden, wenn man das imitiert, was man bei anderen beobachtet hat (vgl. Giesekus 1996, S. 60 ff.). Aggressives und gewalttätiges Verhalten von Schülern wird durch das *Fehlen* von *positiven* Vorbildern in der Erwachsenenwelt begünstigt. „Ausgehend von der Bekräftigungshypothese hat sich die Hypothese des Imitationslernens entwickelt, die ihr Hauptaugenmerk darauf richtet, an welchen Vorbildern sich Kinder oder Jugendliche orientieren. Dabei imitieren Kinder nicht nur das, was sie erlebt oder gesehen haben, sondern auch das, was sie schon *selbst ausprobiert* haben. Nach dieser Theorie haben Kinder schon bald eine innere Repräsentation ihres eigenen Verhaltens, das sie ebenso wie das in ihrer Umwelt beobachtete reproduzieren können. Motiv für das Imitieren sind die Wünsche der Kinder, sich mit ihren Bezugspersonen zu identifizieren. Je *inniger* die Beziehung zu der jeweiligen Person ist, desto *intensiver* ist das Imitationslernen auch im Bereich der Aggressionen. Dabei muß nach dieser Theorie das imitierte Verhalten nicht unmittelbar auftreten, sondern kann auch mit großer zeitlicher Verzögerung wirksam werden" (Schulte-Markwort 1994, S. 80).
Besonders in einer pluralistischen Gesellschaft gewinnen *positive* Vorbilder immer mehr an Bedeutung, will man die Kinder und Jugendlichen nicht einer heillosen Orientierungslosigkeit preisgeben, die sie anfällig für aggressive Verhaltensmodelle macht. Fehlende *positive* Lehrervorbilder eröffnen bei den Heranwachsenden den Blick für negative Verhaltensweisen, die sie im Fernsehen oder in der Gleichaltrigengruppe auf breiter Front geboten bekommen.
Junge Menschen lassen sich in besonderer Weise von sozial engagierten Vorbildern leiten. Deshalb haben Schüler Lehrerpersönlichkeiten nötig,

mit denen sie sich identifizieren können. In der heutigen Schule sind *wahrhafte* Lehrer gefragt, keine Verbalvorbilder. Ein Hauptschullehrer, der selbst eine Ausbildung als Schreiner absolviert hat, ist für Hauptschüler glaubwürdiger als jene Lehrer, die glauben, überall mitreden zu können, ohne eine wirkliche Ahnung von der Sache zu haben.

Stellen Lehrer Regeln für das Verhalten ihrer Schüler auf, müssen sie diese auch selbst einhalten (vgl. Gürtler 1993, S. 5). „Dabei geht es nicht darum, perfekt zu sein und nicht auch Fehler zu machen, sondern darum, sich zu bemühen, sich zu engagieren und Fehler, wenn sie gemacht wurden, einzugestehen. Von großer Bedeutung ist außerdem, daß sie Konflikte in ihren eigenen Reihen lösen, daß sie sich nicht ständig eifersüchtig an einer imaginären Beliebtheitsskala orientieren und von den Schülern gegeneinander ausspielen lassen" (Bründel/Hurrelmann 1994, S. 130). Eine Schule ohne Vorbilder hat keine Zukunft.

Wenn die heutige junge Generation sich zum Teil „asozial" verhält, spiegelt sie ein beschämendes Verhalten ihrer Lehrer und Eltern wider. Insofern zeigt das oftmals nur schwach ausgeprägte soziale Verhalten vieler Kinder und Jugendlicher ein ebenso untrügliches wie auch besorgniserregendes Spiegelbild einer wenig vorbildhaften Lehrer- und Elternschaft.

Vorbild müssen Lehrer besonders hinsichtlich ihres wertschätzenden Verhaltens den Schülern gegenüber sein. So hat sich gerade in jüngster Zeit gezeigt, daß zunehmend mehr Lehrer die Angriffe der Schüler, vor allem die verbalen Angriffe, mit ironischen und verletzenden Äußerungen „parieren". Wenn heute nicht wenige Lehrer ihre Schüler mit Feindbildern belegen (z. B. „Du bist ein Chaot!"), so helfen sie mit, den Schülern Techniken der „Dehumanisierung" beizubringen. „Entmenschlichte Kreaturen" sind schnell Opfer oder Täter von Gewalttaten. Ein Chaot ist kein achtenswerter Mensch, ihn kann man drangsalieren oder attackieren.

Da Lehrer in sozialpädagogischer und psychologischer Hinsicht oft nicht besonders gut ausgebildet werden und während ihrer Ausbildung nicht lernen, wie man mit verbal aggressiven Kindern umgeht, greifen sie – sozusagen als „Notwehr" – u. a. zu Neutralisierungstechniken, bei denen die „Opfer" mit Feindbildern belegt werden. Die Neutralisierungsmechanismen verlieren ihre Kraft, Feindbilder zu schaffen, um somit den Angegriffenen wehrloser zu machen, auch dann nicht, wenn Dehumanisierungsäußerungen *humorvoll* vorgetragen werden (Lehrer zur Schülerin: „Heirate einen Metzger, dann bist du auch versorgt!"). Es wäre sicherlich eine lohnende Aufgabe, solche Neutralisierungsmechanismen von Lehrern in einer wissenschaftlichen Studie zu untersuchen.

3.3.6. Grenzsetzungen

Regeln und Vereinbarungen müssen nicht nur proklamiert, sondern auch konsequent durchgesetzt werden. Viele Kinder und Jugendliche haben es satt, wenn sie in der Schule konturlosen und weichen Lehrern begegnen. Schüler benötigen Lehrer, die Regeln durchsetzen, klare Orientierungen bieten und Grenzen setzen, wenn es nötig ist. Struck (1994, S. 23) ist zuzustimmen, wenn er feststellt, daß wir „in der Erziehung die Wiederentdeckung der Grenze (brauchen), nachdem wir zwei Jahrzehnte lang auf die Selbstregulierung der Kinder untereinander und auf das bloße Wachsen des Guten in den jungen Menschen vertraut haben" (vgl. auch Schulte-Markwort 1994, S. 87).
Der „moderne" Trend in Pädagogik und Psychologie zur Harmonie und Sanftheit brachte immer gewalttätigere Kinder und Jugendliche hervor. Vor allem die verbale Aggression hat bedenklich zugenommen: Spötter haben derzeit Hochkonjunktur. Auch verfallen heutzutage viele Schüler – und nicht nur sie – dem Zynismus.
Die Jugend sehnt sich nach Lehrern, die Antworten auf Fragen geben, die sich nicht alles bieten lassen, die für Ruhe und Ordnung in den Klassenzimmern sorgen und die Verantwortung für ihre Arbeit übernehmen. „Frontlinien" können Klarheit schaffen. Doch an allen Ecken und Enden ist Ignoranz gegenüber diesen Frontlinien verbreitet. Lehrersein kann auch einmal „Kampf" bedeuten, das haben viele Pädagogen in den letzten Jahren verlernt oder nie begriffen.
Viele zutiefst verunsicherte Lehrer haben Angst, verletzt zu werden oder bei Schülern unbeliebt zu sein. Sie gleichen sich Kindern und Jugendlichen lieber an. Wer Schülern Grenzerfahrungen verwehrt, „weil er antiautoritär, pädologisch, liberal oder inkonsequent sein will, versündigt sich an ihrem normativen Weltbildaufbau; er läßt sie allein und riskiert ihre Verwahrlosung. Und wenn er bereits verwahrloste Kinder bloß wachsen lassen will, weil er meint, daß Forderungen und Sanktionen sowie Konsequenz und Deutlichkeit und die Einstellung, es mit Kindern auch über Krisen hinweg auszuhalten, ihnen Gewalt antun, dann treibt er sie in die Kriminalität" (Struck 1995, S. 114).

3.3.7. Lehrerpersönlichkeiten

Heutige Bildungspolitik hat viele Defizite: So werden beispielsweise in der universitären Lehrerausbildung die sozialen Kräfte und die Gemütskräfte nicht gefordert und gefördert. Da Lehrerstudenten für ihren schulischen

Erziehungsauftrag nicht genügend vorbereitet werden (vgl. Schwind u. a. 1990, S. 150), sind sie den vielfältigen Erziehungsproblemen in der Schule nicht gewachsen. Es ist nicht verwunderlich, wenn derart „ausgebildete" Lehrer kaum fähig sind, gewalttätigen Schülern professionell zu begegnen. „Um die Rolle der Lehrerinnen und Lehrer als Erzieher zu stärken, genügt es nicht, an ihr ‚pädagogisches Gewissen' zu appellieren. Vielmehr müssen in der Schulpolitik die Voraussetzungen dafür geschaffen werden, daß der Erziehungsauftrag der Schule besser erfüllt werden kann", schreiben Schwind u. a. (1990, S. 155) zu Recht.

In fachwissenschaftlicher Hinsicht sind die Lehrer *über*qualifiziert. Bereits der Grundschullehrer wird zum Fachlehrer, zum Mathematik- oder Musiklehrer, ausgebildet – kaum fähig, die anstehenden Aufgaben der Erziehung wahrzunehmen. Selbstverständlich ist ein „guter" Lehrer immer auch ein fachlich kompetent Unterrichtender, doch fachlicher Sachverstand reicht für die vielfältigen schulischen Erziehungsprobleme nicht aus (vgl. Heller 1983, S. 427).

Für die mangelhafte Ausbildung der Lehrer – im Hinblick auf ihre *erzieherische* Kompetenz – tragen die 16 Kultusminister der jeweiligen Bundesländer die Verantwortung. Es hat den Anschein, daß diese sich über derartige von nicht wenigen hochrangigen Wissenschaftlern (vgl. u. a. Struck 1994, S. 111) geäußerten Gedanken mit Leichtigkeit hinwegsetzen, zumindest solange, bis sie die Konsequenzen für ihre Verantwortlichkeit zu tragen haben.

Auch bei der Lehrereinstellung gehen die Kultusministerien von falschen, da einseitigen Voraussetzungen aus. Um die Einstellungspraxis „justitiabel" zu gestalten (in den Kultusministerien sind die ranghöchsten Beamten zumeist Juristen), werden lediglich technokratische Variablen berücksichtigt und die Einstellungsstandards *ausschließlich* an den bei den Lehrerexamina erbrachten Durchschnittsnoten der Kandidaten festgemacht. Der persönliche Eindruck beim Bewerbungsgespräch, die Identifikation des Lehreranwärters mit dem Profil der Schule oder gar sein pädagogisches Konzept werden bei der Einstellung von jungen Lehrern nicht berücksichtigt.

Nur wenn die *Grundrichtung* bei der Lehrereinstellung stimmt, erhalten auch die Einzelheiten ihren Sinn. In den letzten Jahren mußten die Lehrer zum Teil bessere Durchschnittsnoten als 1,1 erreichen, um überhaupt eine Chance zu haben, in den Schuldienst eingestellt zu werden. Die Kultusministerien betonen mit dieser Einstellungspraxis, daß ein „guter" Lehrer sich durch seine Fachkenntnisse ausweist. Welch ein Irrtum, der nicht ohne Folgen für das gesamte Erziehungsgeschäft in der Schule bleiben kann! Gerade schwierige Schüler signalisieren, daß Kenntnisse eines Lehrers –

z. B. in „Mittelhochdeutsch" – nicht unbedingt nötig sind, um aggressiven Schülern in psychologisch „guter" Weise begegnen zu können. Wann wird die Kultusbürokratie endlich einsichtig?
Durch die schulorganisatorischen Maßnahmen und durch die Betonung der fachlichen Komponenten werden die Lehrer „in die Rolle reiner Wissensvermittler gedrängt" (Schwind u. a. 1990, S. 155), denen es lediglich darum geht, den Schülern den „Stoff" beizubringen. „Die Rolle des Lehrers als Vorbild und Ansprechpartner der Schüler, als Verkörperung und Vermittler gesellschaftlicher Normen und Werte ist in den Hintergrund getreten" (ebenda, S. 155), wenngleich dies von vielen Bildungspolitikern bestritten wird.
Es kann keineswegs überraschen, wenn in der heutigen Schule Lehrer*persönlichkeiten* fehlen, die Überzeugungen und Visionen mitbringen und leben. In Untersuchungen zeigte sich (vgl. Rutter 1979), daß Lehrer, die ein *ganzheitliches* Lehrerethos besitzen, weniger aggressive Schüler haben. Solche Lehrer versuchen, familien- und freizeitpädagogische Aspekte in ihre schulische Arbeit zu integrieren und Selbstwertverluste und Kompetenzdefizite von Schülern zu kompensieren. Ihnen gelingt es, Kindern und Jugendlichen die schulischen Inhalte so nahezubringen, daß diese eine erkennbare Relevanz für ihre Lebensbewältigung besitzen. Vielfach fehlen Lehrerpersönlichkeiten mit Rückgrat, die verläßlich sind, an denen man sich ausrichten kann. Schüler orientieren sich gern an Lehrern, die einen festen Standpunkt haben. Träge, mutlose und am Kind wenig interessierte Lehrer sind keine guten Garanten für eine gelingende Erziehung.
Weiterhin muß ein „guter" Lehrer eine ausgeglichene und ruhige Art besitzen, nicht schon bei der geringsten Problemlage „aus dem Häuschen geraten" oder „an die Decke springen". Eine zentrale Fähigkeit ist es, wenn Lehrer es verstehen, die Herzen der Kinder und Jugendlichen aufzuschließen. Menschen, die das Vertrauen von Schülern bekommen, die empathiefähig sind, sind in ganz besonderer Weise für den Lehrberuf geeignet. Gerade junge Menschen, die viel Ablehnung in ihrer bisherigen familiären Sozialisation erfahren mußten, wollen das Vertrauen von Lehrern erhalten. Daneben benötigt der heutige Jugendliche Lehrer, die Wärme und Liebe ausstrahlen. Der „gute" Lehrer ist ein *konsequenter* und *liebender* Lehrer. Dem aggressiven Schülerverhalten muß ein wertschätzendes Lehrerverhalten entgegengesetzt werden.
Junge Menschen bedürfen für ihre Erziehung Persönlichkeiten, keine „Leistungsroboter". Die *Ganzheitlichkeit* in der Erziehung ist heute unbedingt zu betonen.

3.3.8. *„Frauenschule"*

Vor allem in den Klassen 1 bis 4, aber auch in unteren Klassen der Sekundarstufe I, unterrichten auffallend viele Frauen. In Baden-Württemberg befinden sich im „Studiengang für Grund- und Hauptschullehrer (Klasse 1 bis 10)" 80% weibliche Studierende.

Erziehung ist in unserer Gesellschaft vor allem eine Angelegenheit von Frauen geworden (vgl. Zeltner 1993, S. 109). Väter ziehen sich aus dem Erziehungsgeschäft der Familie und Schule zurück, wie Mitscherlich (1970) bereits vor Jahrzehnten in seinem Buch „Auf dem Weg zur vaterlosen Gesellschaft" treffend konstatierte. An dieser Lage hat sich in den letzten 30 Jahren nichts geändert. „In der heutigen Gesellschaft sind die Väter nach wie vor abwesend: Die meisten Söhne erleben nicht, was natürliche Männlichkeit bedeutet" (Gable 1997, S. 180). Es reicht nicht aus, wie Köppel – ein international renommierter Experte für Kindschaftsrecht und Gründer des Vereins „Väter für Kinder" – zu Recht in einem Focus-Interview mitteilte (Brinck 1995, S. 140), wenn „die Väter nur am Wochenende mit den Kindern ins Kino gehen".

Daß Aggression und Gewalt vor allem ein Jungenproblem ist (vgl. u.a. Rixius/Sturzenhecker 1996, S. 78; Schwind u.a. 1995, S. 159), hängt auch damit zusammen, daß sich viele Jungen während ihrer Schulzeit nicht mit männlichen Lehrern identifizieren können, da sie in nicht ausreichendem Maße vorhanden sind. Das Fehlen von männlichen Personen in der Schule führt aus tiefenpsychologischer Sicht zu schwerwiegenden Identitätsproblemen. Dem Jungen bleiben seine eigenen männlichen Anteile fremd, die äußere Fremdheit korrespondiert mit einer inneren Entfremdung (vgl. Petri 1996, S. 26). Aus „kleineren Jungen werden nur größere", die in emotionaler Hinsicht infantil geblieben sind und ihr Leben lang irgendwelche Rollen spielen.

Die innere Entfremdung führt bei Jungen zu einer narzißtischen Störung, da ihnen „wesentliche Momente in der Selbstentwicklung verloren gegangen sind und weil sie die für ihre männliche Identität ‚gefährliche' Identifikation mit der Mutter abwehren müssen" (Rauchfleisch 1992a, S. 22). Gewalttätiges Verhalten von Schülern hat demnach „Ursachen in männlicher Sozialisation (...), die in einer verunsicherten gesellschaftlichen Situation versuchen, ein Bild eigener Männlichkeit zu entwickeln und lebbar zu machen" (Rixius/Sturzenhecker 1996, S. 77).

In einer interessanten Untersuchung (Heinemann 1990) hat sich herausgestellt, daß Jungen, die sich nicht mit „Männlichkeit" identifizieren können, *illusionäre* Phantasien männlicher Größe und Potenz entwickeln, um sich damit zu identifizieren. Aggressive Jungen – die *illusionäre* Männlich-

keitsphantasien aufbauen und ausleben – haben demnach nicht in ausreichendem Maße Möglichkeiten gehabt, *realistische* Vorstellungen von der eigenen „Männlichkeit" zu entwickeln, weil ihnen die Väter und Lehrer entzogen wurden. „Der Knabe sucht sich daher männliche Identifikations- und Machtfiguren außerhalb der Familie. Die Medien liefern sie massenweise" (Zeltner 1993, S. 110). Eine „Frauen-Schule", die den Jungen die männlichen Identifikationsmöglichkeiten entzieht, leistet einen nicht unwesentlichen Beitrag zur Aggressionsgenese ihrer Schüler.
Vor allem im Fernsehen findet der Junge seine virtuellen Helden. „Die Identifizierung mit den Vätern findet heute partiell, in vielen Fällen fast ausschließlich, als eine Form der ‚Kommunikation über Dritte' über den Bildschirm statt – Vaterfiguren, Männlichkeitsbilder von einer eiskalten Grausamkeit und Härte und meist von einer sinnlosen Einsamkeit, die Fremdheit und Entfremdung in ihr Leben eingebrannt haben" (Petri 1996, S. 27). Aufgrund der mangelnden Repräsentanz von männlichen Lehrern in der Schule können die Jungen kaum an männlichen Vorbildern lernen. Fiktive Gewalt fasziniert die Jungen besonders deshalb, „weil sie ihre geheimen Wünsche und Sehnsüchte nach Action, Durchsetzung und Macht anspricht" (Vontobel 1995, S. 29). Viele Jungen – die nur von Frauen umgeben sind – wissen nur, daß man sich nicht so verhält wie eine „Heulsuse". Den Umgang mit ihrer eigenen Emotionalität konnten sie aber nicht lernen.
So können viele Jungen nicht zu ihren eigenen Schwächen stehen, sie wollen hart sein wie „richtige" Männer. Psychische Verletzungen werden nicht verbalisiert, sondern mit der Faust zu „lösen" versucht. Wer draufschlägt, ist ein „richtiger" Mann! Star in einer Schülergruppe ist meistens derjenige, der sich in körperlicher Hinsicht am besten durchzusetzen vermag. Angriffe auf andere Jungen sind oft als Imponiergehabe vor dem „schwachen Geschlecht" zu sehen. Jungen, die sich nicht prügeln, werden von ihren Mitschülern oftmals nicht als „richtige" Jungen angesehen.
Insofern ist es nicht verwunderlich, wenn viele Jungen heutzutage ganz „cool" sind, ohne irgendwelche Gefühlsregungen zu zeigen, man könnte auch sagen, zur Spaltung ihrer Gefühlswelt neigen und bei Angstzuständen mit aggressivem Verhalten reagieren, um ihre Angst zu verheimlichen. Aggressive Schüler haben häufig Angst.
Aggressives Verhalten von Jungen weist darauf hin, daß sie auf der Suche nach Männlichkeit sind (vgl. Rauchfleisch 1992a, S. 23). Ein Kultusministerium, das den Lehrerstand zu weiten Teilen feminisiert hat, muß sich klar sein, daß sich dies gegen Kinder und gegen die Zukunft der menschlichen Gemeinschaft richtet. Die hierfür verantwortlichen Kultusminister sind – so gesehen – als Mitverursacher der männlichen Aggressivität auszumachen.

Je uneinsichtiger Politiker sind, endlich mehr *Männer* in der Schule als Lehrer anzustellen (es gibt genügend qualifizierte arbeitslose *männliche* Lehrer), desto häufiger werden sie die Möglichkeit erhalten, ihr „aufrichtiges" Bedauern über die zunehmende Aggressivität und Gewalt gerade bei Jungen und jungen Männern zum Ausdruck zu bringen. Bekannt sind die erwähnten und wissenschaftlich gesicherten Zusammenhänge schon längst, nur gehandelt wird von Politikerseite aus nicht. Die Beharrungskräfte in unserer Republik sind sehr stark, doch wir brauchen endlich Veränderung. Wir brauchen mehr Politiker, die den Mut haben zu sagen, wo es vernünftigerweise lang gehen soll, um Schaden von der Gesellschaft abzuwenden.
Wie sehr sich Jungen nach *männlichen* Lehrern sehnen, erfahren die wenigen Männer, die in einer Grundschule unterrichten. Es ist nicht nötig, daß der junge Lehrer didaktisch und methodisch Höchstleistungen zeigt. Allein die Tatsache, daß es sich um einen Mann handelt, läßt ihn bei seinen Schülern „hochleben", weil sie ein großes Bedürfnis haben, sich mit männlichen Lehrern zu identifizieren. Die zunehmende Gewalt bei Kindern und Jugendlichen ist ein deutlicher Hinweis darauf, daß Väter und Lehrer nicht aus der Erziehung zu eliminieren sind, will man nicht einer aggressiven Jugend das künftige gesellschaftliche Feld überlassen.

3.3.9. Halbtagsschule

Wenn an deutschen Schulen immer mehr Schwierigkeiten auftreten, so hängt dies sicherlich auch damit zusammen, daß die deutsche Halbtagsschule, die in der Regel nachmittags um 13.00 Uhr beendet ist, kaum Möglichkeiten bietet, Kindern und Jugendlichen für Aktivitäten Raum zu geben, die für eine psychisch gesunde Entwicklung auch notwendig sind. Eine Schule, die ihre Tore beispielsweise bis nachmittags um 15.00 Uhr öffnen würde, böte einen Hort der Möglichkeiten für Sport, Spiel, Muße und Entspannung. Eine gute Schule lebt auch nachmittags. Angebote außerhalb des Unterrichts könnten z. B. sein: Selbstverteidigungskurse, Computer-AG, Kanu, Hallenhockey. Solche Kurse in der Schule ziehen die Schüler der Straße vor.
Raum zur Entfaltung kreativer Handlungen und für Gespräche und Begegnungen mit ihren Lehrern außerhalb der Unterrichtssituationen sind gerade für aggressive Kinder so wichtig. Wie in vielen gesellschaftlichen Bereichen, so wird auch hier die massive Benachteiligung für Familien mit Kindern ganz offensichtlich. Die Halbtagsschule wird die Probleme der Zukunft nicht lösen können.

4. Zusammenfassung

Jede Gesellschaft hat die Jugend, die sie verdient. Aggression und Gewalt bei Kindern und Jugendlichen sind keine Verhaltensweisen, die „vom Himmel fallen". Gewaltbereitschaft und Aggressivität weisen deutlich auf Schwachstellen in Familie, Gesellschaft und Schule hin. Wenn wir vernünftig sind, wenden wir uns bewußt diesen Schwachstellen zu.
Vor allem muß Kindergewalt als eine Herausforderung an unsere Bereitschaft aufgefaßt werden, in breitem Maße Verantwortung für traumatisierte Kinder wahrzunehmen und umzusetzen. „Brücken bauen statt Gräben ziehen" ist dabei ein wesentlicher Leitsatz. Es ist keineswegs ausreichend, unsere Ängste und unseren Zorn auf gewalttätige Kinder als Inbegriff alles Bösen zu projizieren. Die Hauptverantwortung für das negative Denken und das aggressive Handeln von Kindern und Jugendlichen liegt bei Eltern, Erziehern, Politikern und bis zu einem gewissen Grad auch bei Lehrern.
Sind die Erwachsenen uneinsichtig und rechthaberisch, dann werden die Gewalt-Phänomene an Schulen noch dramatisch zunehmen. Polizeieinsätze, wie an der Leistikow-Schule in Berlin-Zehlendorf im Jahre 1998 zum ersten Mal in einer deutschen Schule durchgeführt, werden dann zum alltäglichen Bild der Schulwirklichkeit in Deutschland gehören. In amerikanischen Schulen ist das Szenario bereits Wirklichkeit.
Nicht realistische Hoffnungen zu produzieren ist ebenso wirkungslos wie Schuldzuweisungen allein auf die Kinder und Jugendlichen zu übertragen. Es muß nach dem Motto gehandelt werden: „Nicht wie der Wind weht, sondern wie die Verantwortlichen die Segel setzen, darauf kommt es an!" Die Gewalttäter in der Schule sprengen lediglich die dünne Schale der Zivilisation. Hilfe ist angesagt. „Es sind unsere Kinder" (Dönhoff 1998, S. 1). Unsere Zukunft steht auf dem Spiel.

5. Literatur

Adler, A.: Über den nervösen Charakter. Grundzüge einer vergleichenden Individualpsychologie und Psychotherapie. Frankfurt a. M. 1972.

Adler, A.: Das Zärtlichkeitsbedürfnis des Kindes. Monatsh. Pädagog. Schulpol. 1, 79, 1908. Repr. in Heilen und Bilden 1914. Frankfurt a. M. 1973, S. 63–66.

Aichhorn, A.: Verwahrloste Jugend. Die Psychoanalyse in der Fürsorgeerziehung. Bern 1971.

Baacke, D.: Die 13- bis 18jährigen. Einführung in Probleme des Jugendalters. München/Berlin/Wien 1976.

Bäuerle, S. (Hrsg.): Kriminalität bei Schülern. Ursachen und Umfeld von Schülerkriminalität, Band 1. Stuttgart 1989.

Bäuerle, S.: Gewalt in Schulen. Ursachen und pädagogische Handlungsmöglichkeiten. In: Bäuerle, S. (Hrsg.): Lehrer auf die Schulbank. Vorschläge für eine zeitgemäße Lehreraus- und -fortbildung. Stuttgart 1991, S. 286–298.
Bäuerle, S. (Hrsg.): Der suchtgefährdete Schüler. Eine neue Herausforderung für Lehrer, Eltern und Schüler. Regensburg 1993a.
Bäuerle, S.: Suchtverhalten bei Kindern und Jugendlichen. Ursachen und Handlungsmöglichkeiten. In: Bäuerle, S. (Hrsg.): Der suchtgefährdete Schüler. Eine neue Herausforderung für Lehrer, Eltern und Schüler. Regensburg 1993b, S. 7–45.
Bäuerle, S. (Hrsg.): Schülerfehlverhalten. Lehrertraining zum Abbau von Schülerfehlverhalten in Theorie und Praxis. Regensburg [3]1994.
Bäuerle, S./Moll-Strobel, H.: Ich bin – Ich kann – Ich mag. Aufbau von Selbstwert bei Kindern. Regensburg 1996.
Bäuerle, S./Pawlowski, H.-M. (Hrsg.): Rechtsschutz gegen staatliche Erziehungsfehler. Das Vormundschaftsgericht als Erzieher. Baden-Baden 1996.
Balser, H./Schrewe, H./Wegricht, R. (Hrsg.): Regionale Gewaltprävention. Strategien und Erfahrungen. Neuwied/Kriftel/Berlin 1997.
Bandura, A.: Sozial-kognitive Lerntheorie. Stuttgart 1979.
Bandura, A./Walters, R. H.: Social learning and personality development. New York 1963.
Barth, A.-R.: Burnout bei Lehrern. Göttingen 1992.
Berger, P. L./Luckmann, Th.: Modernität, Pluralismus und Sinnkrise. Die Orientierung des modernen Menschen. Gütersloh 1995.
Berkowitz, L.: Aggression. A social psychological analysis. New York 1962.
Berkowitz, L. (Hrsg): The Roots of Aggression. A Reexamination of the Frustration-Aggression-Hypothesis. New York 1969.
Blomeyer, R.: Aggression und Aggressionsvermeidung in der Psychotherapie-Gesellschaft. In: Wiese, J. (Hrsg.): Aggression am Ende des Jahrhunderts. Göttingen 1994, S. 76–98.
Brezinka, W.: Erziehung in einer wertunsicheren Gesellschaft. München/Basel [3]1993.
Brinck, Ch.: Wo ist Vater? In: Focus, Nr. 30, 30. Januar 1995, S. 136–142.
Bründel, H./Hurrelmann, K.: Gewalt macht Schule. Wie gehen wir mit aggressiven Kindern um? München 1994.
Büttner, Ch.: Mit aggressiven Kindern leben. Weinheim/Basel [3]1992.
Büttner, Ch.: Wut im Bauch. Gewalt im Alltag von Kindern und Jugendlichen. Weinheim/Basel 1993.
Bundesverband der Unfallversicherungsträger der öffentlichen Hand (BAGUV) (Hrsg.): Gewalt in Schulen. München 1993.
Buss, A. H.: The psychology of aggression. New York 1961.
Deimling, G.: Das Bild des straffälligen Menschen im Theorieangebot der soziologischen Verbrechenslehre. In: Bäuerle, S. (Hrsg.): Schülerfehlverhalten. Lehrertraining zum Abbau von Schülerfehlverhalten in Theorie und Praxis. Regensburg [3]1994, S. 5–23.
Dettenborn, H.: Wie Schüler Gewalt erleben. Berlin 1992.
Dettenborn, H.: Entwicklung und Ursachen von Aggression in der Schule. Wie Schüler darüber denken. In: Pädagogik und Schulalltag, H. 1, 1993a, S. 60–67.
Dettenborn, H.: Schutz, Gegenwehr, Ratsuche – Wie Schüler auf Aggression in der Schule reagieren. In: Pädagogik und Schulalltag, H. 2, 1993b, S. 175–185.
Dönhoff, M.: Es sind unsere Kinder. Gewalt unter Jugendlichen – ein Abbild der Gesellschaft. In: Die Zeit, Nr. 16, 8. April 1998, S. 1.

Dollard, J./Doob, L.W./Miller, N.E./Mowrer, O.H./Sears, R.S.: Frustration und Aggression. Weinheim [5]1973.
Etzioni, A.: Die Verantwortungsgesellschaft. Individualismus und Moral in der heutigen Demokratie. Frankfurt a.M. 1997.
Etzold, S.: Body-Check im Klassenraum. Berliner Politiker fordern die waffenfreie Schule. In: Die Zeit, Nr. 9, 25. Februar 1999, S. 14.
Fellsches, J.: Kinder der Beziehungsarmut. Pädagogische Erwägungen angesichts wachsender Schülerdelinquenz. In: Bäuerle, S. (Hrsg.): Schülerfehlverhalten. Lehrertraining zum Abbau von Schülerfehlverhalten in Theorie und Praxis. Regensburg [3]1994, S. 24–40.
Ferstl, R./Niebel, G./Hanewinkel, R.: Gutachterliche Stellungnahme zur Verbreitung von Gewalt und Aggression an Schulen in Schleswig-Holstein. Kiel 1993.
Feshbach, S.: The function of aggression and the regulation of aggressive drive. In: Psychological Review, 71, 1964, S. 257–272.
Frank, H.: Wege aus der Gewalt. Vom Einfluß der Erziehung auf die Aggressivität des Menschen. Neuwied/Kriftel/Berlin 1996.
Frankl, V. E.: Der Mensch auf der Suche nach Sinn. Zur Rehumanisierung der Psychotherapie. Freiburg/Basel/Wien [3]1973.
Frankl, V. E.: Der Mensch vor der Frage nach dem Sinn. München/Zürich [2]1980.
Frankl, V. E.: Logotherapie und Existenzanalyse. Texte aus sechs Jahrzehnten. Weinheim [3]1998.
Freud, S.: Ein Kind wird geschlagen. Gesammelte Werke XII. Frankfurt a.M. 1965, S. 195–226.
Fromm, E.: Analytische Sozialpsychologie, Band I. München 1989.
Funk, R.: Erich Fromm. Leben zwischen Haben und Sein. Freiburg/Basel/Wien [3]1993.
Gable, C.: Auf der Suche nach dem starken Mann. In: Focus, Nr. 20, 12. Mai 1997, S. 176–182.
Galtung, J.: Strukturelle Gewalt. Beiträge zur Friedens- und Konfliktforschung. Reinbek 1975.
Gerken, G./Konitzer, M.-A.: Trends 2015: Ideen, Fakten, Perspektiven. München 1996.
Giesekus, U.: Familien-Leben. Spielregeln für Eltern und Kinder. Wuppertal [2]1996.
Godenzi. A.: Gewalt im sozialen Nahraum. Basel/Frankfurt a.M. 1993.
Groebel, J.: Fernseh- und Videogewalt. Der aktuelle Forschungsstand. In: Unterrichtswissenschaft, 2, 1986, S. 154–162.
Groebel, J.: Fernsehen, Video und Schülerkriminalität. In: Bäuerle, S. (Hrsg.): Kriminalität bei Schülern. Ursachen und Umfeld von Schülerkriminalität, Band 1. Stuttgart 1989, S. 154–159.
Groebel, J.: Einschaltquoten. Täglich werden in deutschen Unterhaltungsprogrammen etwa 70 Menschen ermordet. In: Frankfurter Rundschau, 25. 4. 1992, S. 2.
Groebel, J.: Wirkungen von Gewalt in den Medien und Gewöhnung an extreme Inhalte. In: Bäuerle, S. (Hrsg.): Der suchtgefährdete Schüler. Eine neue Herausforderung für Lehrer, Eltern und Schüler. Regensburg 1993, S. 163–172.
Groebel, J./Winterhoff-Spurk, P. (Hrsg.): Empirische Medienpsychologie. München 1989.
Gronemeyer, R.: Ohne Seele, ohne Liebe, ohne Haß. Vom Ende des Individualismus und vom Anfang des Retortenmenschen. Düsseldorf 1992.
Grundmann, S./Müller-Hartmann, I./Schmidt, I.: Schuljugend und Gewalt. Eine soziologische Untersuchung an Ostberliner Schulen. Berlin 1991.
Gürtler, H.: Kinder brauchen feste Regeln. Kindern Freiräume und Grenzen klar

vermitteln – und sich selbst daran halten. Wie Kinder Vertrauen und Ehrlichkeit lernen können. München [3]1993.
Hänecke, T.: Ursachen, Häufigkeit und Erscheinungsformen aggressiven Lehrerverhaltens. Eine empirische Untersuchung bei Schülern unterschiedlicher Schularten. Unveröff. wissenschaftliche Hausarbeit. Karlsruhe 1998.
Harnischmacher, R.: Gewalt an Schulen. Theorie und Praxis des Gewaltphänomens. Rostock 1994.
Heckhausen, H.: Motivation und Handeln. Berlin [2]1989.
Heinemann, E.: Mama Afrika. Das Trauma der Versklavung. Eine ethnopsychoanalytische Studie über Persönlichkeit, Magie und Heilerinnen in Jamaika. Frankfurt a. M. 1990.
Heinemann, E.: Historisch-theoretische Vorüberlegungen. In: Heinemann, E./Rauchfleisch, U./Grüttner, T. (Hrsg.): Gewalttätige Kinder. Psychoanalyse und Pädagogik in Schule, Heim und Therapie. Frankfurt a. M. 1992, S. 13–38.
Heller, K. A.: Bedeutung der Lehrerausbildung für eine Verbesserung der Schulsituation. In: Kury, H./Lerchenmüller, H. (Hrsg.): Schule, psychische Probleme und sozialabweichendes Verhalten. Situationsbeschreibung und Möglichkeiten der Prävention, Band 4. Köln/Berlin/Bonn/München 1983, S. 422–449.
Hensel, R. u. a.: Schule und Gewalt. Unabhängige Kommission zur Verhinderung und Bekämpfung von Gewalt in Berlin. Berlin 1994.
Hentig, H. von: Was ist eine humane Schule? München [5]1979.
Hilke, R./Kempf, W. (Hrsg.): Aggression. Naturwissenschaftliche und kulturwissenschaftliche Perspektiven der Aggressionsforschung. Bern/Stuttgart/Wien 1982.
Holthaus, St.: Trends 2000. Der Zeitgeist und die Christen. Basel/Gießen [2]1998.
Huesmann, L. R./Eron, L. D.: Television and the aggressive child. A cross-national comparison. Hillsdale 1986.
Hurrelmann, K.: Aggression und Gewalt in der Schule. In: Schubarth, W./Melzer, W. (Hrsg.): Schule, Gewalt und Rechtsextremismus. Schule und Gesellschaft. Opladen 1993.
Hurrelmann, K.: Gewalt ist ein Symptom für fehlende soziale Kompetenz. In: Hurrelmann, K./Rixius, N./Schirp, H. (Hrsg.): Gegen Gewalt in der Schule. Ein Handbuch für Elternhaus und Schule. Weinheim/Basel 1996, S. 11–26.
Hurrelmann, K./Freitag, M.: Gewalt an Schulen. In erster Linie ein Jungen-Problem. Forschungsbericht. Bielefeld 1993.
Hurrelmann, K./Seewald, C.: Schulische Sozialisation und Lernstörungen. In: Kury, H./Lerchenmüller, H. (Hrsg.): Schule, psychische Probleme und sozialabweichendes Verhalten. Situationsbeschreibung und Möglichkeiten der Prävention, Band 4. Köln/Berlin/Bonn/München 1983, S. 27–55.
Institut für sozialwissenschaftliche Information und Studien: Jugend und Gewalt. Lebensrealität und Lebensperspektiven Magdeburger Jugendlicher nach der Deutschen Einheit. Magdeburg 1993.
Jach, M.: Ohne Rücksicht auf die Opfer. Die Mode der Milde untergräbt das Vertrauen der Bürger in die Gerichte. In: Focus, Nr. 8, 16. Februar 1998, S. 54–60.
Kast-Zahn, A.: Jedes Kind kann Regeln lernen. Vom Baby bis zum Schulkind. Wie Eltern Grenzen setzen und Verhaltensregeln vermitteln können. Ratingen [3]1997.
Kaufmann, H.: Definitions and methodology in the study of aggression. In: Psychological Bulletin, 64, 1965, S. 351–364.
Kempf, W./Hilke, R.: Zur Rehabilitierung der Frustrations-Aggressions-Theorie. In: Hilke, R./Kempf, W. (Hrsg.): Aggression. Naturwissenschaftliche und kulturwis-

senschaftliche Perspektiven der Aggressionsforschung. Bern/Stuttgart/Wien 1982, S. 148–163.
Klockhaus, R./Habermann-Morbey, B.: Psychologie des Schulvandalismus. Göttingen 1986.
Klosinski, G.: Jugendkrise – Spiegelbild unserer Gesellschaftskrise? In: Lempp, R. (Hrsg.): Adoleszenz. Biologische, sozialpädagogische und jugendpsychiatrische Aspekte. Bern/Stuttgart/Wien 1981.
Korte, J.: Faustrecht auf dem Schulhof. Über den Umgang mit aggressivem Verhalten in der Schule. Weinheim/Basel ²1993.
Kuhn, H.: Faustrecht macht Schule. In: Focus, Nr. 10, 2. März 1998, S. 72–80.
Kultusministerium des Landes Sachsen-Anhalt (Hrsg.): Wi(e)der die Gewalt. Möglichkeiten und Grenzen schulischer Sozialprävention. Bonn 1995.
Kunczik, M.: Gewalt im Fernsehen. Köln 1975.
Laing, R. D.: Phänomenologie der Erfahrung. Frankfurt a. M. 1969.
Lamprecht, R.: Vom Mythos der Unabhängigkeit. Über das Dasein und Sosein der deutschen Richter. Baden-Baden 1995.
Landau, S. F.: The effect of objective social stress factors on subjective perception of well-being and social solidarity: The Israeli case. In: Human Relations, 42 (6), 1989, S. 487–508.
Landau, S. F./Raveh, A.: Stress factors, social support and violence in Israeli society. A Quantitative analysis. In: Aggressive Behavior, 13, 1987, S. 67–85.
Lazarus, R. S.: Psychological Stress and the coping process. New York 1966.
Linneborn, L./Kindler, W.: Wir, die wir ein reines Gewissen haben ... Recklinghausen 1994.
Maughan, B.: School experiences as risk/protective factors. In: Rutter, M. (Hrsg.): Studies of Psychological Risk. Cambridge 1970, S. 202–220.
Meyenberg, R./Scholz, W.-D.: Schule und Gewalt. Erscheinungsformen – Ursachen – Lösungen. Hannover 1995.
Miller, N./Dollard, J.: Social learning and imitation. New Haven/London 1941.
Ministerium für Kultus und Sport Baden-Württemberg (Hrsg.): Expertenkreis „Erziehung gegen Gewalt". Eine Gesprächsrunde mit Kultusministerin Dr. Marianne Schultz-Hector. Stuttgart 1992.
Mitscherlich, A.: Auf dem Weg zur vaterlosen Gesellschaft. München 1970.
Niebel, G./Hanewinkel, R./Ferstl, R.: Gewalt und Aggression in schleswig-holsteinischen Schulen. In: Zeitschrift für Pädagogik, 39, 1993, S. 775–798.
Nolting, H.-P.: Gewalt in der Schule – auch ein Problem unterlassener Hilfeleistung. In: Kultusministerium des Landes Sachsen-Anhalt (Hrsg.): Wi(e)der die Gewalt. Möglichkeiten und Grenzen schulischer Sozialprävention. Bonn 1995, S. 18–22.
Olweus, D.: Bullying at school. Long-term outcomes for the victims and an effectives school-based intervention program. In: Huesmann, L. R. (Hrsg.): Aggressive behavior. Current perspectives. New York/London 1994, S. 97–130.
Olweus, D.: Gewalt in der Schule. Bern 1995.
Papesch, W.: Wenn Kinder zu(rück)schlagen. Vom Kreislauf der Gewalt in Familie, Schule und Gesellschaft. Bühl 1993.
Petri, H.: Lieblose Zeiten. Psychoanalytische Essays über Tötungstrieb und Hoffnung. Göttingen/Zürich 1996.
Rauchfleisch, U.: Zur Persönlichkeit des kriminellen Schülers. In: Bäuerle, S. (Hrsg.): Kriminalität bei Schülern. Ursachen und Umfeld von Schülerkriminalität, Band 1. Stuttgart 1989, S. 64–76.

Rauchfleisch, U.: Allgegenwart von Gewalt. Göttingen 1992a.
Rauchfleisch, U.: Einleitung. In: Heinemann, E./Rauchfleisch, U./Grüttner, T. (Hrsg.): Gewalttätige Kinder. Psychoanalyse und Pädagogik in Schule, Heim und Therapie. Frankfurt a. M. 1992b, S. 7–12.
Richter, H. E.: Wer nicht leiden will muß hassen. Zur Epidemie der Gewalt. München 1995.
Rixius, N./Sturzenhecker, B.: Hinsehen, hinhören, aussprechen. In: Hurrelmann, K./Rixius, N./Schirp, H. (Hrsg.): Gegen Gewalt in der Schule. Ein Handbuch für Elternhaus und Schule 1996, S. 71–80.
Rogge, J.-U.: Eltern setzen Grenzen. Reinbek 1998.
Rohrmoser, G.: Der Ernstfall. Die Krise unserer liberalen Republik. Frankfurt a. M. 1995.
Ruthe, R.: Wenn die Fetzen fliegen. Vom richtigen Umgang mit Ärger, Aggression, Zorn und Gewalt. Moers 1997.
Rutter, M./Maughan, B./Mortimore, P./Ouston, J.: Fifteen thousand hours. Secondary schools and their effects on children. London 1979.
Schubarth, W./Kolbe, F.-U./Willems, H.: Gewalt an Schulen. Ausmaß, Bedingungen und Prävention, Band 11. Opladen 1996.
Schubarth, W./Melzer, W.: Gewalt an Schulen. Ergebnisse einer Schulleiterbefragung zum abweichenden Verhalten an Schulen in Sachsen. Forschungsbericht der Forschungsgruppe Schulevaluation, Fakultät Erziehungswissenschaften, Technische Universität. Dresden 1994.
Schul- und Kulturreferat der Stadt Nürnberg: Auswertung der Umfrage zur Gewalt an Nürnberger Schulen. Nürnberg 1992.
Schulte-Markwort, M.: Gewalt ist geil. Mit aggressiven Kindern und Jugendlichen umgehen. Stuttgart 1994.
Schuster-Brink, C.: Wie man Kindern Grenzen setzt. Konsequenz und Toleranz in der Erziehung. Kleine Tyrannen ohne Chance. München [4]1997.
Schwind, H.-D. u. a. (Hrsg.): Ursachen, Prävention und Kontrolle von Gewalt. Analysen und Vorschläge der unabhängigen Regierungskommission zur Verhinderung und Bekämpfung von Gewalt (Gewaltkommission), Band I. Berlin 1990.
Schwind, H.-D./Roitsch, K./Ahlborn, W./Gielen, B.: Gewalt in der Schule. Am Beispiel von Bochum. Mainz 1995.
Seiß, R.: Verwahrlosung und Delinquenz von Schülern als Zeichen des Unglaubens. In: Bäuerle, S. (Hrsg.): Kriminalität bei Schülern. Ursachen und Umfeld von Schülerkriminalität, Band 1. Stuttgart 1989, S. 3–35.
Selg, H.: Aggressionsdefinitionen – und kein Ende? In: Hilke, R./Kempf, W. (Hrsg.): Aggression. Naturwissenschaftliche und kulturwissenschaftliche Perspektiven der Aggressionsforschung. Bern/Stuttgart/Wien 1982, S. 351–354.
Spaun, K. von: Gewalt und Aggression an der Schule. Vorbericht. Staatsinstitut für Schulpädagogik und Bildungsforschung München. München 1994.
Spitz, R.: Vom Säugling zum Kleinkind. Naturgeschichte der Mutter-Kind-Beziehungen im ersten Lebensjahr. Stuttgart 1969.
Staatliche Pressestelle der Freien und Hansestadt Hamburg: Gewalt in der Schule. Ergebnisse einer Erhebung an 169 Hamburger Schulen. Hamburg 1992.
Staatliches Schulamt für die Stadt Frankfurt: Die Gewaltdiskussion in der Öffentlichkeit und die Situation an Frankfurter Schulen. Bestandsaufnahmen und Handlungsperspektiven. Frankfurt a. M. 1991.
Staatliches Schulamt für die Stadt Kassel: Gewalt in und um Schulen Kassels. Ergebnisse empirischer Erhebungen. Kassel 1993.

Stadt Gladbeck: Befragung zur Gewalt in Gladbecker Schulen. Unveröffentlichtes Manuskript zu Umfrageergebnissen. Gladbeck 1993.
Statistisches Bundesamt (Hrsg.): Datenreport. Zahlen und Fakten über die Bundesrepublik Deutschland. Bonn 1994.
Struck, P.: Erziehung gegen Gewalt. Ein Buch gegen die Spirale von Aggression und Haß. Neuwied/Kriftel/Berlin 1994.
Struck, P.: Zuschlagen, zerstören, selbstzerstören. Wege aus der Spirale der Gewalt. Darmstadt 1995.
Sturzbecher, D./Langner, W.: „Gut gerüstet in die Zukunft?“. Wertorientierungen, Zukunftserwartungen und soziale Netze brandenburgischer Jugendlicher. In: Sturzbecher, D. (Hrsg.): Jugend und Gewalt in Ostdeutschland. Göttingen 1997, S. 11–81.
Vieluf, U.: Gewalt an Schulen? Ergebnisse einer Schulbefragung in Hamburg. In: Pädagogik, 3, 1993, S. 28–30.
Vontobel, J.: Und bist du nicht willig ... Ein neuer Umgang mit alltäglicher Gewalt. Zürich 1995.
Wiese, J. (Hrsg.): Aggression am Ende des Jahrhunderts. Göttingen 1994.
Wilson, O.: Die Einheit des Wissens. Berlin 1998.
Witzel, J.: Der Außenseiter im Sozialisationsprozeß der Schule. Eine jugendkriminologische Studie. Stuttgart 1969.
Zeltner, E.: Kinder schlagen zurück. Jugend-Gewalt und ihre Väter. Bern 1993.

Gerd-Bodo Reinert/Helmut Wehr

Gewalt und Gewaltprävention in der Schule

Vorbemerkung

Vergleicht man die heute ins Bewußtsein gerückte Gewalt unter Kindern und Jugendlichen etwa mit den Halbstarken-Krawallen der 50er Jahre und der Entwicklung der Jugendlichen-Kriminalität in den 60er und 70er Jahren, so fällt folgendes auf: Die Delikte werden immer schwerwiegender, die Palette von Gewalt reicht von gefährlicher Körperverletzung auf dem Schulhof bis zur kaltblütigen Bedrohung von Rentnern und Behinderten oder den Brandanschlägen auf das Leben ausländischer Familien in Mölln, Solingen, Lübeck mit fremdenfeindlichen Tendenzen im Hintergrund.

„Schon jetzt entsteht durch zerstörungswütige Schüler jährlich ein Sachschaden von 200 Millionen Mark an Schulgebäuden und Mobiliar. Und immer häufiger richten sich die Attacken nicht mehr nur gegen Tische und Stühle“ (Der Spiegel, Nr. 24, 1993, S. 35).

„Während der verhaltensauffällige Schüler früher eine singuläre Erscheinung war, die mit einiger Anstrengung und etwas Geschick im Klassenverband gut ertragen werden konnte, ist er heute die Regel. (...) Häufig dominieren aggressive, lautstarke Kinder den Unterricht, der Lehrer und der Rest der Klasse sind machtlos“ (ebenda, S. 36 f.).

„(F)ür viele Lehrer bedeutet jeder Schultag ein neuer Weg zur Folterbank“ (Stern, Nr. 19, 1994, S. 34).

„14jähriger erpreßt seine Mitschüler“ (Westdeutsche Allgemeine Zeitung [WAZ], 12. 1. 1995).

„Schule unter Wasser: Eine Gruppe von Schülern hat in Eppelheim die eigene Schule zu einem großen Teil unter Wasser gesetzt. Wie die Polizei mitteilte, wurden fünf 14 bis 16 Jahre alte Schüler als Tatverdächtige ermittelt“ (Mannheimer Morgen, 2. 2. 1994).

„Überfall auf dem Pausenhof: Auf einem Schulhof des Mannheimer Stadtteils Schwetzingerstadt mußte sich am Montagnachmittag ein 14jähriger Schüler zwei Räubern beugen, die ihm Prügel androhten, wenn er nicht Geld und Wertsachen herausrücke. Dem Jungen blieb nichts anderes übrig, als den Angreifern eine 40 Mark teure Armbanduhr und eine goldene Kette im Wert von 830 Mark zu übergeben. Nach der Beschreibung soll der eine 16 Jahre alt und etwa 1,75 Meter groß sein. Er hat schwarze gelockte Haare. Der Komplize dürfte 17 Jahre alt und ungefähr 1,80 Meter groß sein. Er trägt schwarze, kurze Haare und eine Narbe an einem Auge sowie ein geschwollenes Augenlid. Beide Räuber könnten türkischer Nationalität sein" (ebenda, 9. 9. 1997).

1. Definition des Begriffs Gewalt (vgl. S. 8 ff.)

Die Gewaltproblematik erfährt in neuerer Zeit eine Renaissance. Trotz des großen gegenwärtigen Interesses an dieser Problematik muß festgestellt werden, daß es sich hierbei nicht um eine „Neuentdeckung" (Schubarth 1994, S. 23) handelt, sondern um ein Verhalten, das Tradition hat, zumindest in der Jugend-Diskussion. In dieser Kontinuität stehen Kirmes-Prügeleien, Halbstarken-, Rockerkrawalle, APO-Demonstrationen, Raufereien in und um Fußballstadien und auf Rockfestivals ... Auch die Literatur kommt an dieser Thematik nicht vorbei, verwiesen sei auf Musils „Die Verwirrungen des Zöglings Törless" und Hesses „Unterm Rad". Statt aufgeregte Hektik und unklarer Ursachenvermutungen, zweifelhafter Schuldzuweisungen kann es von daher nur um ein Plädoyer für eine „nüchterne Analyse" gehen, wie sie Tillmann (1994, S. 7 ff.) fordert.
Es wird deutlich, daß die mediale Aufarbeitung der Gewaltproblematik den kommerziellen Prinzipien der ‚Dramatisierung, Skandalisierung/Sensationalisierung, Emotionalisierung/Identifikation und Vereinfachung' folgt (Schubarth 1994, S. 22 f.). Durch die Dramatisierung dieser Problematik in den Neuen und Massenmedien erhöht sich die Gefahr der Gewalt*nachahmung*, da die öffentliche Aufmerksamkeit durchaus als „Erfolg" interpretiert werden kann (Willems 1993c, S. 89 ff.) und damit zur Eskalation beiträgt.
Nähert man sich der begrifflichen Definition, so wird schnell deutlich, daß das semantische Potential von Aggression und Gewalt sehr breit angelegt ist (vgl. Ortner/Ortner 1991, S. 110 f.; Krumrey 1995, S. 21 f.; Nolting 1993, S. 91; Frech 1993, S. 60). Nolting (1992, S. 16 f., 1993b, S. 91 f.) definiert den Aggressions-Begriff: ‚Ag-gredi' bedeutet ursprünglich „In-Angriff-nehmen", „Selbstbehauptung", letztlich jede „Aktivität" (vgl. auch Frech 1993, S. 60). Die weitgefaßte Definition von Gewalt hingegen steckt ebenfalls in den Worten „walten", „Anwalt", „Verwaltung", als „gestaltende Machtausübung", „potestas" (Otto/Merten 1993, S. 126 f.; Rauschenberger 1992, S. 135). Hierunter fällt auch die „gewaltfreie Aggression" (Cube 1993, S. 105). Unterschieden werden kann hiervon die „barbarische Destruktion", „violentia", die „schädigendes Verhalten" impliziert. Interpretiert

man Gewalt als eine Unterform aggressiven Verhaltens, so läßt sie sich als „schwere körperliche Aggression" mit einer zielgerichteten physischen Schädigungsabsicht verdeutlichen (Frech 1993, S. 60). Präferiert sei hier um der größeren Klarheit willen ein restriktiver, enger Gewaltbegriff (vgl. Krumrey 1995, S. 21; Schwind/Baumann 1990, Empfehlung 6). Gewalt bedeutet somit eine „Verhaltensform, die zur persönlichen Schädigung und zur Zerstörung von Eigentum führt" (Frech 1993, S. 60), womit ein „zielgerichtetes Schädigen, Beeinträchtigen und Schmerzzufügen" (Nolting 1993, S. 91; vgl. Valtin 1995, S. 8 f.) verbunden ist bzw. die Androhung desselben. Nicht (direkt) mitgemeint sind damit Verhaltensweisen, die als „verbale Aggression, gestische Provokation, Verrohung des Umgangstones, Verächtlichmachung" in der Diskussion verwendet werden, also ein „psychisch ausgeweiteter Gewaltbegriff". Dies sind Vorläufer tätlicher Gewalt. Gewalt hat demnach immer eine personale Komponente. Vandalismus sei daher als (schwere) „Gewalt gegen Sachen" interpretiert (Willems 1993a, S. 18 f., 1993b, S. 90 ff.). Nicht damit definiert ist Gewalt der Institution Schule, d. h. die „strukturelle oder kulturelle" Gewalt (Galtung 1993, S. 106 ff.; vgl. auch Willems 1993a, S. 18 f., 1993b S. 90 ff.). Dies hieße, die momentane Realisierung geringer einzuschätzen, als die potentielle, was den Interpretationsspielraum enorm erhöhen und die konkrete Diskussion verwässern könnte (Galtung 1993, S. 106 ff.).
In der Kontinuität pädagogischer Diskurse steht der historisch ältere Begriff der *Störung*, dem zwar auch Instrumentalität und Intentionalität zuzuschreiben ist, aber bei dem die Aggressivität eher diffus zum Ausdruck kommt und damit primär Unkonzentriertheit und Demotivation meint (vgl. Friedrich Jahresheft 1987; Pädagogik, H. 12, 1991).
Bei *Provokationen* gegenüber dem Lehrer werden bestehende Regeln von Schülern bewußt verletzt, um zu testen, ob diese noch eingehalten werden müssen. Derartige Provokationen können sein: essen und trinken während des Unterrichts, Kreide wässern, so daß diese nicht mehr einsatzfähig ist, pausenloses Fragestellen, verlassen des Klassenzimmers während des Unterrichts ohne vorheriges Fragen ... Schüler provozieren sich aber auch untereinander, meist mit dem Ziel, den anderen so zur Weißglut zu bringen, daß dieser entweder die Flucht nach hinten (Abhauen) oder nach vorne (Angriff gegen den Provokateur) ergreift. Natürlich spielt es, wenn es zu einer handgreiflichen Auseinandersetzung kommen sollte, schließlich meist keine Rolle, daß der Angreifer zuvor provoziert wurde; er wird eindeutig als Täter und der Provokateur als Opfer eingestuft.

1.1. Disziplinlosigkeit

Unter *Disziplin* versteht man „(...) das Einhalten von Verhaltensregeln, von Vorschriften, Anordnungen und Gruppennormen (...)" (Keller/Novak 1990, S. 73). Disziplinlose Verhaltensweisen – beispielsweise in Form von Nichteinhaltung von Regeln des Verhaltens wie Aufpassen, Höflichsein, Pünktlichkeit ... – erschweren den Prozeß des Lehrens und Lernens oder machen diesen völlig unmöglich. Die ‚Einzelkämpfermentalität' und pädagogische Chimären verhindern eine kooperative und kollegiale Bearbeitung des Disziplinproblems, das Problem wird verdrängt, sie versuchen weiterhin, alleine – wie ein Fels in der Brandung – dagegen anzukämpfen mit der Option, daß Disziplinlosigkeit eskalieren kann und somit zu Gewalt in der Schule führt, indem einzelne Schüler während des Unterrichts ‚über Tische und Bänke gehen' und damit anderen Schülern, die ihrerseits bereit sind, in der Schule etwas zu lernen, diese Möglichkeit verbauen. Undiszipliniertes Verhalten stellt in erhöhtem Maße psychische (und physische) Gewalt gegen Lehrer dar, wenden wir einen ‚weiten' Gewaltbegriff an.

1.2. Gewalt gegen Lehrer (vgl. S. 14 f.)

„Nervenkrieg im Klassenzimmer – HORRORJOB LEHRER" war auf dem Cover der Wochenzeitschrift „Der Spiegel" vom 14. 6. 1993 zu lesen. Lehrer haben demnach mit vielfältigen sozialen Problemen zu kämpfen: eine immer größer werdende Anzahl verhaltensauffälliger Kinder, überbesorgte und streitsüchtige Eltern, Erhöhung der Klassenfrequenzen wie auch der wöchentlichen Unterrichtsverpflichtungen, zudem noch das schlechtgeredete Ansehen in der Öffentlichkeit (Halbtagsjob, lange Ferien ...). Dazu kommen aggressive Handlungen seitens der Schüler gegen den Lehrer. Diese werden offen oder versteckt, beabsichtigt oder unbeabsichtigt, verbal oder nonverbal ausgetragen. Sie reichen vom aggressiven Umgangston bis zu Beschimpfungen, vom Verstecken über die Beschädigung bis zum Diebstahl von Eigentum des Lehrers, von Pizzabestellungen auf Kosten des Lehrers bis zu anonymen Anrufen, von Drohgebärden bis zum tätlichen Angriff auf den Lehrer. Im Unterricht selbst ist oft aufgrund der Lehrstoffmenge und der großen Zahl von Schülern kaum mehr Platz zur Erfüllung des Erziehungsauftrages. Es fehlt die Zeit, „sich kontinuierlich, umfassend und aufwendig genug um Wahrnehmung, Verstehen und Handeln gegenüber Milieu, Biographie und aktueller Problematik eines belasteten Schülers zu kümmern" (Struck 1994, S. 111). Andererseits gibt es auch immer wieder eine Reihe von Lehrenden, die erst gar nicht den Erziehungsauftrag übernehmen wollen, denn sie seien keine ‚Erzieher der Nation'. Ihnen genügt es, allein Wissensvermittler zu sein, pädagogisches Engagement dürfe man von ihnen nicht verlangen. Doch gerade unengagierte Lehrer erfahren mehr Gewalt; sie werden weniger von der Klasse getragen, sind häufiger krank (Burnout-Syndrom), lassen sich früher pensionieren und verstärken somit das schlechte Image der Lehrerschaft.

Für den Bereich der Schule sei im Anschluß an Willems (1993a, b, c) unter Beachtung des Gesichtspunktes, daß *Erziehung* in kommunikativen Bezügen stattfindet, weitestgehend auf seinen interaktionistischen Gewaltbegriff rekurriert (Willems 1993a, S. 18f.). Gemeint ist damit die Perspektive, daß Gewalt den Endpunkt eines *Konfliktes* signalisiert, der (unkontrolliert) *eskaliert* und somit einen Bestandteil verschiedener Interaktionsformen darstellt; dies unter dem Gesichtspunkt, daß Gewalt *verschiedenen* Motiven folgt, die „dechiffrierbar" sind (Nolting 1993, 94f.; vgl. Heitmeyer 1993a, S. 112; Winkel 1993, S. 8; Korte 1993, S. 91f., der die Gewalthandlung fokussiert und die Motive bewußt in den Hintergrund verschiebt). Verwiesen sei auf die pädagogisch bedeutsame Perspektive der Frommschen Aggressionstheorie, in der grundlegend unterschieden wird zwischen einer „gutartigen" und einer „bösartigen" Aggression (Fromm 1973a/GA VII, S. 165ff.). „Gutartige" oder „defensive" Aggression ist biologisch adaptiert. Sie besteht primär in der Abwehr von Gefahren, die dem eigenen Leben drohen, und sie ist damit wesentlich *re-aktiv*. Sowohl bösartige Aggression oder Destruktivität als auch Grausamkeit kennzeichnet allein den Menschen (ebenda); sie ist biologisch schädlich, nicht nur für den Angegriffenen, sondern auch für den Angreifer, und sie ist mit einer *Lust* am Beherrschenwollen und *Zerstören* um seiner selbst willen verbunden, was dieser Art Aggression eine gegen das Leben gerichtete Tendenz verleiht.

Fromm setzt sich ausführlich mit der von Freud (1923, S. 307ff.) und Lorenz (1974, S. 55ff.) vertretenen These eines *angeborenen Aggressionstriebs* auseinander, indem er zu zeigen versucht, daß nur die ‚gutartige Aggression' angeboren, d.h. phylogenetisch programmiert ist, während die ‚bösartige Aggression' sich als eine Reaktion auf lebensschädigende Einflüsse und Impulse der sozialen Umgebung entwickle: „Das Einzigartige beim Menschen ist, daß er von Impulsen, zu morden und zu quälen, getrieben werden kann und daß er dabei Lustgefühle empfindet. Er ist das einzige Lebewesen, das zum Mörder und Vernichter der eigenen Art werden kann, ohne davon einen entsprechenden biologischen oder ökonomischen Nutzen zu haben. (...) Dabei wollen wir uns vor Augen halten, daß die bösartige

Aggression spezifisch menschlich ist und daß sie nicht aus einem tierischen Instinkt entstanden ist. Sie dient nicht dem physiologischen Überleben des Menschen und ist trotzdem ein wichtiger Bestandteil seines seelischen Haushalts. Sie ist eine der Leidenschaften, die bei gewissen Individuen und Kulturen dominant und mächtig sind, während dies bei anderen nicht der Fall ist. (...) [Sie ist] das Ergebnis *der Interaktion verschiedener sozialer Bedingungen mit den existentiellen Bedürfnissen des Menschen* ..." (Fromm 1973a/ GA VII, S. 196). Hierbei wird deutlich, daß die Destruktivität nur *eine* der möglichen Reaktionen auf psychische Bedürfnisse ist, die in der Existenz des Menschen verwurzelt sind, und zwar die sekundäre Reaktion, zu der dann gegriffen wird, wenn konstruktive und kommunikative Lösungsstrategien nicht „effektiv" werden können. Und hier sind die entscheidenden Punkte, die die pädagogische Bedeutung der Frommschen ***Aggressionstheorie*** auszeichnen:

- Es wird aufgezeigt, daß Kinder und Jugendliche *nicht* (wenn sie nicht basal deformiert sind) destruktive Aggressionsformen ausleben (vgl. Rauschenberger 1995, S. 43).
- Präventionspädagogik kann ihren Schwerpunkt in der produktiven, d. h. kreativ-kommunikativen Konfliktbewältigung finden.

Aggressiv-destruktive Verhaltensweisen:

1. *Expressive Aggression* ist somit eher spielerisch, ein ungestümer Impuls ohne (primär) schädigende Absicht (fehlende Selbstkontrolle).
2. *Frustrationsaggression* will ‚heimzahlen', Rache erreichen (fehlendes Selbstvertrauen, da alternativ-konstruktive Handlungsmöglichkeiten fehlen).
3. *Bedrohungs-* oder *Abwehraggression* will instrumentell die angstauslösenden Situationsreize eliminieren (fehlendes Selbstvertrauen, da Vertrauen in alternativ-konstruktive Handlungsmöglichkeiten fehlt).
4. *Erlangungsaggression* wird aktualisiert, um instrumentell als eine ‚entstellte Liebessehnsucht' Aufmerksamkeit zu erlangen (fehlende Selbstkontrolle, da ‚verschobenene', unbewußte Impulse dominieren, nicht die eigentliche Intention).
5. Die *spontane Aggressionslust* wird interaktionistisch primär gesehen als ein Versuch, die individuellen Grenzen ‚auszukundschaften', die eigene Identität zu erfahren (fehlende Selbstkontrolle, da die Grenzen des Gegenüber nicht angemessen wahrgenommen werden)
   (vgl. Winkel 1993).

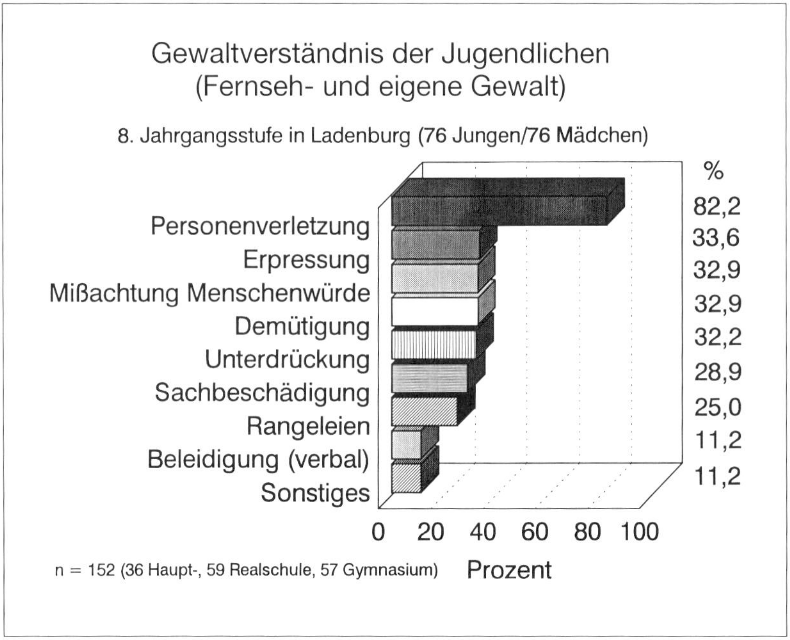

Gewaltverständnis (Quelle: Schnoor 1998, S. 67): Daß Aggressionen und Gewalt tatsächlich zu beachtende Phänome sind, zeigen ebenso Umfrageergebnisse an Schulen 1993, die z. B. in Essen 66% der befragten Schüler bewogen, anzugeben, daß sie Gewalt zur Konfliktlösung verwendeten. 56% der befragten Hamburger Schulen nannten Nötigung, Erpressung, Bedrohung, Körperverletzung, Aneignung von Sachen unter Gewaltandrohung und sexuelle Nötigung. 57% der befragten Schüler in Berlin bejahten eine „feindselige Stimmung", Vandalismus 67% und 55% die Zunahme von Gruppengewalt als problematisch (Frech 1993, S. 60). Eine Befragung von Schnoor in Ladenburger Schulen (1998, S. 38 f. u. S. 65–67) zeigt deutlich, daß Kinder eine Vorstellung, einen Begriff von Gewalt besitzen.

Vieluf (1993, S. 28 f.) interpretiert die aggressiv/destruktiven Erscheinungen als „zunehmende Brutalität" in seinem ansonsten zurückhaltend formulierten Aufsatz. Einem ähnlichen Tenor folgt auch die Studie des Bundesverbandes der Unfallversicherungsträger der öffentlichen Hand (BAGUV) von 1993 (vgl. auch Pluspunkt, H. 1, 1994; b&w, H. 3, 1994). Festgestellt werden 97 000 Raufunfälle bei 7,9 Millionen Schülern. Schwerpunktmäßig sind zu 70% Jungen, meist im Alter zwischen 12 und 14, betroffen. Vor allem in der Pause, im Sportunterricht (insbesondere beim Fußball) und im außerunterrichtlichen Schulaufenthalt ist die verletzungsbedingte Aggressivitätsquote hoch. Schularttypische Schwerpunkte

lassen sich feststellen. Bei den Mädchen sind starke Aggressionszuwächse zu verzeichnen. Eine Brutalisierung, die anhand von Knochenbrüchen statistisch erfaßt wurde, konnte nicht festgestellt werden. Nicht erfaßt sind in der Raufunfallstatistik verbale, psychische Aggressionen, Vandalismus und ‚strukturelle' Gewalt.
Das Landesgesundheitsamt Baden-Württemberg (1995) hingegen konnte *keine* Hinweise „auf erhöhte Aggressivität" finden und stellte eine Abmilderung „robuster und derb-draufgängerischen Verhaltens" bei gleichzeitiger psycho-emotionaler Instabilität bei 1300 Jugendlichen im Alter von
9–10 Jahren fest. Doch sollten diese Ergebnisse weder zur Mystifizierung, Panikmache oder zur erleichterten Entwarnung führen. Dies könnte eher zur Eskalation beitragen, als eine notwendige nüchterne Betrachtung der Sachlage herbeiführen. Auch wenn sich Gewalt in der Schule schwer statistisch erfassen läßt, kann doch nicht das „tatsächliche Ansteigen von Gewalt" (Frech 1993, S. 60) außer acht bleiben, sollte ‚mangelndes Unrechtsbewußtsein' (Bründel 1994, S. 233) und die ‚gesunkene Hemmschwelle' (Krumrey 1995, S. 22) Aufmerksamkeit erfordern. Denn hiermit ist doch eine qualitative Veränderung des Umganges mit Gewalt angedeutet, wodurch sich die pädagogische Einflußnahme verändert und die rein *kognitive* Möglichkeiten der Einflußnahme auf Aggressoren reduziert. Daß hier stärker ich-bezogene, also egozentrische Verhaltensweisen die Ankläger-Angeklagten bzw. Täter-Opfer-Perspektiven verkehren, darf nicht dazu führen, daß das Recht der lernwilligen, geschädigten Schüler aus dem Bewußtsein herausfällt, wie es Korte (1993, S. 20 ff., 32 ff.) anhand einiger Negativbeispiele verdeutlicht hat. Ungerecht muß es den sog. ‚Normalschülern' erscheinen, wenn sich ‚Ellenbogenmentalität' und ‚Faustrecht' erfolgreich im Schulalltag behaupten können.

2. Veränderungen des Eltern-Kind-Verhältnisses und das Lernen von gewaltsamer Kommunikation (vgl. S. 17 ff.)

Die postmodernen Konfliktlinien betreffen in besonderem Maße die Familie. Nicht umsonst wird nach ihrem Überleben gefragt oder angemerkt, ob sie ein ‚Auslaufmodell' sei. Überforderderungs- und Desintegrationserfahrungen häufen sich. Aufgrund des Ansteigens nicht-ehelicher Geburten und der Zahl der Kinder in getrennten oder geschiedenen Partnerschaften wächst der Anteil der Kinder und Jugendlichen in Ein-Eltern-Familien; derzeit sind es rund 12 % aller Kinder und Jugendlichen. Sie erfahren damit ein Zurückgehen an Verwandtschaft und somit der gratis erhaltenen

Sozialkontakte in der Familie und müssen zudem zumindest zeitweise mit nur einem Elternteil aufwachsen, so daß sie nicht selten erhebliche Zeiten bei Betreuungspersonen oder in betreuenden Einrichtungen oder allein zu Hause verbringen. Ein beträchtlicher Teil der Kinder erlebt konflikthafte Familienverhältnisse, ohne oder mit Trennung oder Scheidung. Gleichzeitig ist eine Zunahme von Partnerschaften ohne Trauschein zu verzeichnen. Auch wechselnde Familienbeziehungen werden häufiger: Aus Kindern von Alleinerziehenden werden Stiefkinder, oder sie wachsen mit nichtverheirateten Bezugspersonen auf. An Kinder und Jugendliche wird also heute häufiger die Anforderung gestellt, sich in ihrer intimsten Umwelt auf *wechselnde Bezugspersonen*, Beziehungs- und Wohnkonstellationen in emotionaler und psycho-sozialer Hinsicht einzustellen. Zwei von fünf Kindern oder Jugendlichen unter 18 Jahren haben beiderseits erwerbstätige Eltern (oder ein erwerbstätiges alleinerziehendes Elternteil). Etwa bei drei Vierteln dieser Kinder – d.h. bei 30% aller Kinder – sind die Eltern bzw. das Elternteil wöchentlich mehr als 20 Stunden erwerbstätig. Ein Teil dieser Kinder verbringt somit nicht unbeträchtliche Zeiten bei außerhäuslichen Betreuungspersonen oder -einrichtungen oder allein zu Hause, zumal heutzutage immer weniger Familien mit mehr als zwei Generationen unter einem Dach leben.

2.1. Zunehmende Kluft zwischen Eltern und Kindern – Verschärfung des Generationenkonflikts

Zu berücksichtigen sind in diesem Zusammenhang die Forschungsergebnisse der Shell Jugendstudie von 1992. Danach beobachtet man seit den 60er Jahren eine kontinuierliche Zunahme der Cliquentätigkeit. Während früher die Bedeutung der Gleichaltrigengruppe mit zunehmendem Alter zurückging, stellt man jetzt einen umgekehrten Trend fest. Dabei stellt die starke Anziehungskraft gleichaltriger Jugendlicher untereinander die Orientierung an der Mehrheit dar. Als Begründung für diese stark ausgeprägte *Diskrepanz* hinsichtlich zentraler Lebensfragen werden Erziehungsunsicherheiten bei den Eltern angegeben. Trotz des Auseinanderdriftens der Lebenswelten zwischen Kindern und Eltern bleibt die formale Absicht bestehen, daß ein sog. hochwertiger Schulabschluß, als Signal persönlichen Erziehungserfolges zu leisten ist. Ein weiteres Elternziel besteht darin, daß ihr(e) Kind(er) sich als erfolgreich in der sich zuspitzenden Konkurrenz um zukünftige Arbeitsplätze erweisen soll. Hierbei werden vielfach die intellektuellen, motivationalen und sozio-emotionalen Bedingungen zu wenig gewürdigt.

2.2. Jugendzentrismus

Die geringere Übereinstimmung der Wertvorstellungen von Jugendlichen und ihren Eltern ist im Zusammenhang eines Prozesses zu sehen, in dessen Verlauf sich eine zunehmende Zahl von Jugendlichen von ihren Eltern *abkoppelt* und nichts von der Erwachsenenwelt wissen will. Diese als Jugendzentrismus bezeichnete *Verweigerungshaltung* wird sowohl von den Bedingungen im Elternhaus selbst als auch von denen in der Gleichaltrigenwelt bestimmt. Der Stern (Nr. 2, 1996) überschreibt dies folgendermaßen: „Unsere Nächte sind farbiger als Eure Tage". Welcher Einfluß sich schließlich durchsetzt, läßt sich wie folgt umschreiben: „Danach wirkt sich die Billigung des Saufens, die Billigung des Schulschwänzens und des irrsinniglauten Musikhörens dann um ein Vielfaches stärker auf Jugendzentrismus aus, wenn die Jugendlichen besonders wenig elternzentriert sind oder wenn sie besonders wenig von Familienzusammenhalt berichten" (ebenda). Das heißt, daß sich die Gleichaltrigengruppe nur dann verstärkend auf die Verweigerungshaltung gegenüber der Erwachsenenwelt auswirkt, wenn die Eltern für die Jugendlichen unbedeutend sind. Die Studie kommt zu dem weitergehenden Schluß, daß Jugendliche nämlich nur dann von Gleichaltrigen negativ beeinflußt werden, wenn ihr Verhältnis zu den Eltern beschädigt ist. Diese Erkenntnis bestätigt einmal mehr die Beobachtung, wonach Jugendliche – und dies gilt nicht nur für diese Gruppe – immer weniger bereit sind, sich für die Gemeinschaft zu engagieren. Dieses ‚Sich Einlassen unter Vorbehalt' beschreibt eine Haltung, nach der man sich fragt, was es einem bringt bzw. ob sich das Engagement überhaupt lohnt. Dies gilt gleichermaßen hinsichtlich schulischer Anstrengungen, der Entwicklung von Berufsperspektiven und des persönlichen Einsatzes für die Gemeinschaft. Hierbei wird deutlich, daß sich in der Freizeitgesellschaft das Verhältnis von Arbeit und Freizeit grundlegend ändert: Freizeit wird nicht im Sinne von Erholung verstanden, sondern als ‚Entspannungsarbeit'. Die Jugend orientiert sich an Vorbildern und nutzt ihre Freizeitenergie für Aktivitäten, die „in" sind (vgl. Köhnlein 1995, S. 7), dabei zu sein, ja nicht „out" zu sein. Damit wird die psychische Energie in der Konsumgesellschaft von den Sozialisationsagenturen Familie und Schule umgelenkt auf die Freizeit mit Gleichaltrigen. *Fun und action* werden zu zentralen Alltags-Themen. Deutlich wird jedoch auch, daß die ‚Scene' in verschiedene ‚Stämme' zerfällt: ‚Punk, Grunge, Hip-Hop, Skater, Trend-Sportler, Techno, Computer-Kids, Girlies, Skins, Faschos, Schickies, Grufties, Rockabillies, religiöse Freaks und Engagierte/Alternative' (vgl. E&W, H. 2, 1996, S. 6 ff.; Stern, Nr. 2 ff., 1996).

2.3. Gewalttätige Sozialisationserfahrungen

2.3.1. Individualisierung und Labilität der Familie

Berufstätigkeit beider Partner, hohe Trennungsquoten, Veränderung der Frauenrolle, individuell wählbare Familienformen wie alleinerziehend, freie Partnerbeziehung ... vermag deren Sozialisations- und Erziehungskompetenz gravierend zu verändern. Aufgrund dieser Unstetigkeit, so Beck/Beck-Gernsheim (1990, S. 135 ff.) wird das Kind zur letzten „sicheren Bastion" in den Alltagsstürmen einer individuell gestaltbaren aber andererseits auch risikobehafteten und desorientierenden Gesellschaft. Durch die Beengtheit kindlicher Spielräume fehlt der sozio-emotionale Ausgleich, der durch, unfertige' Spielsachen entstehen könnte. Als Gebot für moderne Familien entsteht der Zwang zur optimalen Förderung des Kindes, dabei allerdings oft gleichzeitig als Kehrseite auch Aggressionen gegenüber dem förderungsheischenden Kind (ebenda, S. 168 ff.). Die durchkommerzialisierte Freizeit- und Spielindustrie bietet genügend fertige, attraktive Angebote und Spiele an, die jedoch in ihrer Spielweise und kreativen Entwicklung begrenzt sind. Beide Momente zusammen lassen Kindheit oft als eine geplante und kontrollierte Entwicklungsphase verlaufen. Hier fehlt die realistische soziale Auseinandersetzung, in der auch konsensuelle Konfliktlösungsmuster gelernt werden können. Tauchen dann doch ‚unübersichtliche' (überkomplexe) Konfliktsituationen auf, kann nicht auf gewaltfreie Verhaltensweisen zurückgegriffen werden. Instrumentell-aggressives Verhalten muß dann die fehlende Lebenserfahrung ersetzen.

2.3.2. Gewaltkreislauf

Ein Großteil der Familien reagiert auf die Überforderungssituation mit der Herausbildung einer gewaltakzeptierenden Familienatmosphäre. Es bilden sich sodann Gewohnheiten heraus, die das Kind an Gewalt ‚gewöhnen', die für das Kind zur Quelle von Ohnmachts- und Isolationserfahrungen werden (Rauschenberger 1992, S. 139): Es erfährt Ablehnung, Desinteresse und Vernachlässigung. Gewalterfahrungen sind für das Kind deshalb von besonderer Bedeutung, weil es in einem risikoreichen Lern- und Suchprozeß in Richtung auf die eigene Identität involviert ist. Gewalt *über* Kinder impliziert, daß sich das Kind als Opfer, als Objekt von Macht und Autorität der Erwachsenen versteht. Es muß seine Gefühle verdrängen, abspalten, sein Selbstwertgefühl nimmt Schaden, und damit wird sein Ich gravierend geschädigt (Petri 1991, S. 155 f.). Diese Traumata bzw. Defekte werden in

einem „Kreislauf der Gewalt" (Blum-Maurice/Martens-Schmid 1990) als aktive Gewaltausübung weitergegeben. Es ist anzunehmen, daß aggressive und libidinöse bzw. bei Fromm (1964a/GA II, S. 185 ff.) „biophile" Tendenzen in jedem Individuum vorhanden sind und sich in unterschiedlichen Formen der „Legierung" (Mitscherlich 1975, S. 182) miteinander verbinden. Das schon von Anfang an labile Gleichgewicht zwischen libidinösen und aggressiven Impulsen, das auszubalancieren die Qualität einer „gekonnten" sach- und zielgerechteten Aggressivität (ebenda) ausmacht, ist jedoch bei den gewaltbereiten Jugendlichen in empfindlicher Weise gestört (vgl. Rauchfleisch 1981, S. 113 ff.). Die klassische Variante in der Genese solcher Störungen ist folgendermaßen die, daß Menschen, die in späterem Lebensalter nur geringe Kontrolle über ihre aggressiven Impulse haben, meist selbst von früher Kindheit an Gewalt, wie etwa in Gestalt eines schlagenden Vaters, am eigenen Leib erfahren haben (s. z. Zt. die Diskussion um sexuellen Mißbrauch, wo die gleiche psychische Systematik deutlich wird). Haß, Aggression und Destruktivität richten sich im Lauf der Entwicklung dieser Jugendlichen nicht nur gegen den ursprünglichen Aggressor. Durch unbewußte *Identifizierung mit dem Angreifer* (Freud 1936, S. 85 f.) werden die durch den Aggressor leidvoll erfahrenen Verhaltensweisen internalisiert und an Schwächeren ausagiert.
Jaschke (1990, S. 53) erklärt diesen Circulus vitiosus: „Keine Erfahrung zerstört wohl die Persönlichkeit des Kindes so sehr wie die, in einer Atmosphäre aufzuwachsen, in der dauernde Angst vor Strafe jede Spontaneität lähmte und das fundamentale Gefühl, schlecht und nichtsnutzig zu sein, durch demütigende Züchtigungen eingebrannt wurde." Im Begriff des ‚Kindesmißhandlungs-Syndroms' wird die ursprüngliche Gewalterfahrung in der Familie als eine zunehmend antisozial und aggressiv eskalierende sozio-emotionale (fokussierende) Erfahrung beschrieben (vgl. Schneider 1993, S. 118; Petri 1991, S. 137 f.; Dornes 1997, S. 224–242).

2.3.3. Unabsichtliches Aggressionstraining

Ein Großteil der Eltern will am Freizeit-Konsumverhalten der Umwelt partizipieren, und das Kind tritt in den Hintergrund. Das ‚schlechte' Gewissen wird dann durch Verwöhnung und ständiges Nachgeben gegenüber kindlichen (zumeist) Konsumwünschen beruhigt. Das Kind wird damit in seiner Entwicklung unterfordert und geht davon aus, daß alle seine Wünsche und Bedürfnisse möglichst *sofort* erfüllt werden, ‚sonst müsse es eben nachhelfen', notfalls mit Gewalt. Daß jedoch gar nicht die spektakulären gewaltförmigen Handlungen zum Erlernen von aggressiven und gewaltförmigen Handlungsmustern nötig sind, zeigt Havers (1993, S. 24 ff.) auf, indem er auf das „unabsichtliche Aggressionstraining" verweist. Das aufsässige Verhalten, eine Vorstufe der Aggression, wird in folgender ***Interaktionssequenz*** eingeübt:

- Das Kind quengelt und schreit.
- Anstatt das Kind abzulenken oder das Verhalten zu ignorieren, gibt die Mutter nach.
- Das Kind lernt, daß langes Quengeln zum Erfolg führt.
- Führt nun das Quengeln doch nicht zum Nachgeben, und beginnt die Mutter zu schimpfen und zu nörgeln, dann ist dies dem Kind unangenehm.
- Es beginnt (erpresserisch) zu schreien.
- Dies wiederum ist der Mutter unangenehm, sie will ihre Ruhe und gibt nach.
- Das Kind erfährt, sein Weinen und Schreien führen zum Erfolg.
- Beide setzen sich somit gegenseitig unter Druck. Eine körperliche Auseinandersetzung liegt in der Luft.
- Wird nun das Quengeln des Kindes mit einen jähzornigen Wutausbruch der Mutter und Prügel beantwortet, so erscheint dies dem Kind willkürlich, unvorhersehbar.
- Das Kind erhält ein negatives Vorbild und kann mit Aufsässigkeit und Außenseiterverhalten reagieren. Die Basis hierfür liegt im negativen Selbstwertgefühl. Daß dieses Kind eher ‚schlagkräftig' reagiert als verbal, liegt im wahrsten Sinne des Wortes auf der Hand.

Die Folgen der *Gewalt in der Familie* beschränken sich nicht auf eine Schädigung der direkten Opfer, sondern wirken in den *gesamtgesellschaftlichen Raum* hinein. Gewaltsame Vorfälle stören die Funktionsfähigkeit der Familie als Sozialisationsinstanz und als Agentur der Gesellschaft. Die psychische Reproduktion der (Gesellschafts-)Charaktere wird brüchig. „Die Erfahrung schwerer Gewalttätigkeiten im Elternhaus steht deshalb in enger Beziehung zu dem Auftreten von *sozial abweichendem Verhalten und Kriminalität im Kindes-, Jugend- und Erwachsenenalter*" (Schneider 1993, S. 119). „Am *Modell* seiner Eltern lernt das Kind *Gewalt als Konfliktlösungstechnik* und *sozial gerechtfertigtes Mittel* zur Durchsetzung eigener Wünsche gegenüber den nächststehenden Menschen kennen" (ebenda, S. 120). „Kinder, die von ihren Eltern mißhandelt oder sexuell mißbraucht wurden oder Mißhandlungen oder Mißbrauch unter ihren Eltern miterlebt haben, tragen ein erhöhtes Risiko, als Erwachsene ihre eigenen Kinder oder ihre Partner zu mißhandeln oder sexuell zu mißbrauchen. Diese Beziehungen zwischen passiver Gewalterfahrung und eigener Gewalttätigkeit können als ursächliche Zusammenhänge aufgefaßt werden, die durch emotionale und insbesondere durch Lernprozesse vermittelt sind“ (ebenda). Allerdings „(...) besteht *keine mechanische,* gleichsam ‚naturgesetzliche‘ Verbindung zwischen Gewalterfahrung im Elternhaus und eigener Gewaltanwendung oder -duldung im Erwachsenenalter, wie ihn der Begriff ‚Kreislauf der Gewalt‘ nahelegt. Die Erlebnisse in der Herkunftsfamilie werden vielmehr u. a. von den Erfahrungen *überlagert,* die das Kind in der Schule, in Freizeit- und Gleichaltrigengruppen mit der Handhabung von Konflikten und Sexualität macht. Diese Bereiche sind daher wichtige Ansatzpunkte für Interventionen, die eine Unterbrechung des Kreislaufs der Gewalt zum Ziel haben“ (ebenda). Familiare Kongruenz und Wertschätzung untereinander baut Vertrauen und Liebe auf (vgl. ebenda). Vernünftiges kommunikatives und emotional befriedigendes Interagieren erübrigt körperliche Gewalt (vgl. Engfer u.a. 1991, S. 74; Dornes 1997, S. 239 f.). Festzuhalten bleibt jedoch, daß aggressive Modelle auch die Werte, *Normen* und *Einstellungen gegen Aggressionen* beeinflussen. Sie fördern eine *Gewöhnung* an Gewalt und bauen Aggressions*hemmungen* ab. Ichschwächeren Menschen drängt sich Gewalt als Mittel zur Bewältigung von Konfliktsituationen auf, zu denen es gerade in der Familie häufig kommt.

Diese ‚klassische‘ Form des Hineinsozialisierens von Gewalt in den Individualcharakter und das daraus Resultieren des Circulus vitiosus’ wird jedoch, so scheint es, durch *neue* biographische Lernerfahrungen ergänzt. Im Unterschied zur Nachkriegszeit, als viele Mütter ihre Kinder allein erziehen mußten, weil die Väter gefallen oder vermißt waren, in der jedoch das ‚Leitbild Familie‘ einschließlich der Geschwisterbeziehungen der zumindest gültige Normalzustand war, gilt diese Beziehungsstruktur für heutige Kinder und Jugendliche nur noch bedingt. Sprechen Beck und Beck-Gernsheim (1990; 1994a, b) doch im Zusammenhang mit der Individualisierung von der ‚postfamilialen Familie‘. Die größeren Individualisierungschancen sind jedoch mit einer vergrößerten Risiko- und Desorientierungsgefahr verknüpft. So ist die Aggression nicht mehr selbstverständlich „gekonnt“ in der psychischen Struktur integriert. Die ***mangelnde Erziehungsfähigkeit*** der Familie läßt sich mit Beck (1986, S. 199) folgendermaßen erklären: „Ehe, Familie, Partnerschaft werden zum Ort, wo die ins Persönliche gewendeten Widersprüche einer durchmodernisierten Marktgesellschaft auch nicht mehr kompensiert werden können. Auch der Kern der Familie, das Heiligtum der Elternschaft, beginnt in seine Bestandteile, in die Lagen von Mutterschaft und Vaterschaft zu zerfallen. In der Bundesrepublik Deutschland wächst bereits heute jedes 10. Kind in einer *Einelternfamilie* auf, das heißt unter der Obhut alleinstehender Frauen oder Männer. Die Zahl dieser Einelternfamilien steigt stetig an, während die

Zahl der Zweielternfamilien abnimmmt." Wo aber Kinder nicht mehr im vielfältigen Beziehungsnetz von verschiedengeschlechtlichen Eltern und Geschwistern aufwachsen und das Fernsehen zum Babysitter und hauptsächlichen Freizeitgestalter geworden ist, fehlen soziale Primärerfahrungen, die dazu verhelfen können, libidinöse und aggressive Stebungen beim Heranwachsenden objektgerichtet zu verschmelzen und so zu sozialisieren. Die Brutalisierung der Fernsehwelt trifft zunehmend auf eine kindliche Psyche, die wesentliche Merkmale seelischer Reife und interaktioneller Kompetenz – etwa die Fähigkeit, andere Menschen differenziert wahrzunehmen und sich in die Gefühlswelt des Gegenübers zu versetzen – kaum ausbilden konnte. Kommen dann noch äußere Negativeinflüsse hinzu, wie beispielsweise Streß und Mißerfolg in der Schule, Frust und Langeweile in der Freizeit, mangelnde Anerkennung in der Peergruppe oder Clique, dann entsteht leicht jene brisante Mischung aus aufgestauter persönlicher Aggression, halbverdauter Information durch die Massenmedien und Suche nach dem besonderen ‚Kick', der Jugendliche für Gewaltanwendung gegenüber ihresgleichen, aber auch gegenüber Fremden anfällig macht. Diese in den Grundlagen der Gesellschaft eingeschriebene (archaische) Tendenz der projektiven Aggressionsabfuhr definiert Beck als sog. „Sündenbockgesellschaft" (1986, S. 100 f., 161 ff.).
Eine andere, heutzutage vor allem in mittleren Sozialmilieus zunehmend verbreitete Variante in der Psychodynamik der Aggressivität kann mit dem unter Jugendlichen verbreiteten *Narzißmus* in Zusammenhang gebracht werden (vgl. Häsing u. a. 1980, S. 36 ff.). „Dies läßt sich als Entkoppelung und Ausdifferenzierung der (ehemals) in Familie und Ehe zusamengefaßten Lebens- und Verhaltenselemente verstehen" (Beck 1986, S. 163 f.). Die Beziehungsstrukturen werden brüchiger und verweisen den Jugendlichen auf sich selbst.

2.4. Die Neuorientierung der ‚neuen' Jugend

Geprägt ist die Jugendphase des Suchens nach Autonomie und Verselbständigung durch die starke Betonung der Körperlichkeit und sinnlicher Erfahrungen. Diese werden von Jugendlichen im Nervenkitzel von Extremsituationen (z. B. S-Bahn-Surfen) sowie im Rhythmus und in der extremen Lautstärke der Musik gesucht (vgl. Schulintern, H. 12, 1992). Diese Suchbewegung trifft auf eine gesellschaftlich-soziale Situation, die geprägt ist von einer gewissen Unübersichtlichkeit in der Pluralisierung und Polarisierung von Lebensentwürfen. Insbesondere sind veränderte Freizeitorientierungen sichtbar, nämlich eine zunehmende Tendenz zu

selbstgewählten Freundschaftsgruppen und Vereinen, Abwendung von Freizeit in familiären Zusammenhängen und ein Bedeutungsverlust von Nachbarschaft im Wohnumfeld. Während 1962 nur 16% der 12-18jährigen angaben, Mitglied in einer Clique zu sein, sind es 1983 bereits 57% gewesen (vgl. Allerbeck/Hoag 1985). Waren 1954 erst 34% aller 15-24jährigen Mitglied in mindestens einer Organisation, so stieg der Anteil 1984 bereits auf 55% (vgl. Zinnecker/Fischer 1992, S. 213 ff.), wobei sie sich vorwiegend als aktive Mitglieder bezeichneten, vornehmlich in Sportvereinen, Jungen häufiger als Mädchen, Deutsche häufiger als Ausländer: ein Rückgang aktiven Engagements.
Seit der Studie von Häsing/Stubenrauch/Ziehe über den „neuen Sozialisationstyp" (1980) wird vom ***‚narzißtischen Sozialisationstypus'*** gesprochen (vgl. S. 28 f.; Bielicki 1993, S. 69 ff.; Hopf 1992, S. 552 f.). Man skizziert diesen Typ mit dem Charakteristikum ‚*Grenzenlosigkeit*'.

- Die Kinder sehen sich nicht mehr in der Lage, innere und äußere Grenzen wahrzunehmen. Sie haben die Neigung, immer wieder Grenzerfahrungen zu suchen, und zeigen Unfähigkeit, sich selbst zu begrenzen.
- Sie handeln überwiegend aus der *eigenen* Erlebniswelt heraus und haben Probleme, sich in die Empfindungen anderer hineinzufühlen. Ihre Fähigkeit zum Bedürfnisaufschub ist gering entwickelt. Sie zeigen geringe Frustrationstoleranz. Wird ihnen die Bedürfnisbefriedigung verweigert, so zeigen sie leicht aggressive oder autoaggressive Durchbrüche.
- Sie scheinen unfähig, sich zu konzentrieren, da die Reize immer stärker werden müssen, um ein chronisches Gefühl von Langeweile zu überdecken und überbrücken.

Narzißtische Jugendliche suchen die Ursachen für ihre Probleme weniger in der eigenen Persönlichkeit als bei anderen, d. h. sie projizieren ihre Probleme in äußere Verursacher. Wer als Kind keine Grenzen erfahren hat, neigt dazu, als Heranwachsender Grenzen zu überschreiten (vgl. Hopf 1992, S. 552 f.). Beim narzißtischen Jugendlichen ist das Gleichgewicht zwischen libidinösen und aggressiven Kräften gestört. Es sind jene Menschen, die sich selbst im Mittelpunkt der Welt wähnen, von denen nur sie selbst, „*ihr* Körper, *ihre* Bedürfnisse, *ihre* Gefühle, *ihre* Gedanken (...) als völlig real erlebt werden, während alles und jedes, was keinen Teil der eigenen Person bildet oder nicht Gegenstand der eigenen Bedürfnisse ist, nicht interessiert, keine volle Realität besitzt" (Fromm 1973a/GA VII, S. 180). Jugendliche dieses Typs haben nie *Grenzen* erfahren, sei es aufgrund von verwöhnend-symbiotischer Überidentifikation der Eltern (vgl. Beck/Beck-Gernsheim 1990, S. 135 ff.), sei es aufgrund von erzieherischer Unsicherheit oder Desorientierung in der pluralistisch-individualistischen Massendemokratie oder aufgrund der liberalistischen Zeitgeistströmung, ja nicht als *autoritär* (Fromm 1989a/NL 1, S. 42 f.) zu gelten – und damit eine Art Laissez-faire-Stil der Erziehung zu praktizieren, oder sei es, daß sie überhaupt als vorbildhafte, konturierte, harmonierende und konfligierende Ansprechpartner ihrer Kinder aufgrund von intensiver Berufstätigkeit oder aufgrund von extensivem Freizeit-Konsum ausfielen. Gleichzeitig weisen die Ergebnisse einer Studie auf der Basis von Erhebungen unter westdeutschen Jugendlichen von 18 bis 25 Jahren im Sommer 1989 darauf hin, daß die „jüngeren *Leute* (...) zwar sehr dominant [sind], was ihre Bereitschaft anbelangt, sich durchzusetzen und ihre Ellbogen zu gebrauchen, doch gleichzeitig sind sie nicht autoritär, d. h. ihr Durchsetzungsvermögen richtet sich auch gegen *oben*. Sie sind nicht mehr so gefügig und neigen dazu, Anweisungen von Autoritäten zunächst einmal kritisch zu hinterfragen. Blinde Autoritätsergebenheit ist ihnen sehr fremd. Dies bedeutet: Die erhöhte Durchsetzungsfähigkeit der Jüngeren ist Zeichen ihres Selbstbewußtseins und ihrer Emanzipation vom Syndrom des ‚*autoritären Charakters*', das sich durch Zwanghaftigkeit, Rigidität, Autoritätshörigkeit und reaktionäre politische Gesinnung auszeichnet" (Brähler/Wirth 1991, S. 95 f.). Für die Badischen Neuesten Nachrichten (23. 1. 96) ein Grund zum Jubeln „Spitze, daß sie sich mehr trauen." Allerdings wird dieses Selbstbewußtsein durch geringere Organisationswünsche und geringeres soziales Engagement erkauft (vgl. ebenda, 19. 1. 96). Jugendliche wollen demnach ihre Freizeit genießen und sich von Pflichten entbunden sehen. Damit einher geht allerdings eine *Entsolidarisierung*.

2.5. Gesellschaftliche Erfahrung: Pluralität, Unübersichtlichkeit, Desorientierung (vgl. S. 34 ff.)

Die Enttraditionalisierung und Subjektivierung von Beziehungsmustern, Normen und Verhaltensregeln bietet die Chance größerer Freiheitsgrade – und damit von Selbstverwirklichung, erfordert andererseits größere Entscheidungs- und Legitimationsanstrengungen. Wo die sozialisatorischen Beziehungsmuster nicht auf basisfundierten sozio-emotionalen, normativen, sprachlichen und kognitiven Strukturen aufbauen können, kann es zur „Entsicherung von Gewalt" (Heitmeyer 1994, S. 37 f.) durch selbstdurchsetzende, macchiavellistische Charakterzüge kommen. Angesicht „neuer Unübersichtlichkeit" (Habermas 1985; Heitmeyer 1994) in überkomplexen Situationen eröffnen sich größere Freiheitsgrade: Freiheit *von* ... (vgl. Fromm 1941a/GA I) Der Zwang zur Handlungs- und Entscheidungsfähigkeit wird jedoch nicht suspendiert, im Gegenteil durch erhöhte Dispositions- und Verhandlungsfreiräume enorm gesteigert. Legitimatorische und normativ-ethische Unschärfen und Pluralismen, die als Beliebigkeit mißverständlich interpretierbar sind, schlagen sich als Desorientierung und anomische Reaktion in jugendlichen Identitäten nieder. Die subjektivierende Pluralität und Uneinheitlichkeit der kulturellen Muster läßt in den desorientierten jugendlichen Charakteren den Bedarf nach fundamentaler *Eindeutigkeit* entstehen. Aus der möglichen Freiheit zur individuellen Gestaltung eigenen Lebens wird die Unterwerfung unter das Fundamentum entstrukturierter Subjekivität (vgl. Fromm 1941a/GA I, S. 217 ff.; Fritzsche/Knepper 1993, S. 13–24; Heitmeyer 1994, S. 39). Damit werden die sozialisatorischen Grundlagen der modernen Gesellschaften porös, eine Analyse der familialen Komponente der Sozialisation jedoch nicht hinreichend zur Erklärung des Anwachsens aggressiver Potentiale; die ***gesellschaftlich-objektiven Rahmenbedingungen*** müssen als interdependente Faktoren erhellt werden.

„– Je mehr Freiheit, desto weniger Gleichheit;
– je weniger Gleichheit, desto mehr Konkurrenz;
– je mehr Konkurrenz, desto weniger Solidarität;
– je weniger Solidarität, desto mehr Vereinzelung;
– je mehr Vereinzelung, desto weniger soziale Einbindung;
– je weniger soziale Einbindung, desto mehr rücksichtslose Durchsetzung."

(Heitmeyer 1993b, S. 4)

Diese Individualisierungsprozesse kanalisieren in die Auflösung von „Beziehungen zu anderen Personen oder von Lebenszusammenhängen" sowie in die Destruktion der „Verständigung über gemeinsame Wert- und Normvorstellungen (z.B. durch Subjektivierung und Pluralisierung)" (ebenda). Verursachend ist hier die Aufzehrung sozial geteilter Zeit, diese wäre jedoch nötig zur komunikativen Entwicklung gemeinsamer Wert- und Normvorstellungen von Eltern und Kindern angesichts der Freiheitsräume schaffenden Auflösung von festen Rollenbildern. Dem stehen instrumentalistische Effizienzkriterien der Wirtschaft und die Durchsetzung von Produktionserfordernissen entgegen. Diese zehren gemeinsam gelebte und kommunikativ gesättigte Zeit auf und öffnen die Schleusen für soziale Vereinzelungs- und politische Entfremdungsprozesse. Mit dieser Verselbständigung bzw. Abkoppelung Jugendlicher von der Erwachsenenwelt geht das Eingebettetsein in selbstverständliche und kollektiv fraglos geteilte Wert- und Normensysteme verloren. Gerade in dieser Phase der Verselbständigung schwindet die Kraft und die Bereitschaft, ethische Grundsätze anzuerkennen und zu bejahen. Macchiavellistisch-instrumentelles Kalkulieren ersetzt sozio-emotionales Mitdenken und -fühlen. Das Werfen von Brandsätzen auf Ausländerheime wird als ‚Abfackeln' bezeichnet. ‚Abklatschen' wird das Schlagen, Treten (im Extemfall Totschlagen) von Obdachlosen, Ausländern oder ‚Gegnern' genannt. Im massenhaften Vorkommen von Erpressung, Wegnehmen von Konsumartikeln und Kleidungsstücken bekundet sich ein strukturelles Über-Ich-Defizit, das dadurch gekennzeichnet ist, daß häufig nicht einmal ein Unrechtsbewußtsein erkennbar wird. Dies belegt die FORSA-Studie (vgl. Landeszentrale für politische Bildung Baden-Württemberg 1996, S. 24) mit eindrucksvollen Zahlen. Danach bringen 56% der befragten Jugendlichen Verständnis für Schwarzfahrten auf, Ladendiebstahl finden 16% und Drogenkonsum 12% in Ordnung. Einen anderen zu verprügeln, wird von 9% akzeptiert, und die Aussage „Etwas aus Frust oder Wut beschädigen" findet bei 6% der Probanden Zustimmung. Die Tendenz, Gewalt zu akzeptieren, wird schließlich auch dadurch bestätigt, daß immerhin jeder Fünfte die Frage „Muß man heutzutage manchmal selbst Gewalt einsetzen, um durchs Leben zu kommen?" mit „Ja" beantwortet.

Instrumentalistische Verhaltenskalküle lösen verantwortend-verstehende soziale Verankerungen auf, die Gewaltschwelle sinkt (vgl. S. 30f. u. S. 32ff.) und dies vor allem denen gegenüber, die schon offen oder verdeckt durch die Ideologien der Ungleichwertigkeit zugerichtet sind (vgl. Heitmeyer 1993b, S. 7). Das können Ausländer sein, Behinderte, Homosexuelle, Kranke, Asoziale, ‚Sozialschmarotzer'. Neben der gesellschaftlichen Desorientierung mit ihren sozialisatorisch-charakterologischen Voraussetzungen spielen weitere allgemeine, sozialpsychologisch relevante Bedingungsfaktoren bei der Entstehung der Gewaltbereitschaft unter Jugendlichen eine Rolle: die Ausbreitung von *Langeweile*, der gegenüber der mit Gewaltausübung verbundene Nervenkitzel als willkommene Abwechslung erscheint, und die Wirkung des Neuen Mediums Fernsehen, das nicht zu Unrecht mitverantwortlich dafür gemacht wird, daß das Gespür für das, was mit Gewalt verursacht wird, bei vielen Kindern und Jugendlichen aus dem Blick gerät. In seinem Werk „Anatomie der menschlichen Destruktivität" (1973a/GA VII) zählt Fromm „Erregung und Stimulation" zu den menschlichen Grundbedürfnissen (ebenda, S. 214ff.). Er unterscheidet in diesem Zusammenhang zwischen dem „einfachen Stimulus", auf den der Mensch nur reagiert, und dem „aktivierenden Stimulus", der den Betreffenden dazu veranlaßt, selbst „aktiv zu werden" (ebenda, S. 216). Fromms Kritik basiert u.a. darauf, daß aktivierende Reize, die den Menschen zu produktivem Tätigsein (Freiheit *zu* ...) anregen, heutzutage immer mehr durch einfache Reize ersetzt werden.

Eine Folge des Mangels an aktivierenden Reizen und der trotz allen geschäftigen Konsums grassierenden Frustration sind Langeweile und chronische Depression für Fromm wesentliche Merkmale der „Pathologie der Normalität" (1955a/GA IV, S. 13 ff.; 1973a/GA VII, S. 220 ff; 1991a/NL 5, S. 72 ff.), die damit charakterologisch – nicht zwanghaft – mechanisch *destruktive Aggressivität* freisetzt. Die durch fehlende Primärerfahrungen induzierte Langeweile, wird durch Konsumangebote überdeckt und kommt dadurch nicht zum direkten Ausdruck. Suchtförmige Konsumgewohnheiten, seien es Alkohol, Kaffee, Nikotin, Arbeits- und Beziehungssucht, extremes Freizeit- und Sportverhalten zeigen die gesellschaftliche Nicht-Befriedigung von fundamentalen Bedürfnissen. Erinnert sei hier an Maslows oder Fromms Bedürfnistheorien. Vor allem die Verknüpfung des Konsums mit sexuellen Reizen, wie sie z. B. die Autoindustie zeigt, bewirken eine Anstachelung des Sexuellen bei gleichzeitiger Verweigerung der Befriedigung. Marcuse nennt hier ‚repressive Entsublimierung' (vgl. Marcuse 1972, S. 76 ff.). Darüber hinaus führt ein „Overkill" an Informationen, die Bilderflut (Der Spiegel special, Nr. 9, 1995, S. 116 ff.), zur Veränderung der Wahrnehmungsrezeption. In den Gehirnen von Medienkindern/Computerkids verändern sich die synaptischen Verknüpfungen im Gehirn. Die rechte visuelle Gehirnhälfte wird umgeprägt zur Optimierung der Informationsverarbeitung bild- und episodenhafter Information. Die linke abstrakte Gehirnhälfte hingegen wird aufgrund geringerer Nutzung in ihrer Potenz reduziert. Phantasie, der ‚Stoff, aus dem die Zukunft ist', verkümmert, denn Begriffe, die dem Begreifen verwandt sind, sind grundsätzlich entsinnlicht, visualisiert. Verknüpfungen logischer, zeitlicher oder räumlicher Art werden ganzheitlicher geschlossen, womit Kreativität und Innovation der Entstrukturierung anheim fallen. Es wird schwerer, eigenständige Gedanken einzubringen, wie es z. B. das aktive Lesen oder Sehen, das Co-Fabulieren, das bei einer kreativen Text-Bildinterpretation nötig wäre, verlangte. Zwar erhöht sich die Fähigkeit, im ‚Signalgewitter' der Informationsgesellschaft gleichzeitig verschiedene Informationen aufzunehmen und zu verarbeiten, doch macht der Kernspintomograph deutlich, daß die ‚Trampelpfade' im Gehirn bildgeprägt sind. Zeitliche, räumliche, abstrakte Verknüpfungen sind somit schwer möglich. Doch auch die Quantität und Intensität der Informationsflut fordert dem kindlichen Gehirn eine spezifische Selektivität ab. Diese ist jedoch nicht kategoriengeleitet oder normativ geprägt, sondern durch *thrill/action* geleitet. Einher damit geht eine Selektivität der Wahrnehmung, die durch ständige Steigerung des Thrills, einer Erhöhung der Reizschwelle, verdeutlicht wird. Somit geht ein Gutteil von Sinnesqualität verloren – Entsinnlichung wäre das entscheidende Stichwort. Für Peter Struck eskaliert diese Entwicklung so weit, daß den Kindern die Fähigkeit, das Leben selbst zu spüren, zerstört wird.

Auch die Wertverschiebung wird hierdurch verstärkt, denn die „visuellen Kinder" identifizieren sich eher mit den Kindern der Werbe-Welt (Werbekids/Werbehelden) als mit ‚schwächeren' Identifikationsobjekten, wie sie Märchen oder andere phantasiefördernde Textformen anbieten. Von daher denken sie eher in Kategorien von *stark* und *schwach* (quasi-autoritären Begriffen) oder erfolgreich und nicht erfolgreich als in Schemata, die gut und böse unterscheiden. Da Kinder als Einzelkinder oft in einem Schonraum ohne Bewährungsmöglichkeiten, ohne Spielräume zum Ausprobieren (quasi in Watte gepackt) sind und gleichzeitig überfordernde visuelle Informationsfluten über sie hereinbrechen, reduzieren sie die emotionale Besetzung anderer Personen (vgl. Struck 1995, S. 53 f.). Von daher ist Köhnleins These (1995, S. 4) zu interpretieren: „Die Kinder lassen sich kaum von etwas persönlich berühren."

Desweiteren geht Zeit für Eigentätigkeit und praktisches Erfahrungslernen verloren. Bei der medialen Präsentation von Wirklichkeit aus zweiter Hand stellt sich insbesondere die Frage, inwieweit Kinder und Jugendliche in der Lage sind, die von Medien gelieferten Informationen zu entschlüsseln – und welche kognitiven, sozialen und emotionalen Folgen hervorgerufen werden. Jedoch ist dieses Verhalten symptomatisch für das „Verschwinden der Kindheit" (Hentig 1984) und das „Ende der Erziehung", verursacht dadurch, daß das Fernsehen als „Medium der totalen Enthüllung" (Postman 1995) vor allem die Darstellung von Sexualität und Gewalt inszeniert (vgl. S. 45 ff.).

Die Tatsache, daß das Fernsehen, insbesondere seit der Kommerzialisierung, immer mehr Gewaltdarstellungen verbreitet, muß zusammen mit der schwindenden Sozialisationskraft der Familie bzw. der gewaltförmigen Sozialisation von Kindern und Jugendlichen gesehen werden. Auf jeden Fall kann angenommen werden, daß die Innenweltverschmutzung seit der Einführung des kommerziellen Fernsehens zugenommen hat. Die elektronische Revolution zielt auf eine Standardisierung menschlicher Entwicklung: Säuglingsalter – ‚Kind-Erwachsene' – Senilität. Der sogenannte Kind-Erwachsene ist ein Mensch, dessen intellektuelle und emotionale Fähigkeiten sich im Laufe seiner Geschichte nicht entwickelt haben und sich insbesondere von denen der Kinder nicht signifikant unterscheiden. Im Mittelalter war der Kind-Erwachsene der Regelfall. Wird er es in unserer Kultur auch wieder? Wenn man gleichermaßen diesen pointierten Thesen nicht folgen will, so weist doch die wissenschaftliche Diskussion um die medialen Auswirkungen von Gewaltdarstellungen in den Medien resümierend auf sechs *Möglichkeiten* hin, wie sich aus Gewaltdarstellungen im Fernsehen Nachahmungseffekte ergeben können: Die mediale Handlung ist „anschlußfähig", d. h. sie ist auf die Lebenssituation der kindlichen oder

jugendlichen Zuschauer übertragbar und macht in der Alltagswelt des Zuschauers Sinn. Selg (1993, S. 114) spricht von dem Vorhandensein einer „Doppel-Dosis-Gewalt", die durch Sozialisation und Medium die multifaktoriellen Hintergründe der destruktiven Auswirkungen von Gewalt in den Medien darstellt. Problematisch erscheint auch, daß Gewaltdarstellungen im Fernsehen der Rechtfertigung von Gewaltausübung oder Aggression dienen können, „wenn sie einen zunehmenden Anteil an der medialen Berichterstattung oder am fiktionalen Programmangebot ausmachen, die Bedeutung von Gewalthandlungen als gesellschaftlich praktiziertes oder gar akzeptiertes Problemlösungsmuster über Gebühr betonen" (ebenda). Exzessive Gewaltdarstellungen im Fernsehen können langfristig zu emotionaler Abstumpfung und eingeschränkter Mitleidsfähigkeit führen, was wiederum die Schwelle zur eigenen Gewalttätigkeit herabsetzt. Problematisch sind Darstellungen, die den Einsatz von Gewalt als positives oder moralisch gerechtfertigtes Lösungsmuster zeigen. Dies gelte vor allem, wenn Gewalt immer wieder von positiven Helden, beispielsweise Serienfiguren, ausgeübt werde. Gerade kindliche und jugendliche Zuschauer neigten dazu, sich mit solchen Verhaltensmustern zu identifizieren (vgl. ebenda). Vor allem bei kindlichen bzw. jugendlichen Risikogruppen, z. B. bei defizitärer oder inkonsequenter Erziehungserfahrung, oder im sozial defizitären Milieu zeigt sich eine aggressionsfördernde Wirkung von medialen Gewaltdarstellungen. Von eminenter Bedeutung ist hierbei die kommunikative Bedeutung der Medienerfahrung. Vor allem im Bereich der Rechtsradikalität mit ihrer besonders ausgeprägten Motivation zu Gewalt muß die gegenseitige Beeinflussung von Identitätsbildung in und durch die Peer Group und die Gewaltdramaturgie der Medieneinstellungen gerade besonders in den Blickpunkt gestellt werden (vgl. Wirtschaftsspiegel, H. 3, 1994; vgl. Selg 1993, S. 114 f.).
Die Gegenwart von Erwachsenen ist immer weniger durch ‚vorbildhafte' Erscheinungen gekennzeichnet, sondern durch Krisen im Erwerbssektor, durch Arbeitslosigkeit, Globalisierung z. B. ökologischer Probleme (El Niño, Ozonloch ...), Rationalisierung und Abbau oder Verlagerung von Beschäftigung. Diese Phänomene sind inzwischen nicht mehr ‚bloß' Belastungen des Erwachsenenlebens, von denen Jugendliche, in einem Schonraum entlastet, ihre Lebenswelt gestalten können. Sie haben inzwischen vielmehr das Zentrum der Jugendphase erreicht, indem sie den Sinn der Jugend, ihr gesellschaftlich zugestandenes Moratorium in Frage stellen. Wenn die Arbeitsgesellschaft selbst zum Problem wird, dann muß auch die Jugendphase als Phase der biographischen Vorbereitung auf diese Gesellschaft zum Problem werden. Die 12. Shell Jugendstudie zeigt deutlich, daß von allen Problemen am stärksten die der Arbeitswelt die Jugend beschäftigen und nicht

die sogenannten klassischen Lehrbuchprobleme der Identitätsfindung, Partnerwahl und Verselbständigung. Jugendliche äußerten die Sorgen, daß die derzeit bestehenden Schwierigkeiten der Massenarbeitslosigkeit, Lehrstellenmangel, Sozialabbau, Verarmungsprozesse von der Politik nicht angegangen werden, ja daß in absehbarer Zeit Lösungen nicht erwartbar sind. Dies macht sie skeptisch und betroffen – sie fühlen sich von der Politik und den Erwachsenen im Stich gelassen. Arbeitslosigkeit, die sich als Krise der Arbeitsmarktgesellschaft entpuppt, verdüstert individuelle Lebensperspektiven Jugendlicher und verschärft damit die Desorientierung und somit wieder ihre Gewaltbereitschaft (vgl. Beck 1986, S. 237 ff.).
Am skeptischsten ist die Altersgruppe der 15–17jährigen, also diejenigen, die sich in der klassischen Jugendphase befinden und auf die Volljährigkeit zugehen. Wichtig wird die Dimension „erlebter Gegensatz der Generationen". Sie steht dafür, daß Jugendliche sich in der Rolle sehen, die Fehler und Versäumnisse früherer Generationen und der heutigen Erwachsenengeneration ausbaden zu müssen, sei es im wirtschaftlichen, im sozialen wie im ökonomischen Bereich. Eine Situation, die mit „autoritativen" Kommunikationsstrukturen nicht abzuarbeiten ist (Jugendwerk der Deutschen Shell AG 1997, S. 11 f.). Damit verändert sich Jugend selbst und wird eine Phase mit eigenen (alternativen) Erfahrungs- und Lebensqualitäten. Sie enthält zunehmend Möglichkeiten zu einem Leben aus eigener Verantwortung, zur Gestaltung der eigenen Biographie. Die tendenzielle Auflösung

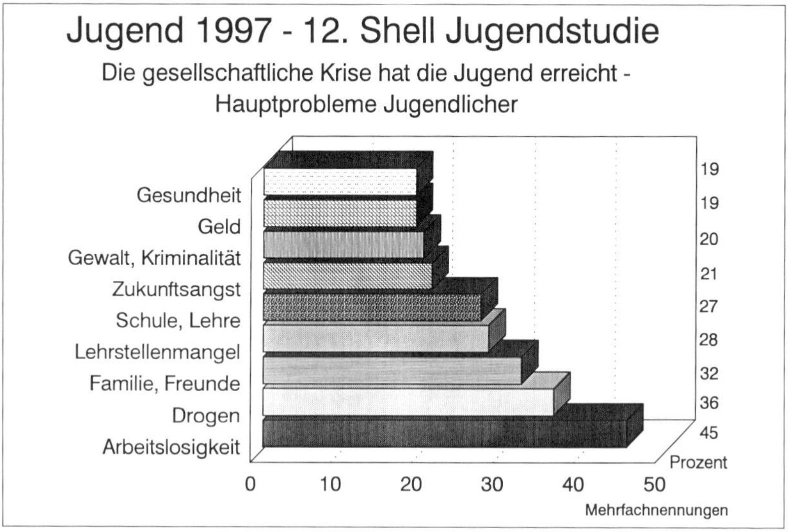

Hauptprobleme Jugendlicher, 12. Shell Jugendstudie 1997 (Quelle: © imu 97 05 304).

der kollektiven Statuspassage und die Biographisierung der Jugendphase stellen sich als Strukturwandel dar: als Entstrukturierung und Individualisierung, wobei Entstrukturierung meint, daß der Übergang ins Erwachsenenalter in eine tendenziell zusammenhanglose Abfolge von Teilübergängen zerfällt, die je durch eigene Erscheinungsformen und Zeitstrukturen bestimmt sind.
Individualisierung bedeutet, „daß die Biographie der Menschen aus vorgegebenen Fixierungen herausgelöst, offen, entscheidungsabhängig und als Aufgabe in das Handeln eines jeden einzelnen gelegt wird" (Beck 1986, S. 216). Daß in der heutigen Zeit jedoch von einer Zunahme von Risikokonstellationen in der Lebensphase Jugend auszugehen ist, wird durch eine Fülle von Untersuchungsergebnissen belegt: Psychosomatische Störungen und psychosoziale Auffälligkeiten, Verhaltensauffälligkeiten wie aggressives und delinquentes Verhalten, gesundheitsgefährdendes Verhalten, wie der Konsum von Drogen oder Arzneimitteln, sind Symptome eines ‚bio-psycho-sozialen Spannungszustands'.

3. Die gesellschaftliche Funktion von Schule

Die Gesellschaft fordert über das Wirtschaftssystem und die Veränderung der Sozialisationsinstanzen Kindheit und Jugend eine „Passung" des ‚Subsystems Schule'. Kinder, die geprägt sind durch zunehmende „Individualisierung", Pluralität und kommunikatives und flexibles Miteinander-(Aus-)Handeln, gehen in ein Schulsystem, das teilweise starren institutionellen Zwängen gehorcht (vgl. Apel 1995; Nyssen/Schön 1995, S. 130 f.). Ansprechpartner ist in den meisten Fällen die Klasse, nicht das einzelne Kind, der einzelne Jugendliche. Grundlegend für diese Schulkonstruktion ist das Bild eines Schülers, der durch ausgeprägte Sekundärtugenden wie Ordnung, Disziplin und Sorgfalt charakterisiert werden kann. Intellektualität wird aufs Memorieren und Reproduzieren beschränkt (vgl. E&W, H. 6, 1998, S. 2 ff.). Sprach- und Buchwissen sowie Lehrerzentierung sind selbstverständliche Tugenden, die von Kindesbeinen an anerzogen sind. Lernbereitschaft und soziale Anpassung ist wichtiger als individuelle Profilierung.
Fromm (1973a/GA VII, S. 218) hat das tradierte Funktionieren von Schule als Erziehungs*mühle* kritisiert. Im sog. konventionellen Unterricht bestimmt der Lehrer zentral den Unterrichtsverlauf und durch die Einseitigkeit der Kommunikation das Klima in der Klasse. Dabei hat der Lehrende die Autorität, d. h. er kann die Schüler beeinflussen, bestrafen, belohnen und hat ein Forum, in dem er seine aggressiven Impulse an hierarchisch Abhängigen abbauen kann. Er hat Möglichkeiten, seine institutionelle

Macht auszuspielen. Dies wird dann jedesmal deutlich, wenn er nach Leistungskriterien selektiert; damit verteilt er Berufschancen und formt soziale Lebensbedingungen. Bei Schülern kommt es dabei oft zum Verdacht einer verkappten und willkürlichen Form der Aggressionsabfuhr. Doch diese institutionellen Rahmenbedingungen entstammen einer Industriegesellschaft mit einem produktionsorientierten Arbeitsmarkt und traditionsgebundenen demokratischen Orientierungsmustern, in deren Schatten klar war, was ‚man' zu tun hatte. Diese Orientierungslinien sind aber in informations- und servicedominierten Arbeitsmarktsegmenten obsolet.
Schule soll durch die Übereinstimmung der Generationen kulturelle Identität stiften und weiterentwickeln. Neben der Anpassungsleistung der Schule muß die Innovationsfunktion stärker in den Mittelpunkt geraten, denn nur in der allen Kindern gemeinsamen Institution Schule läßt sich Pluralität noch auf einen (in der Zukunft später auszuhandelnden) gemeinsamen Nenner bringen (vgl. Nyssen/Schön 1995, S. 134 f.). Der gemeinsame Nenner könnte im Profil einer „humanen Schule" bestehen, auch hier hätte die Qualifikationsstruktur in einem ganzheitlichen Sinne die Selektionsfunktion von Schule zu dominieren, nicht umgekehrt (vgl. Hentig 1976; Olechowski 1998, S. 23 f.). Die veränderten gesellschaftlichen ökonomischen, politischen und sozialen Rahmenbedingungen erfordern jedoch eine veränderte Qualifikationsstruktur, sonst ist die ‚Passung' von gesellschaftlichen Anforderungen und individuellen Kompetenzen, die diesen Anforderungen genügen sollten, nicht mehr gegeben. Unvereinbarkeiten, krisenhafte Brüche und sozialer Sprengstoff (Schüler-, Studenten-, Arbeitslosenprotest) entwickelte sich, der angesichts von globalisierter, weltweiter Konkurrenz unerwünschte Konsequenzen nach sich ziehen könnte. Massive politische, ökonomische, ökologische und soziale Probleme haben weit verbreitete Irritationen, Ängste und Ungewissheit über die Zukunft unserer Gesellschaft hervorgerufen (Rechtsradikalismus). Traditionelle Normen und Werte sind relativiert oder unverbindlich geworden (Desorientierung). In der Vergangenheit probate politische Lösungswege sind versandet.
Das Qualifikationsprofil unterlag einem Wandel, womit auch die Bildungs- und Erziehungsziele der Schule eine Veränderung erfuhren. Folgende Schlüsselqualifikationen bzw. Basiskompetenzen werden hierbei deutlich: Kommunikations- und Interaktionskompetenz, also Teamfähigkeit, Kreativität/Innovation, personalbiographische, soziale und motorische Kompetenzen, Flexibilität und selbstbestimmtes, lebenslanges Lernen, das Orientierung und Sinnperspektiven zu geben vermag, da Bildungs- und Berufsbiographien nicht mehr bruchlos zu planen und zu erleben sind (vgl. Olechowski 1998, S. 29). Doch ist die schulische Wirklichkeit diesem Inno-

vationsdruck nicht gefolgt, denn im Zusammenhang mit dem humanistisch gefügten, tradierten Bildungskanon der Schule erwartet die Schule als Institution den Schüler, der dieses Bildungsgut entsprechend wertschätzt. Dazu muß er in der Lage sein, seine Konzentration und seine Aufmerksamkeit dem Unterricht diszipliniert ‚anzuschmiegen'. Eine entsprechende Leistungsmotivation wird vorausgesetzt. Der kognitiv dominierte Schüler ist in der Lage, seine pubertären und motorischen, aggressiven und libidinösen Impulse entsprechend zu sublimieren – eine enorme Sublimierungsleistung, die erhöhte disziplinierende Ich-Energie absorbiert. Diese wird jedoch durch die veränderten Sozialisationsbedingungen nicht aufgebaut: Denken wir an die Sozialisationsdefekte des Elternhauses, an die (un-)heimlichen Miterzieher, so haben wir es doch eher mit geringerem Bedürfnisaufschub und geringerer Frustrationstoleranz zu tun. Von daher ist die Zufriedenheit aufgrund beruflichen Engagements bei Lehrern nicht mehr auf selbstverständlichen pädagogischen Erfolg aufgebaut.
Die Lebenserfahrung von Lehrern hinkt dem Lebensgefühl der Schüler hinterher, damit *verstehen* wir einfach unsere Schüler (auch sprachlich) schon nicht mehr oder zumindest sehr schwer. Der pädagogische Konsens mit den Eltern ist nur erschwert herzustellen, ebensowenig der im Kollegium. War es früher unstrittig, daß Lehrende in erster Linie Wissensvermittler sein sollen, so hat sich in vielen Schulen die Situation derart verändert, daß „Kinder ohne Bremse", Kinder, die leicht ausrasten, d. h. Verhaltensauffälligkeiten in enormem Umfange zeigen, das Berufsbild Lehrer dahingehend wandeln, daß das Disziplinieren, die ständige Dompteursituation im Mittelpunkt des Berufsalltages steht (Der Spiegel special 1995, S. 21 f.). Und damit wird auch die Sicht des ruhigen Schülers, der sich als „didaktisches Sparbuch" (Köhnlein 1995, S. 10) eignet ad absurdum geführt. Von daher versteht es sich, daß die Berufszufriedenheit durch den „alltäglichen Kleinkrieg", die alltäglichen Probleme beeinträchtigt wird (Lehrer Zeitung, H. 5, 1986, S. 33 f.; Friedrich Jahresheft 1987, S. 59; Miller 1989, S. 172 f.). Hier entstehen vor allem psychische Belastungen durch *Unkonzentriertheit der Schüler, Ungenauigkeit, Faulheit, motorische Unruhe, Desinteresse, Aggression* und *Disziplinprobleme*. Bürokratische Verkrustungen, Statusprobleme der Lehrerschaft durch mangelnde gesellschaftliche Anerkennung, schlechte Arbeitsbedingungen und Konflikte mit Eltern und Kollegen reduzieren insgesamt die Berufszufriedenheit (vgl. Pädagogik, H. 10, 1990, S. 11). 200 Entscheidungen und 15 pädagogische Konflikte pro Stunde vermitteln das Gefühl wachsender Schwierigkeit, die eine ständige Unsicherheit erzeugt, da die Diskrepanz zwischen dem Bildungsideal und den Zwängen des gesellschaftlichen Leistungs- und Konsum-Umfeldes deutlicher präsent wird. Das Scheitern in pädagogischen

Situationen wird als Autonomieeinbuße interpretiert. Nicht mehr erreichbar erscheint das Gewollte, im Gegenteil, das Nichtgewollte muß erduldet oder getan werden. Burnout droht oder tritt ein. Die pädagogische Wahrnehmung wird verzerrt. Die sich so aufbauende „Frustschnecke" (Miller 1989, S. 72) führt in der Konsequenz zu einer Verarmung schulischen Lehrens und Lernens. Disziplinierende Handlungsformen ersetzen sozialpädagogische, optimistisch-liberale Interaktionsformen (vgl. Lehrer Journal, H. 7–8, 1990, S. 59). Der nur seine Stunden abhaltende unmotiviert erscheinende Lehrer vermag kein Interesse mehr bei seinen Schülern zu wecken und erzeugt im Gegenteil Schulunlust, Schulmüdigkeit und Resignation und schließlich Aggression. Er wird – gewollt oder ungewollt – zum ‚Störfaktor' des Schulbetriebs. So lassen sich jedenfalls die *Basisqualifikationen* Interaktionskompetenz, Kreativität, personale, soziale und motorische Kompetenzen, lebenslanges Lernen … in fächerübergreifendem, entdeckendem Unterricht nicht erreichen. Von daher läßt sich Gewalt von Schülern an der Institution Schule und ihren Vertretern, den Lehrern, oftmals auch als ‚Gegenwehr' und ‚aggressive Selbstbehauptung' interpretieren. Doch folgen wir hier Petri (1991, S. 98), der konstatiert, daß „erst das Ensemble mehrerer Risiko-Faktoren eine Präferenz aggressiven und gewaltförmigen Handelns nach sich zieht." Im Zentrum steht die nicht gelungene Beziehung, das Scheitern des persönlichen Dialogs, mangelnder emotionaler Austausch und damit die Verhinderung von Empathie und der Chance auf gegenseitige Akzeptanz (vgl. Kaiser 1993). Gewalttätige Handlungsformen werden zur einzigen verstümmelten Möglichkeit von kindlich-jugendlichem Ausdruck.
Die an die Schule herangetragene Forderung, Schüler durch „Schlüsselqualifikationen" (Klafki) kompetent zu bilden und zu erziehen, ist in der Regel nicht an einzelnen Schulfächern festzumachen. Wenn man davon ausgeht, daß für einen erfolgreichen Lernprozess keineswegs nur die Intelligenz, sondern auch Arbeitshaltung, Arbeitstechniken, Verhalten, Einstellungen, Motivation … entscheidend sind, wird die Bedeutung des „Lernen Lernens" offensichtlich. Lerntechniken können individuell und im Sozialverbund, fächerverbindende Bezüge an vielfältigen Anwendungsbeispielen dargestellt werden. Ein vorrangiges Ziel ist deshalb die Erziehung zum selbständigen Arbeiten. Lerntechniken sollen den Schülern weitergehende Möglichkeiten zur Verfügung stellen, ihre schulischen Aufgaben eigenständiger zu erfüllen. Die Eltern werden aus ihrer Rolle als Hilfslehrer entlastet. Andererseits kann eine Öffnung und Individualisierung des Unterrichts durch neue Arbeitsweisen, die den Selbst-Lern-Prozeß fördern, die Eigenständigkeit im Handeln unterstützen und die Lehrer-Schüler-Interaktion verstärken, auf das Außerunterrichtliche vor-

bereiten nur glücken, wenn die Lernenden Bereitschaft zu diesen Explorationen entwickeln, wenn sie die Ziele internalisieren. Mit Bezug auf Dietrich Benner, folgt man Hintz/Pöppel/Rekus, muß ‚Erziehender Unterricht' im Herbartschen Sinne folgende Aspekte erschließen: eine ‚methodische, thematische sowie institutionelle Öffnung' für neue Lehr- und Lernverfahren im Hinblick auf die Zukunft (vgl. 1995, S. 234). Schüler sollten möglichst früh eigenständige, positive Erfahrungen beim Lernen sammeln. Dabei geht es jedoch nicht um Rezeptvermittlung, denn ‚Lernen' ist eine individuelle Erfahrung. Das Wissen um Verhaltensalternativen kann helfen, auch schwierige schulische Situationen selbständig zu meistern. So können Schüler bereits recht früh erkennen, daß Erfolg und Mißerfolg viel mit persönlichen Einstellungen und Entscheidungen zu tun haben.

3.1. Merkmale eines veränderten Bildungsverständnisses

Verwiesen sei hier auf den Katalog von ***Empfehlungen*** bei Burkhard/Holtappels (1991):

- Allgemeinbildung stärken;
- Lehr-Lern-Kultur entwickeln: offene Lernformen praktizieren;
- Schulleben entwickeln und Schule erzieherisch qualifizieren;
- Schule zum Umfeld öffnen, mit anderen Einrichtungen kooperieren;
- neue Lern- und Erfahrungsorte erschließen;
- Persönlichkeitsentwicklung und soziales Lernen.

Öffnung von Schule hat demnach zwei Ebenen, die allerdings nicht voneinander zu trennen sind: auf der einen Seite Veränderung der Unterrichtsinhalte, der Unterrichtsorganisation und des Schullebens (‚Öffnung nach innen') und auf der anderen Seite Zusammenarbeit mit anderen Institutionen, Kooperation mit außerschulischen Partnern und aktive Teilhabe an den Belangen des Gemeinwesens (‚Öffnung nach *außen*').
Bei der ‚Öffnung nach *innen*', d. h. der Veränderung der Lerninhalte und der Lernorganisation, stehen derzeit Konzepte im Mittelpunkt des Interesses, die am treffendsten mit dem Begriff ‚Praktisches Lernen' umschrieben werden können. Zentrale Kennzeichen solcher Ansätze einer ‚Inneren Schulreform' sind, daß entsprechende Projekte fächerintegrierende Thematik aufweisen und daß im Lernprozeß unterschiedliche Tätigkeits- und Handlungsformen verbunden werden, Lernen also möglichst *ganzheitlich* gestaltet wird. Eine zumindest in schulischen Teilbereichen fächerübergreifende, projektorientierte Unterrichtsorganisation und eine an reformpädagogischen Vorstellungen orientierte Methodik können als Marken-

zeichen aktueller schulischer Erneuerungsversuche gelten. Die angestrebte Verbindung von Erfahrung und Lernen hat dabei zur Konsequenz, daß die aufgegriffenen Unterrichtsinhalte immer in einem möglichst engen Bezug zur Lebensrealität der Schüler stehen sollen und somit der „Lebensbezug" von Schule und Unterricht konkret erfahrbar werden kann. Damit weisen Ansätze zum ‚Praktischen Lernen' in der Schule immer auch über den unmittelbaren Raum der Institution hinaus. Das Aufgreifen lebenspraktischer Fragen aus dem Schulumfeld und der Erfahrungswelt der Schüler führt fast zwangsläufig zur Zusammenarbeit mit außerschulischen Institutionen, Verbänden oder Initiativen, die mit eben denselben Problembereichen befaßt sind. Vor allem die pädagogischen Zeitschriften haben sich dieser Thematik gewidmet, z. B.: *Erfahrungsorientierter Unterricht*: vgl. Lehrer Journal, H. 2, 1985; *Handlungsorientierter, offener Unterricht*: vgl. Lehrer Journal, H. 4, 1983; Die Deutsche Schule, H. 2, 1992, S. 167 f.; *Forschender Unterricht*: vgl. Pädagogik, H. 2, 1991; *Freiarbeit*: vgl. Lehrer Journal, H. 4, 1983. Die Unverbindlichkeit des ‚Als-ob-Charakters' der Schule gewinnt an Lebendigkeit und Bedürfnisbefriedigung. Eine Nähe zum Projekt (Osswald 1990, S. 47 f.) und zur Erkundung ist deutlich. Dies ist wichtig für ‚schwächere' Schüler, denn für sie scheint handlungsorientierter Unterricht lernwirksamer zu sein. Die Orientierung der Lernprozesse am selbsttätighandelnden Schüler hat jedoch nicht nur didaktisch-methodische Konsequenzen, sondern auch organisatorische Folgen.

3.1.1. Beispiele für Erkundungsprojekte

1. Kunst, Musik, Theater, bildhaftes Gestalten – vom Schulorchester bis hin zur Kooperation mit Jugendkunstschulen.
2. Handwerk, Arbeit, Herstellen, Produzieren – vom Projekt Fahrradanhänger bis zum Berufspraktikum auf dem Bauernhof.
3. Ökologie, Schulgarten, Land- und Forstwirtschaft – vom Schulgarten bis zur ökologischen Stadtrundfahrt.
4. Soziales Helfen, interkulturelles Lernen – von der Kooperation mit Altenheimen bis zur Klassenreise in die Türkei.
5. Erkunden, Erforschen, Geschichte – von Lokalradiosendungen und Kooperation mit Geschichtswerkstätten bis zum Erkunden der Orts- und Schulgeschichte.

(Projektgruppe Praktisches Lernen 1988)

Sicherlich ist *Praktisches Lernen* noch lange nicht zum durchgängigen Unterrichtsprinzip deutscher Schulen geworden, aber man kann davon

ausgehen, daß ähnliche Projekte und Initiativen mittlerweile in vielen Schulen zum festen Bestandteil von Unterricht und Schulleben gehören. Noch einen Schritt weiter gehen Schulen, die versuchen, derartige Unterrichtsprojekte und Initiativen in einem schulischen Gesamtkonzept zusammenzuführen und Veränderungen im Schulleben und Unterricht mit einem ganz bewußten Zugehen auf das Schulumfeld zu verbinden. „Stadtteilschule", „am Gemeinwesen orientierte Schule" und „Öffnung von Schule" sind die Schlagworte, unter denen derartige schulische Erneuerungskonzepte gegenwärtig diskutiert werden (z. B. Herrenberg: Arbeitskreis gegen Gewalt sowie ähnliche Arbeitskreise in Baden-Württemberg wie Birkenfeld und Lahr).
Um dem Burnout zu entgehen und um das professionelle Beziehungslernen der Kolleginnen und Kollegen zu unterstützen, ist es angebracht, Fallbesprechungsgruppen zu fördern. Hier ist es möglich, die eigene Kommunikationsfähigkeit und das eigene Verhalten in Konfliktsituationen professionell-distanzierter zu kontrollieren (vgl. Miller 1995, S. 12 f.). Es wird möglich, die Individualität der Schüler zu fördern, d.h. sie stark zu machen und gleichzeitig selbst professionell stark zu sein, so kann Individualität auch als Forderung an die Schüler ergehen: als ‚kreatives Konfliktverhalten, phantasievolles Interpretieren, Leistungsmotivation und Selbstdisziplin' (b&w, H. 3, 1996). Damit stehen auch die interaktiven Postulate einer ‚humanen Schule' zur Diskussion: ‚Begegnung, Feiern, ganzheitliches Lernen, Spielen und verbales Kommunizieren' (Winkel 1994, S. 7).

3.2. Kreativität als zentrales Anliegen

- Kreativität bedeutet primär, Kinder und Jugendliche anzuregen, schöpferisch sich auszudrücken, tätig in die Umwelt Schule einzugreifen und diese mitzugestalten.
- Schulen mit viel Kreativität sind Schulen mit wenig Gewalt.
- Ein Mangel an kreativen Angeboten im ästhetischen Bereich, z. B. im Kunst- und Werkunterricht, zu wenige Möglichkeiten zum ‚Musikmachen' und Tanzen, bieten Gewalt, Mobbing … einen guten Nährboden.
- Auch in den übrigen Fächern müßte der kreative Ausdruck vorrangiges Unterrichtsprinzip sein, z. B. kreatives Schreiben, Musik der Völker (im Fremdsprachenunterricht), Mal- und Gestaltungsaktionen, Happenings … müssen in jeder Schule ihren Platz finden. Diese kreativen Aktionen sollten jedoch niemals bewertet werden, denn (negative) Bewertung kann Kreativität abtöten!

(vgl. Preuschoff/Preuschoff 1992; 1994)

Wichtig ist kreative Selbstdarstellung, durch die Schüler in einer wertschätzenden Gruppe „ihre Spuren" hinterlassen können (Kirschner 1995, S. 124).

3.3. Soziale und sachliche Helfersysteme

Soziales Helfersystem meint, daß kleine Gruppen ganz spezifische Aufgaben übernehmen, indem sie zum Beispiel etwas erklären, was nicht verstanden worden ist (Tutorenfunktion), oder etwas für die Klasse vorbereiten, erstellen oder fertigstellen. Die Kleingruppe sollte stets Verantwortung übernehmen lernen (Patenschaften, Klassenbibliothek, Schulgarten, ‚soziale' Dienste innerhalb der Klasse, Verwaltung von Materialien, Sammlungen, Pflege von Pflanzen, Tieren, technischen Einrichtungen ...). Beim Schüler verstärkt sich somit das Selbstwert-Gefühl, man wird gebraucht, ist für andere wichtig, zuständig und übernimmt Verantwortung (vgl. Hurrelmann 1996, S. 49).
Das Ziel einer Schule der Zukunft sollte letztlich sein, die ganze Persönlichkeit des Kindes wertzuschätzen (vgl. Bründel 1994, S. 129). Es wird das Leitbild T.E.A.M.-Schule („Teilautonome entwicklungsorientierte alternative Marktplatz-Schule" [Meyer 1997, S. 98]) forciert: „A place for kids to grow up in" (ebenda, zit. Paul Goodman).

3.4. Klare Strukturen und klarer Bewegungsablauf des Unterrichts

Schlechte Noten können nicht nur durch gezieltes Einzeltraining, sondern auch durch klare Strukturen des Unterrichtsablaufs, klaren Bewegungsablauf des Schulvormittags und durch Differenzierung von Leistungsanforderungen verbessert werden. Die geltenden Schulregeln müssen strikt eingehalten werden, so daß die Schüler das Empfinden haben, in einer ‚gerechten' Gemeinschaft unterrichtet zu werden. Die Schule stellt somit eine wichtige Vorbildfunktion für das spätere Erwachsenen- und Berufsleben dar.
Gerade in Zeiten, in denen der Arbeitsmarkt kaum Stellenangebote aufweist, ist es vonnöten, daß Schule deutliche und transparente Strukturierungen zeitigt. Elementare gesellschaftliche Spielregeln über Leistungseinordnungen und Kategorisierung ihrer Verhaltensweisen nach bestimmten *Werteregeln* erlernen bzw. erfahren die Schüler in der Schule. „Wenn du etwas zerstört hast, so muß es von dir repariert werden. Wenn du etwas in Unordnung gebracht hast, so bist du verpflichtet, es wieder aufzuräu-

men.“ Das sind eindeutige Regeln, die Kindern helfen, die Folgen ihres Tuns wahrzunehmen. Werden die Einstufungen klar und fair durch Schüler eingeschätzt, ist eine Grundlage vorhanden, die das Entstehen von Aggressivität und Gewalt unwahrscheinlicher werden läßt (vgl. Bündel 1994, S. 130).

3.5. Schulklima

In der neueren Diskussion wird unter Schulklima die Atmosphäre einer Schule und damit insbesondere auch der Umgangsstil zwischen Schülern und Lehrern, aber auch unter Schülern und Lehrern verstanden. Mit der Bezeichnung Schulklima wird gleichzeitig darauf verwiesen, daß Schule mehr ist als nur Unterricht. In das Schulklima gehen neben den Umgangsformen auch die Gestaltung der Klassenräume, des Schulhauses und des ganzen Schulgeländes ein sowie eine harmonische Schulleitung, eine funktionierende Kooperation und Kommunikation, eine aktive Elternarbeit und -mitarbeit, eine aktive unterstützte und unterstützende SMV (Schülermitverantwortung), ein farbiges Schulleben, z. B. Feste feiern, Kulturcafé, Schülerclubs ... (vgl. E&W, H. 10, 1996, S. 11). Projekttage, Schullandheimaufenthalte, Ausstellungen, Wettbewerbe, Hüttenwochenenden, Schüleraustausch mit Partnerschulen, Präventionsspiele können zum positiven Schulklima beitragen. Die neuesten Forschungen über Merkmale einer „guten“ Schule sagen aus, daß ein positives Schulklima Gewaltbereitschaft mindert und sowohl die schulischen Leistungen als auch das Wohlbefinden in der Schule fördert (vgl. Bründel 1994, S. 133; E&W, H. 10, 1996).
Wenn man von den Lehrern an den unterschiedlichen Schulen erwartet, daß sie sich an der Lösung der aktuellen Probleme der Gewalt an den Schulen und unter Jugendlichen aktiv beteiligen, dann sind auch schulpolitische Rahmengebungen und Unterstützungsmaßnahmen erforderlich. Solche bestehen vor allem darin, ein erneuerungsfreundliches Klima unter den Betroffenen zu schaffen, als auch in der Mitarbeit der Lehrer an der Lösung der anstehenden Probleme. Die Schule sollte auch seitens der Stadt integriert werden, das trägt zu einem positiven Klima nach außen bei und kann auf subkulturelle Gegensätze entspannend wirken. Im Lehrplan muß dem Lehrer ein größerer pädagogischer Entscheidungsraum zugebilligt werden. Er sollte mehr von der Möglichkeit Gebrauch machen, vorgegebene Ziele abzuändern, wenn die besondere Situation das erfordert.

3.6. Veränderung des Lehrerbildes

Das Trugbild des idealen Lehrers muß realistisch-kommunikativ *re*formuliert werden. Nur unter diesen Bedingungen ist es möglich, daß Gewalt entziffert werden kann und die Sinnstrukturen kindlich-jugendlicher Aggression und Gewalt vom Aspekt pädagogischer Be-Grenzung erfahren werden. Dies verändert die Problemlösungsstrategien (vgl. Singer 1993, S. 101 ff., S. 122 ff.) ‚erfolgreicher' Lehrer in Richtung auf mehr Sicherheit des Auftretens, Konsequenz und neutrale Intervention; so können sie ein „gutes Modell" für nicht-aggressives Verhalten (Sander 1991, S. 13 f.) bieten, indem sie die Wiederbelebung des ***pädagogischen Gesprächs*** mit Kolleginnen und Kollegen, auch mit Eltern und Schülern ausbauen. Dies könnte heißen (vgl. Portmann 1993):

1. selbst Ruhe, Konzentriertheit und Selbstkontrolle vorbildhaft ausstrahlen;
2. Grenzen setzen, konsequent sein, ‚Autorität' als Alternative zu einer Erziehung zwischen Rigidität und Verwöhnung (Riedl/Laubert [1998], S. 16 f.);
3. sich bewußt Zeit nehmen für erzieherische Ziele (Pädagogisierung des Unterrichts);
4. Unterricht gliedern und akzentuieren;
5. Differenzieren – individualisieren;
6. Kindern und sich selbst Zeit lassen;
7. Bedürfnisse der Kinder zulassen;
8. Kinder einbeziehen: Mitgestaltung;
9. Vertrauen in die Kinder und sich selbst setzen.

3.7. Lebensort Schule – Wohlbefinden

Sich als Lehrer in einem Klima des Wohlbefindens zu wähnen, bedeutet Kompetenzen zu haben und sich gleichzeitig einen Lernprozeß zuzugestehen, in dem man Fähigkeiten erwirbt und erweitert. Dies läßt sich in folgenden fünf ***Bereichen*** realisieren:

1. Selbstkonzept: persönlichkeitsfördernde Einstellungen und Verhaltensweisen;
2. Kommunikation: beziehungsfördernde Verhaltensweisen;
3. Kooperation: beziehungsfördernde Arbeitsweisen;
4. Fachkompetenz: fachliche und didaktische Fähigkeiten;
5. Realitätssinn: realistische Sicht- und Handlungsweisen.

Die Konsequenz des Kompetenzzuwachses bedeutet für die Lehrer-Schüler-Beziehung das Folgen von *personenzentrierten* Impulsen (vgl. Rogers 1985). Verwirklicht werden diese unter Bezugnahme auf Millers Graphik (vgl. 1989, S. 59) in der Person des Lehrers durch eine *ganzheitliche* Faktorenkomplexion, die in Form eines ***Kongruenz-Dreiecks*** verdeutlicht werden soll:

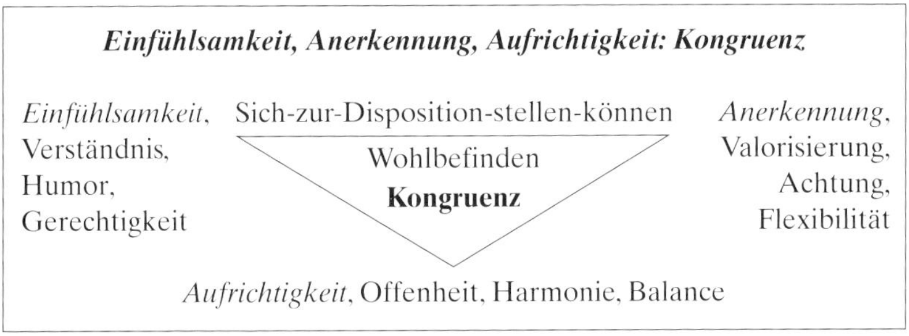

Kongruenz-Dreieck der Lehrerpersönlichkeit

Gleichzeitig wird der Ausbau der transparenten Leistungssteigerung ins Auge gefaßt, indem Regeln, Räume, Rituale für Kinder und Jugendliche geschaffen werden, die in einem gemeinsamen Konsens, ein pädagogisches Schulklima gründen. Für Lehrer ist als psychohygienische Basis ein Ausbau der pädagogisch-psychologischen Beratung und Supervision unverzichtbar, denn mit der administrativen Routine, den Lehrplanzwängen und der wenig bildungsfördernden gesellschaftlichen Situation greift letztlich eine Berufsunzufriedenheit (Burnout) um sich und führt somit zu gewalteskalierenden Verhaltensweisen von Lehrkräften, z. B. zu einer „gewalttätigen Sprache" (Staudt 1994, S. 17 ff.), die als Konsequenz aus Schülerperspektive Gegen-Gewalt und Vandalismus evozieren (vgl. Kaiser 1993; Bade 1994). Nicht vergessen werden darf der geschlechtsspezifische Aspekt von Gewalt in der Schule. In diesem Zusammenhang ist es nötig, die Beziehungfähigkeit der Jungen zu stärken, um langfristig zur Gewaltreduktion beizutragen (vgl. Walker 1995, S. 13 f., S. 113 ff.).

3.8. Spiele und Übungen

Durch den Einsatz gezielter Spielsequenzen kann die Gewalt an Schulen durchaus eingedämmt werden, denn „eine Spielstunde täglich würde in allen Schulformen den sozialen Umgang fördern und das Einhalten von Regeln erleichtern" (Preuschoff/Preuschoff 1994, S. 127). Tendenziell haben Kinder und Jugendliche heute ein Defizit an sozialen Erfahrungen. Es ist ein Verlust an Bezugspersonen zu beobachten, viele leben mit nur einer oder wenigen Bezugspersonen zusammen, die sich oft scheuen, Grenzen zu setzen und Regeln aufzustellen (vgl. Riedl/Laubert o. J. [1998], S. 16f; vgl. auch S. 28f. in diesem Band). Daher fällt es im allgemeinen schwer, sich in eine Gruppe einzufügen, aufeinander einzugehen, sich zurückzunehmen, Konflikte auszutragen ... Durch Spiele im Klassenverband erhalten Schüler die Möglichkeit, diese Defizite auszugleichen. Eine gewaltarme Schul-Kultur setzt eher auf Freiheit, Toleranz, Verstehen sowie kooperative Konfliktbearbeitung, denn auf Egoismen, Konkurrenz, Konsumgier und Machtausübung. Die gewaltfreie Schule ist demnach eine ‚gute' Schule zu nennen, wenn sich Kreativität, Erfahrungen mit (gekonnter) Aggression, gelungener Kommunikation und ein intergenerationeller Dialog sich mit Muße, Spiel und kognitivem Entdecken verbindet (vgl. Preuschoff/Preuschoff 1993).

3.9. Politisch-pädagogische Prävention statt (juristisch-polizeiliche) Korrektur

Korrektur im o. g. Sinne ist stets schmerzhaft, konfliktuös und setzt intensive Diskussionen voraus. Zitiert seien für die pädagogische Praxis sog. ‚unverdächtige', da nicht pädagogische, Zeitgenossen: „Gefordert ist also eine Erziehung zu Empathie- und Konfliktfähigkeit wie auch zur Streßtoleranz (...). Wenn man Kinder und Jugendliche darauf vorbereitet, daß es in der Gesellschaft und in der Politik auch Krisen, Frustrationen und Streß gibt, dann wird die Gefahr geringer, daß sie unter Bedingungen von sozialem Streß das Bedürfnis nach Sündenböcken entwickeln. (...) Die präventiven Anstrengungen multiperspektivischer Erziehung können aber nur gelingen, wenn im Mittelpunkt eine Stabilisierung von Selbstwertgefühlen und der Aufbau von Identität stehen. Nur Menschen, die sich selbst mögen, können Empathie oder Solidarität gegenüber anderen entwickeln. Nur Menschen, die über ein ausgeglichenes Selbstwertgefühl verfügen, brauchen andere weder [gewaltsam, d. Verf.] zu unterdrücken noch auszugrenzen" (Fritzsche/Knepper 1993, S. 20f.). „Eine gewaltlose Konfliktlösung und die Achtung der Würde [anderer] (...) muß an Vorbildern gelernt werden ..." (Schneider 1993, S. 120). Sind diese Vorbilder so konkret nicht greif- und erfahrbar, sollte auf Simulationen in Rollen- und Planspielen zurückgegriffen werden. Ein präventiver Ansatz zur Vermeidung von Aggression und Gewalt umfaßt eine ***schulische Innovation***, die folgende Ansatzpunkte enthält:

1. Entwicklung eines vielfältigen Schullebens zur Entfaltung demokratischer Umgangsformen und Mitbestimmungsmöglichkeiten;
2. Entwicklung eines kooperativen und solidarischen Gemeinschaftslebens mit Schwerpunkten des sozialen und kulturellen Lernens und der aktiven Gestaltung der räumlichen Lernumwelt;
3. Entwicklung einer differenzierten Lernorganisation mit vielfältigen Lernzugängen, erweiterte Lernmöglichkeiten nach Interesse und Neigung (offene Lernformen und individualisierende Förderungsmöglichkeiten reduzieren das Leistungsversagen);
4. Öffnung der Schule zur authentischen Lebenswirklichkeit und zum Lebenszusammenhang der Lernenden mit dem Ziel intensiver Elternarbeit;
5. Sensibilisierung der pädagogisch Handelnden für die Entstehung von Lern- und Verhaltensproblemen durch Fortbildungen und pädagogisch-psychologische Beratungen.

Prävention bedeutet in bezug auf Aggression und Gewalt, sich der Auseinandersetzung mit Phänomenen der Gewalt aufklärend und selbstkritisch zu stellen. Schulen können zwar nicht alleine für die größtenteils gesellschaftlich produzierte Problemlage geradestehen, jedoch sollten Schulen vor Gewaltphänomenen nicht zurückschrecken oder gar resignieren.

3.10. Korrektive Intervention der Schule

Es ist nicht die Aufgabe der Schule die gesellschaftliche „Feuerwehr" zu spielen (Frech 1993, S. 59) und die Gewaltproblematik quasi „pädagogisch" zu lösen. Erschwert wird dies ebenso durch die Erosion politischer Autorität, die auch die Schule als staatliche Institution miterfaßt. Korte (1993) zeigt, daß sich die schulischen Ordnungsmaßnahmen nach § 90 SchG Baden-Württemberg eher zuungunsten des Geschädigten oder der Schule auswirken können, denn ein cleverer Schüler kann Straf-Maßnahmen häufig genug aushebeln. Ein Formfehler genügt, und die einer Aggression folgende Konsequenz ist aufgeschoben oder aufgehoben. Dies mag sicher der Rechtssicherheit der Schüler förderlich sein, dem pädagogischen Lerneffekt jedoch kann dies zuwiderhandeln. Ein raffinierter Schüler kann sich erfolgreich durchsetzen, während der Geschädigte und die Schule zusätzliche Arbeit übernehmen müssen. Ein Geschädigter muß sich oft selbst darum kümmern, daß sein Schaden ersetzt wird. Schule kann ihm hier kaum helfen.
Es zeigt sich, daß der Schule ständig neue Aufgaben zuwachsen. Dieselbe

Wirkung hat die Pluralität elterlicher Erziehungsvorstellungen, eine tragende Übereinstimmung zwischen Elternhaus und Schule ist nicht selbstverständlich und muß erst in intensiven Gesprächen hergestellt werden. Daß dies vor allem bei dieser Thematik nicht immer leicht ist, läßt doch das ‚St.-Florians-Prinzip' erkennen: Gewalt wird grundsätzlich verurteilt, nur das eigene Kind wird allzuleicht ausgenommen. Hier wird eine mögliche sanktionierende Reaktion, die ehedem vehement gefordert wurde, nun als zu hart abgelehnt. Korte (ebenda, S. 77 f.) sieht hierin eine „Scheu vor Sanktionen als Reflex gesellschaftlicher Tendenzen". Denn „(d)ie Macht des Lehrers wird verübelt, weil sie die wirkliche Macht nur parodiert, die bewundert wird" (Adorno 1979, S. 75). Hierein spielt die Furcht des Lehrers, als ‚autoritär' zu gelten (vgl. Fromm 1989a/NL 1, S. 42 ff.). Dennoch kann und muß sich die Schule „der Gewalt entgegenstellen: nicht mit Gewalt, aber entschieden und mit der Fähigkeit, Alternativen aufzuzeigen" (Willems 1993a, S. 26). Wegschauen und Ignorieren behebt die Problematik nicht, besänftigt höchstens das unangenehme Gefühl, ja doch hilflos und ohnmächtig zu sein. Ein Übermaß formaljuristischer Verwaltungsvorschriften kann hier das Gefühl von Resignation fördern. Von daher darf ausschließlich das Prinzip der „Wiedergutmachung" gelten, nicht das der Rache oder Abschreckung. Dies könnte einen Teufelskreis der Strafe, Frustration und Gewalt in Gang setzen und eskalieren lassen (vgl. Spreiter 1993, S. 62). Statt dessen muß durch eine Deeskalation der Ausstieg aus der Gewaltspirale gefunden werden, indem gewaltalternatives Verhalten gefördert wird und als Erfolg erfahren werden kann. Gerade Kindern muß zugebilligt werden, daß sie aufgrund ihrer Entwicklungsstufe eher spontane und instrumentelle Aggressionsformen realisieren als ‚destruktiv gewalttätige'. Von daher kann ein „positiver Kern", der des ‚Entzifferns' wert ist, angenommen werden, und es lohnt sich ein Gespräch, in dem Sensibilität für die hinter der Gewalt liegende Handlung zum Ausdruck kommt (vgl. Miller 1985). Im partiellen Perspektivenwechsel kann sich pädagogisch-therapeutisches Verstehen anbahnen, bei Verzicht auf ein moralisierendes, verkrampftes Verurteilen (vgl. Scarbath 1992, S. 103 ff.). Kern der korrektiven Intervention erscheint neben dem Prinzip der Wiedergutmachung der Gedanke zu sein, daß sich Gewalt nicht ‚lohnen' darf. Weder Erhöhung der Aufmerksamkeit von Lehrer- oder Schülerseite, noch materielle Verbesserung darf sich einstellen. Auch dem Gewaltopfer muß Gerechtigkeit widerfahren. Sander (1991, S. 14 ff.) fordert hier eine *klare* Regelung, die für Aggressoren klare Konsequenzen beinhaltet, die allerdings auch tatsächlich durchgeführt werden müssen, und ein möglichst frühes, kurzes, unauffälliges Sanktionieren. Nur so kann eine Eskalation vermieden werden.

3.11. Präventive Intervention der Schule

Wesentlich ist, daß die Schule die Initiative *wieder* zurückgewinnt, indem sie die ‚Herausforderung Gewalt' (Valtin/Portmann 1995; Riedl/Lauber o. J. [1998]; vgl. auch S. 142–167 in diesem Band) annimmt. Für Schüler ist es fatal, wenn sie die Schule als schwache Institution erleben, in der sich Gewalttätige erfolgreich durchsetzen können, und andererseits erleben müssen, daß sich (ausgebrannte) Lehrer durch verbale Asymmetrien eskalierend verhalten, kreative Impulse von Kindern bzw. Jugendlichen destruktiv abblocken oder durch willkürverdächtige Notenentscheidungen disziplinieren. Einhergehen muß damit ein neues Verständnis von Schule, ein paradigmatischer Wechsel, wie ihn Osswald fordert (1990, S. 14 ff.). Kreative und friedvolle Konfliktlösungsprozesse deeskalieren Spannungen und vermitteln das Gefühl wachsender Sozial-und Individualkompetenz (vgl. Singer 1993; Bugdahl 1995; Walker 1995).

Nicht eine stromlinienförmige Anpassungspädagogik im Sinne des Zeitgeistes, noch eine der Verweigerung kann veränderte Kindheit/Jugend und (erwachsene) Lehrer einander näher bringen, sondern nur der „unendliche" Dialog im Sinne Martin Bubers.

Aufgabe der Präventionspädagogik ist es, vorbeugend gegen Gewalt und Aggression zu erziehen, sowie Verhaltensstörungen zu minimalisieren. Denn es ist sehr viel leichter, erzieherisch von Anfang an möglichst viel richtig zu machen, als im Nachhinein verhaltensschwierige Jugendliche von ihrer Gewalttätigkeit abzubringen. Wichtig bei der Erziehung ist hierbei, daß Kinder von klein auf eine verläßliche Bindung zu einem Menschen haben, und diese Bezugsperson muß nicht notgedrungen immer die Mutter sein. Ebenso ist die Erziehung zur Selbstachtung und zu der Überzeugung, etwas Positives bewirken zu können, erforderlich. Für die Erwachsenen bedeutet Prävention Mut, Einfühlsamkeit und viel Arbeit.

Definiert man Gewalt als Protest gegen Langeweile, Vernachlässigung, Einsamkeit, Perspektivlosigkeit und fehlende Anerkennung, so scheint klar, welche Defizite Kinder heute erfahren: Neben valorisierenden Eltern, benötigen diese Kinder eine Politik, die erkennen läßt, welchen Stellenwert Kinder für die Zukunft der Gesellschaft einnehmen. Dann sind Lernziele wie Identität, Kritikfähigkeit, Sprach- und Gesprächskompetenz gesellschaftlich revitalisiert.

Ein Mangel an Identitätsfindung führt zwangsläufig zu einem Mangel an Selbstverwirklichung und zu Persönlichkeitskrisen, wie Minderwertigkeitskomplexen, Mitläufersyndrom, kriminellen Karrieren … Wichtiger als je zuvor ist für die Schule neben dem Aufbau von Ich-Identität die Stärkung des Selbstwertgefühls der Schüler. Denn häufig wird versucht, mangelndes Selbstwertgefühl auf Kosten Schwächerer zu stärken. Soziale Lern- und Erziehungsziele können nicht über den lehrerzentrierten Frontalunterricht erreicht werden. Es bedarf anderer Lernorganisationen und Unterrichtsmethoden: offener Unterricht, freie Unterrichtsgespräche, häufige Diskussionen, Gruppentische, Partner- oder Gruppenarbeit, Projektmethode ... (Wallrabenstein 1993; Meyer 1997). Ein aggressiv gestörter Schüler hat Sozialerfahrungen nötig (Riedl/Laubert o. J. [1998], S. 72). Es ist daher wichtig, ihn möglichst häufig in Gruppensituationen mit großer Interaktionsintensität einzubinden. Dabei lernt er, daß sein Verhalten Betroffenheit bei den Mitmenschen verursacht, da er ihre Gefühle, Handlungsspielräume, Interessen oder ihr psychophysisches Gleichgewicht verletzt. Ein präventiver Unterricht sieht den Schüler nicht nur als Lernobjekt, sondern als fragenden, hilfesuchenden, sich selbstverwirklichen wollenden Partner. Das beinhaltet, daß der Lehrende sich Zeit nimmt für Gespräche mit dem Lernenden bzw. mit dessen Eltern sowohl über Unterrichtsprobleme als auch über (biographische) Lebensprobleme.

Konkrete ***Präventionsarbeit*** zeigt sich in folgenden konkreten Projekten (vgl. Valtin/Portmann 1995, S. 86 ff.; FG Schulevaluation 1998, S. 239 ff.):

1. ***Schulsozialarbeit*** (vgl. Rademacher 1996, S. 216 ff.)

2. ***Wetzlarer Projekt*** (E&W, H. 10, 1996, S. 6 f.)
Dieses Projekt beinhaltet ein Gewalttelefon, das Schülern offensteht, ferner ein Bistro mit Radio für die Pausen, EDV-Unterricht, Schüler als Streitschlichter, die einen Vertrag mit den Streitparteien schließen, und auf das Kollegium bezogen die Schaffung eines pädagogischen Konsens' mit eindeutigen Sanktionen und Organisationsentwicklung.

3. ***Das Mindener Projekt*** (Bund für Soziale Verteidigung 1997)
Das Mindener Projekt steht für eine *kreative* Konfliktlösung (vgl. Bugdahl 1995) im kommunalen Zusammenhang. Dabei werden strukturelle und pädagogische Möglichkeiten zur Gewaltminderung aufgegriffen. Ziel ist es, den Kindern und Jugendlichen Handlungsmöglichkeiten bei der Konfliktbearbeitung zu vermitteln. Konflikte sollen bewußt beobachtet und eingeschätzt werden und daraus Alternativen für das eigene Verhalten in Konfliktsituationen gewonnen werden. Bei der Durchführung des Konzepts wird der Bezugsrahmen Schule bewußt erweitert und eine enge Zusammenarbeit mit anderen gesellschaftlichen Gruppen gefördert.

4. *Das Kriseninterventionsmodell bei aggressiven Schulklassen*

Das Interventionsmodell der Erziehungsberatung des Kantons Bern wurde von Guggenbühl entwickelt (vgl. 1995, S. 104ff.). Gedacht ist das Programm vor allem für die Primarstufe (zweite bis sechste Klasse). Doch auch für die Oberstufe oder die Mittelschule kann es in leicht abgeänderter Form Anwendung finden. Es setzt sich zusammen aus den sieben Schritten: Lehrergespräch, Schulbesuche, Elternabend, Mythodrama, Lehrerbegleitung, Schlußintervention und Abschlußabend. Die gesammelten Informationen werden als Grundlage in die genaue Planung der Arbeit mit der Klasse einbezogen; das Vorgehen richtet sich jeweils nach der Problemlage der Klasse und der Schule.

Kriseninterventionsmodell: Mythodrama (Guggenbühl 1995, S. 127–134)

Ein Beispiel für die konkrete Arbeit mit der Klasse ist das Mythodrama. Diese eigentliche Krisenintervention erstreckt sich über drei bis vier Nachmittage, die sich auf drei bis vier Wochen verteilen. In dieser Zeit arbeiten ein Hauptleiter und zwei Co-Leiter (Gruppentherapeuten) mit der Gesamtklasse, aber ohne Lehrer (Schüler sprechen so offener). Bei der ersten Versammlung stellt sich das Kriseninterventionsteam vor. Anschließend wird das Problem offen beim Namen genannt (teilweise auch mit einer negativen Attribuierung der gesamten Klasse) und das Ziel der Intervention („es soll besser werden") genannt. Um die soziale Wahrnehmung in der Klasse zu fördern, werden nun Einstimmungsübungen durchgeführt, die je nach dem Alter der Kinder unterschiedlicher Art sein können (z.B. Phantasie- und Verwandlungsspiele, Kommunikation mit zwei Händen ... Das Gruppenerlebnis, die Kommunikation innerhalb der Klasse und die Zuwendung der Aufmerksamkeit auf andere Kinder stehen dabei im Vordergrund. Danach folgt das eigentliche Mythodrama, worauf die Schüler durch autogenes Training oder andere Entspannungstechniken vorbereitet werden. Haben sich die Kinder entspannt, beginnt der Kriseninterventionsleiter eine Geschichte, ein Märchen oder einen Mythos auswendig vorzutragen; teilweise wird der Vortrag von Musik untermalt. Die Geschichten werden unter dem Aspekt ausgewählt, welche Probleme und Schwierigkeiten in der Klasse auftreten, dürfen aber das Problem nicht zu deutlich und direkt widerspiegeln. Sie sollen neugierig machen, zum Denken anregen und pädagogische Botschaften beinhalten, aber nicht moralisierend wirken. Themen für solche Geschichten sind: Angstüberwindung, Mißbrauch, Angst vor dem Mächtigen, Konfrontation mit dem Schrecklichen, Feigheit ... Die erzählten Geschichten müssen von schrecklicher und nicht von friedlicher Natur sein, weil Geschichten mit moralischen Botschaften unbeliebt sind und innerlichen Widerstand her-

vorrufen. Der Grund dafür liegt in den Gegensatzspannungen der menschlichen Psyche: Die seelischen Prozesse spielen sich in einer Gegensatzspannung ab. Sobald ein Pol zu stark betont wird, steigt die Attraktivität des entgegengesetzten Pols. Somit bauen auf der einen Seite Kinder, wenn sie von guten Taten berichtet bekommen, das Gegenteil auf; auf der anderen Seite konstellieren sie gute Taten, wenn die Geschichten Horror und Schrecken beinhalten, denn das Böse hat seinen Platz in der Geschichte gefunden. Es wurde über die Geschichte in die Schule hineingebracht und muß somit nicht mehr in dieser inszeniert werden. Aufgrund dieser Tatsache ist es für die beteiligten Schüler leichter, selbst über den ihnen widerfahrenen Horror und den damit verbundenen Ängsten zu sprechen. Im Gegensatz zu Gewaltfilmen besteht bei den Geschichten für die Schüler die Möglichkeit, sich ihre eigenen Phantasien und Bilder über den Horror zu machen und sich auf diese Art und Weise mit dem Schrecklichen auseinanderzusetzen. Teilweise werden die Geschichten nicht zu Ende erzählt, sondern die Kinder sollen sich einen Schluß ausdenken. Im Anschluß an die Geschichte folgt die Verarbeitung in Form von Malen, Gruppengesprächen über den Ausgang der Geschichte und anschließendes Vorspielen, musikalische Darbietung, Spontantheater … Den Schülern wird dadurch die Möglichkeit gegeben, ihre Ängste darzustellen und zu verarbeiten. Es ist zu beobachten, daß die Gewaltvorkommnisse in der ersten Kriseninterventionssitzung externalisiert werden (Schuld sind die anderen). Den eigenen Anteil an diesem Problem sehen die Schüler erst in einer der späteren Sitzungen.
An die Bearbeitungsphase knüpft ein Rundgespräch an, in welchem sich die Schüler über sich selbst und die eigene Klasse äußern sollen. Es soll erreicht werden – auch wenn dies nur zögerlich gelingt – daß die Kinder ihre Anliegen, Sorgen und Ängste in der großen Gruppe vortragen. Ideen werden entwickelt und konkrete Änderungen beschlossen, wie beispielsweise Gewaltvorkommnisse in der Klasse verhindert werden können. Das gemeinsame Vorgehen führt dazu, daß selbst zurückhaltende und problemlose Kinder bei der Konfiktbewältigung mitmachen. Es soll das Gefühl entstehen, „daß man kollektiv etwas unternehmen muß, damit es besser wird" (Guggenbühl 1995, S. 134). Auch mögliche Sanktionen, die der Lehrer bei Nichteinhaltung der aufgestellten Regeln zu verhängen hat, werden besprochen. Über die beschlossenen Maßnahmen informieren die Schüler ihren Lehrer selbst (wobei dieser von seinem Vetorecht Gebrauch machen kann). Ein mündlicher Vertrag als Basis für die weitere Zusammenarbeit wird zwischen dem Lehrer und der Klasse vereinbart. Durch die Maßnahmen sollen Änderungen im Sozialverhalten bewirkt und Rituale gegen die Gewalt eingeführt werden. Die Ursachen von Gewalt

und Aggression sind zwar damit nicht beseitigt, jedoch verfügt die Klasse nun über ‚Gegenkräfte'.

5. ***Geschichten helfen gegen die zunehmende Gewaltbereitschaft*** (vgl. Sanders 1994; Stuttgarter Zeitung vom 5. 12. 1995)
Nach Meinung des Amerikaners Barry Sanders geht Gewalt heute vor allem vom Fernsehen und von den elektronischen Medien aus. Kinder werden mit diesen schon von klein auf konfrontiert. Die Entwicklung von Kreativität und Phantasie erhält keine Chance, was im Laufe des Lebens zu Hoffnungslosigkeit, Zukunftsangst und Verzweiflung führen kann. Dagegen wird – so Sanders – die Entwicklung des Menschen durch Hören, Sprechen, Geschichtenerzählen und dem gegenseitigen Austausch von Erfahrungen positiv beeinflußt. Deswegen ist es wichtig, daß Schülern die Möglichkeit gegeben wird, sich Geschichten anzuhören, selbst solche zu erfinden und diese dann zu erzählen. Die Erfahrung, daß auch sie eine Stimme haben und ihnen Zuwendung entgegengebracht wird, steigert das Selbstwertgefühl des Kindes, denn „jeder möchte ein Zeichen setzen", einen „Ein-Druck" hinterlassen (Sanders 1994, S. 223). Wer über ein gutes Selbstwertgefühl verfügt, bedarf zur Durchsetzung eines Zieles keiner Gewalt, denn es ist dann nicht nötig, die Leere, die durch ein fehlendes Selbst entstanden ist, durch Stärkedemonstrationen zu kompensieren (vgl. ebenda S. 237 f.).

6. ***‚Konzept für kreativen Umgang der Kinder mit Konflikten'*** (vgl. Prutzman/Stern/Burger/Bodenhamer 1996)
Das von den Quäkern entwickelte „CCRC-Program – Children's Creative Response to Conflict" (Konzept für kreativen Umgang der Kinder mit Konflikten [KUK-Konzept]) hat sich zur Aufgabe gesetzt, das Verhalten der Kinder in Konfliktsituationen grundlegend zu verändern. Das gemeinsame Lösen von Problemen ist Kernpunkt des Programms. Übungen zur Kooperation und zur Gruppenbildung (kooperatives Zeichnen, Basteln, Theaterspielen, Buchstabieren, Maschinen bauen, der Austausch von Gedanken, Eindrücken und Gefühlen ...) sollen dazu den nötigen Gemeinschaftssinn entwickeln helfen. Kommunikation, gegenseitige Unterstützung und die Entwicklung einer Atmosphäre von Sicherheit werden gefördert. Zudem erkennen die Kinder, daß sie ihre Gefühle offen mitteilen können. Somit ist eine gute Basis geschaffen, um *gemeinsam* Konflikte *kreativ* zu lösen. Konflikte werden bei diesem Konzept nicht eliminiert, sondern die Kinder werden befähigt, mit *diesen* Konflikten in kreativer Weise umzugehen. Wie ein solcher Umgang mit Gewalt, Aggression und Konflikten aussehen kann, muß ihnen zunächst gezeigt

werden. Außerdem sollen die Kinder selbst den Umgang mit diesen üben und erkennen, daß Konflikte nicht zwangsläufig mit Sieg oder Niederlage enden müssen (vgl. Gordon 1977). Oftmals kann es gelingen, eine Lösung zu finden, bei der beide Seiten gewinnen. Der Einsatz von Puppen- und Rollenspiel, aber auch von Sketchen, sowie das Erstellen von Konfliktvideos, das Einbringen von Übungen zur schnellen Entscheidungsfindung, das Lesen von Konfliktgeschichten, das Erfinden von problemorientierten Märchen, das Diskutieren ... stellen dabei Aktivitäten zur Findung von Lösungsstrategien dar. Das Arbeiten mit dem Konzept für kreativen Umgang der Kinder mit Konflikten, welches in den USA zu einem festen Bestandteil in immer mehr Schulen geworden ist, hat auch bereits Einzug in Deutschland gefunden, und auch hier wurden bereits signifikante Erfahrungen gemacht. „Die Verhaltensmodifikation als eine Unterform der Verhaltenstherapie strebt eine Verhaltensänderung im pädagogischen und psychologischen (...) Bereich an" (Steigerwald 1995, S. 40). Der Begriff Verhaltenstherapie umfaßt dabei alle therapeutischen Techniken, die unter Einbezug der Lernpsychologie psychische Störungen erklären und ändern wollen.
Verhaltenstherapie und Verhaltensmodifikation unterscheiden sich nicht in ihren Methoden, sondern in ihrem Anwendungsbereich. Die Verhaltensmodifikation bezieht sich auch auf Anwendungen verhaltens*ändernder* Techniken im nicht-klinischen Bereich, wie etwa im Erziehungssektor, und kann somit in der Schule eingesetzt werden. In der Schulpraxis werden zum Zwecke der positiven Verstärkung häufig ***Kontingenzverträge*** abgeschlossen, sowie ***Tokensysteme*** (Münzverstärkersysteme) mit den Schülern ausgearbeitet.
Ein *Kontingenzvertrag* stellt eine Abmachung zwischen dem Erzieher (Lehrer) und dem Zögling (Schüler) über bestimmte Verhaltensweisen und deren Konsequenzen dar. Ein solcher Vertrag sollte schriftlich niedergelegt werden und für beide Seiten verbindlich sein. Inhaltlich ist in diesem ganz konkret festgelegt, was vom Kind/Jugendlichen an Verhalten erwartet wird (Zielangabe) und was es als Belohnung erhält (Angabe des Verstärkers bzw. der Verhaltenskonsequenz). Vor allem in problemträchtigen, verfahrenen Lehrer-Schüler-Beziehungen empfiehlt sich der Abschluß solcher Kontingenzverträge.
Token stellen Eintauschverstärker wie beispielsweise Chips, Punkte, Sternchen dar, die an sich objektiv wert*los*, allerdings subjektiv wert*voll* sind. Wenn ein Kind ein vom Lehrer erwünschtes Verhalten zeigt, wird es nach bestimmten Regeln mit einem Token belohnt. Die Tokens können bei einer bestimmten Anzahl schließlich gegen einen wertvollen Verstärker eingetauscht werden.

Vorteile des Tokensystems:
- es kann in allen Bereichen eingesetzt werden (Leistung, Sozialverhalten, Aufmerksamkeit);
- Verstärkung kann individuell zugeordnet werden;
- Eltern und Fachlehrer können einbezogen werden;
- rasche Fortschritte wegen kontinuierlicher Verstärkung;
- System ist unabhängig vom Verhältnis zwischen Lehrer und Schüler;
- keine Sättigung wegen Vielfalt von Eintauschverstärkern (mit den Eltern sollte abgesprochen werden, daß sie die Tokens eintauschen oder die Eintauschverstärker stellen);
- fördert Verhaltenskontrolle durch die Schüler selbst.

Nachteile und *kritische Anfragen* des Tokensystems:
- Abhängigkeit von Belohnung;
- ersetzt kreative Unterrichtsplanung;
- mechanischer Charakter;
- das Tokensystem zerstört durch seine extrinsische die intrisische Motivation (Kinder lernen und machen etwas nicht von sich aus, sondern nur um der Belohnung willen).

7. *Mediation/Streitschlichtung* (vgl. b&w 1999)
Wörtlich übersetzt bedeutet Mediation Vermittlung. Gemeint ist die Vermittlung in Streitfällen durch unparteiische Dritte, die von allen Seiten akzeptiert werden. Die vermittelnden MediatorInnen helfen den Streitenden, eine einvernehmliche Lösung ihrer Probleme zu finden. Aufgabe der MediatorInnen ist es nicht, einen Schiedsspruch oder ein Urteil zu fällen. Vielmehr liegt es an den Konfliktparteien selbst, eine ihren Interessen entsprechende Problemlösung zu erarbeiten. Alle sollen durch die Übereinkunft ‚gewinnen'. Untersuchungen zeigen, daß bei den Betroffenen eine *hohe* Bereitschaft besteht, an solchen Schlichtungsprozessen mitzuwirken. Zu einer großen Teilnahmebereitschaft kommt eine signifikante Erfolgsquote hinzu (vgl. Lindenmann 1996; Redlich 1997, S. 8 ff.).
Eine konstruktive Mediation unterscheidet im Konflikt zwischen der Person und der strittigen Sache. Die verschiedenen Kommunikationsebenen (Inhalt, Beziehung, Appell, Selbstdarstellung) werden beachtet und im Sinne einer ‚Winwin-Lösung' miteinander verknüpft (vgl. b&w 1999, S. 19). Der unparteiische Mediator ist Helfer (Facilitator) bei einer fairen und für beide Seiten akzeptablen Lösung.

8. *Schikanieren/Mobbing/Bullying*
Schikanieren definiert Schäfer (1996, S. 700): „Schikanieren ist ein Phäno-

men, das in sozialen Gruppen vor allem dann vorkommt, wenn klare hierarchische Strukturen und Kontrolle in eingeschränkter Form zusammentreffen. Dabei bezeichnet es den systematischen und wiederholten Mißbrauch physischer oder psychischer Positionsmacht."
Mobbing, Bullying sind die meist verbreiteten Gewaltphänomene in der Schule. Diese Begriffe sind austauschbar und meinen: psychische Gewalt, die von einem oder häufig mehreren Kindern oder Jugendlichen gegen ein anderes Kind oder einen Jugendlichen, und zwar immer denselben oder dieselbe, wiederholt und über einen längeren Zeitraum ausgeübt wird. Die Bullies stellen eine dauerhafte Täter-Opfer-Beziehung her, in der sie immer die Stärkeren sind, und der die Opfer absolut unfreiwillig angehören. Die Gewalt wurde von den Unterlegenen nicht provoziert. Ein deutliches Machtgefälle ist kennzeichnend für das Schikanieren/Mobbing/Bullying. Niemals handelt es sich um Konflikte zwischen ungefähr Gleichmächtigen, ebenso um kein Abreagieren aktueller Frustrationen. Schikanieren/Mobbing/Bullying spielt sich meistens nicht in der Öffentlichkeit ab. Zu den Handlungen, die für gewalttätige Auseinandersetzungen zwischen Kindern und Jugendlichen typisch sind, kommen beim Schikanieren/Mobbing/Bullying noch Handlungen sozialer Gewalt hinzu: aus Gruppen ausschließen, in Gruppen isolieren, verleumden, Gerüchte in Umlauf setzen, Freunde abspenstig machen, letzteres vorwiegend unter Mädchen.

Wer schikaniert?
Von Kindern, die andere schikanieren, weiß man, daß sie ihre Umwelt tendenziell nach Gewinnern und Verlierern einteilen, sich selbst eher den Gewinnern zurechnen und sich entsprechend solidarisieren. Dieses Profil konnte durch die Ergebnisse der Münchener Untersuchung (vgl. Schäfer 1996, S. 700 f.) bestätigt werden. Die sozialen Wahrnehmungsfähigkeiten sowie subjektiven Handlungsoptionen sind bei diesen Kindern in der Regel schlecht differenziert. Die derart eingeschränkte soziale Kompetenz reduziert die Fähigkeit der Perspektivübernahme und hat zur Folge, daß Schüler, die schikanieren, eine mangelhafte Vorstellung davon haben, welche Wirkung ihr Schikanieren hat. Als Langzeitfolge fortwährenden Schikanierens anderer berichtet Olweus (1996), daß diese Kinder später deutlich häufiger (35–40% vs. 10%) als andere Altersgenossen drei oder mehr Vorstrafen erhielten. Die besagte Münchner Untersuchung konnte zeigen, daß das Schikanieren im Klassenverband mit dem Alter für Mädchen und Jungen zunimmt, daß aber Mädchen insgesamt weniger als Jungen schikanieren und daß dieses Verhalten bei Mädchen in geringerem Ausmaß zunimmt als bei Jungen. Eindeutig gilt also: je mehr Schüler schikanieren, um so weniger Mitgefühl zeigen sie (vgl. Schäfer 1996, S. 707). Im Alter von 7 Jahren und von

13 bis 14 Jahren wird am häufigsten schikaniert. Es besteht die reale Gefahr, daß diese Handlungsweise als eine schnelle und effektive Art, etwas zu erreichen, hoffähig wird, was für Schüler, die schikaniert werden und Schüler, die schikanieren, gleichermaßen schädliche Entwicklungskonsequenzen haben kann.

Wie wirkt Schikane?
Da Bullies ihr Umfeld in Gewinner und Verlierer einteilen, gehören diejenigen, die unpopulär, zu ‚nett' und langweilig sind und/oder angeben zu den ‚Verlierern'. Auch das Nicht-mitmachen-wollen, das Nicht-zu-sich-selbst-stehen-können, klüger sein als andere, behindert sein, anders aussehen und physisch schwach sein sind weitere Aspekte, die zu dieser Verhaltensweise reizen. Von Kindern, die schikaniert werden, weiß man, daß sie sich sehr einsam fühlen und über ihre negativen Erlebnisse selten zu Hause, mit Lehrern oder anderen Altersgenossen sprechen. Die Münchener Untersuchung (vgl. ebenda, S. 700f.) hat dieses Bild ebenfalls bestätigt. Bei Schülern, die schikaniert werden, erfolgt zumeist eine Attribution der negativen Erlebnisse und Erfahrungen auf die eigene Person, und daraus resultiert ein zunehmender Schaden für das Selbstwertgefühl der Kinder.
In Fällen von *Mobbing* sind Ansprechpartner sehr wichtig. Die Position des Ansprechpartners können neben den Eltern aber auch Freunde oder Vertrauenslehrer einnehmen. Wenn ein Gespräch für einen Betroffenen nicht möglich ist, kann das die psychischen Probleme und die Schäden im Selbstwertgefühl steigern. In der Schule kann sich das mit Konzentrationsschwäche, Leistungsverfall, der mit Lernschwierigkeiten verbunden ist, äußern, physisch mit Magen- und Kopfschmerzen, Schlafstörungen, Alpträume und Angstzuständen.
Über Langzeitfolgen des Schikaniertwerdens in der Schule wird von Olweus (1996) eindrücklich berichtet. So erschwert sich z. B. aufgrund des verminderten Selbstwertgefühls die Aufnahme von Beziehungen noch im Erwachsenenalter, weil Nähe und Vertrauen mit größeren Schwierigkeiten aufgebaut werden können. Trotz aller Skepsis und Vorsicht gegenüber typisierenden Zusammenfassungen lassen sich folgende *Merkmale* festhalten:

Opfer	Bully
Persönlichkeitsmerkmale	
– ängstlich, ungeschickt, hat oft Minderwertigkeitsgefühle (‚defätistisches Selbstkonzept'), wirkt/ist physisch schwach – ist gern daheim, zieht sich gern zurück – scheu, ungesellig, reagiert bei Attacken mit Schreien – kommuniziert ineffektiv	– aggressiv/dominant gegenüber Eltern, Lehrern, Geschwistern, Peers – glaubt an seine Stärke – unabhängig, hält sich für populärer als das Opfer – glaubt das Opfer verdient die Strafe – wenig Scham oder Schuldgefühle – geringe Empathie, rationalisiert stark
Schulmerkmale	
– positive Einstellung zur Schule – durchschnittliche intellektuelle Fähigkeiten – wenig Freundschaften, unterdurchschnittlich populär	– wenig positive Einstellung zu Schule, Arbeit, Lehrer – unterdurchschnittliche, mit dem Alter abnehmende Popularität (außer in seiner „Gang") – durchschnittliche Fähigkeiten – schlechte Schulleistungen
Familienmerkmale	
– überbehütet, enge Beziehungen zur Familie – aber viel mehr Familienprobleme als unauffällige Schüler	– wenig Aufsicht, wenig positiv-emotionale Beziehung zwischen Eltern und „Bully" – inkonsistente Kontrolle und inkonsequente Disziplinierung: vernachlässigend bis hart strafend – chaotische Familienverhältnisse, viel mehr Familienprobleme als unauffällige Schüler
Körpermerkmale	
– klein, schwach, unfähig sich zu wehren – wenig Energie, jünger und kleiner als „Bullies" – unterdurchschnittlich attraktiv	– groß, stark und robust, guter Sportler – energisch und aktiv, geringe Schmerzsensibilität – älter und stärker als die Opfer, durchschnittlich attraktiv

(vgl. Riedl/Laubert o. J. [1998], S. 25 f.; FG Schulevaluation 1998, S. 130 ff.)

Viele Tiefenpsychologen wie z. B. Virginia Satir (1993) sind davon überzeugt, daß ein mangelndes Selbstwertgefühl auch eine Ursache sein kann zum Mobber/Bully zu werden. Das Gefühl, etwas wert zu sein, ist erlernt, und zwar in der Familie. Jedes Kind muß aufgrund der anthropologischen Situation und der daraus resultierenden Selbstunerfahrenheit Orientierung über sich und mit sich selbst gewinnen; es ist daher auf das Feedback angewiesen, das es hinsichtlich seines Selbst-Wertes von der Umwelt bekommt. Sind diese Rückmeldungen positiv, entwickelt das Kind ein hohes Selbstwertgefühl; sind sie negativ, entstehen Minderwertigkeitsgefühle, die ein Leben lang kompensiert werden müssen (vgl. A. Adler). In den ersten 5–6 Lebensjahren wird das Selbstwertgefühl des Kindes fast ausschließlich von seiner Familie bestimmt. Je nachdem, wie stark dieses Selbstwertgefühl entwickelt werden konnte, wird das Kind später Fehlschläge in der Schule und Auseinandersetzungen mit Gleichaltrigen gut aushalten (vgl. Cloer 1995, S. 88). Kinder mit geringem oder sogar gebrochenem Selbstwertgefühl mögen zwar durchaus ‚Erfolg' haben (z. B. gute Noten) – dennoch verlieren sie nie Zweifel an ihrem Selbstwertgefühl. Selbstwertgefühl, das positive Gefühl und die Vorstellung von sich, etwas wert zu sein, kann sich nur in einer Atmosphäre entwickeln, in welcher individuelle Verschiedenheit wertgeschätzt wird, wo Fehler pädagogisch toleriert werden, wo die familiale Kommunikation emotional offen und authentisch verläuft, wo es flexible Regeln und Grenzen gibt, eben in einer ‚nährenden', wachstumsfördernden Familie. Da aber das Gefühl des Wertseins oder Nichtwertseins sozialisatorisch erlernt ist, kann es auch wieder verlernt bzw. neu erlernt werden (vgl. Riedl/Laubert o. J. [1998], S. 22 f.).

Was tun gegen Schikanieren?

Es gibt unterschiedliche und erfolgreiche Wege, gegen Schikanieren im Klassenverband aktiv zu werden. Unerläßlich ist die erklärte Einigkeit von Schülern, Lehrern und Eltern, daß Schikanieren eine absolut unerwünschte Verhaltensform ist, die an der Schule unter keinen Umständen geduldet werden soll. Einverständnis darüber schafft für Schüler die Basis, aufmerksam zu beobachten, wo Schikanen ablaufen und sie aufdecken zu können, ohne Repressalien oder Imageverlust befürchten zu müssen. Es ermutigt die Schüler, die schikaniert werden, über ihre Probleme sprechen zu können, und erleichtert eine bessere Integration in den Klassenverband. Die Schüler, die schikanieren, erleben Grenzen, indem die stillschweigende Akzeptanz ihres Verhaltens eindeutig verweigert wird. Das verhindert systematischen Machtmißbrauch zugunsten einer Stärkung ihrer Position in der Gruppe. Zugleich kann dieses Infragestellen ihres Selbstverständnisses innerhalb der Guppe die negativen Wertmaßstäbe ins Wanken bringen.

Die eindeutig negative Bewertung des Schikanierens innerhalb des sozialen Kontexts bietet zumindest Ansätze, die Wirkungen und Folgen dieses Handelns als nicht gewollt, ja sogar als sanktioniert zu begreifen, und als unsozial zu verstehen (vgl. Kraak 1997, S.71 ff.; Olweus 1996; Schäfer 1996, S. 700–710).

Möglichkeiten gegen Mobbing

Die Vielschichtigkeit der Ursachen von schikanösen Handlungsmustern erfordert von den pädagogisch Verantwortlichen eine übergreifende Zusammenarbeit auf verschiedenen Ebenen wie beispielsweise Eltern – Lehrer – Schüler. Dabei sollen die vorhandenen Ressourcen optimal ausgeschöpft sowie die einzelnen Maßnahmen wirkungsvoll aufeinander abgestimmt werden. Einzelne Taten sind häufig das Resultat von einer Vorgeschichte, die sich meist über einen langen Zeitraum hin anstauen und sich dann in einer Tat entladen. Deshalb ist es sehr wichtig, nicht nur eine Tat an sich zu betrachten und aufzuarbeiten, sondern es muß auch das soziale Umfeld in Betracht gezogen werden. Das kann die Klasse sein oder die gesamte Schule. Auch die Mitschüler und Lehrer spielen eine große Rolle. Dennoch ist es für die Schule unmöglich, alle Ursachen aus dem ganzen Komplex zu erfassen und Abhilfe zu schaffen. Denn wichtige Elemente liegen außerhalb des Schulbereichs z. B. Elternhaus, Medien, Peer Groups und mangelnde Zukunftsperspektiven.

Elemente einer schikanefreien Schule:

- Basis sollte zunächst ein aggressionsfreier Umgang in der Schule und auf dem Schulweg sein. Bei der Erarbeitung und Durchführung von Maßnahmen sollten die Schüler intensiv mitbeteiligt werden.
- Es muß auf jeden Fall gehandelt werden:
  - um zu erforschen, ob und welche Formen von Schikane/Mobbing/Bullying es in der eigenen Schule gibt,
  - weil Bedrohungen, Erpressungen ... ‚unsichtbar' sind,
  - weil den geprügelten und schikanierten Kindern tatsächlich geholfen werden muß.
- Da die erpreßten, geprügelten Kinder meist die Schwächeren sind, sollte als eigenes Lernziel in die Unterrichtsplanung aufgenommen werden, daß ‚schwächer' hier nicht nur körperlich, sondern ebenso psychisch und sozial gemeint ist.

Für eine *konstruktive Intervention* kann eine Art Handlungsroutine hilfreich sein, die wesentliche Prinzipien und Schritte für gewaltmindernde Maßnahmen enthält:

Situationsauffassung und -bewertung: Dazu gehören die Affektkontrolle (hier sollte das Verhalten des Lehrers so wenig wie möglich von eigenen Affekten und Emotionen geleitet sein) und die Allparteilichkeit (es müssen alle, die an der Gewaltaktion beteiligt waren, angesprochen und in die Problemlösung miteinbezogen werden; es darf keine vorschnelle Opfer-Täter-Zuschreibung erfolgen – hier ergeben sich Ähnlichkeiten zur Mediation).

Gewalt unterbinden: Es muß als erstes eine Beendung von Gewalthandlungen erfolgen (Lehrer, die gewalttätiges Verhalten gegen Personen oder Sachen beobachten, sollen durch ihr Eingreifen sofort klare Grenzen setzen). Als nächstes Prinzip muß die Deeskalation erfolgen, um alternative Handlungsmöglichkeiten offenzuhalten (der Lehrer sollte sich in seiner Empörung über das Verhalten von Schülern nicht vorschnell zu Drohungen oder Ankündigungen von Strafmaßnahmen hinreißen lassen, denn diese könnten sich später bei genauerer Beobachtung des Konflikts als unangemessen oder unhaltbar erweisen).

Festlegung der nächsten Handlungsschritte: Hier sind sowohl der Handlungsaufschub (der Lehrer sollte Abstand gewinnen von den vorhandenen Emotionen und in Ruhe darüber nachdenken, welche weiteren Schritte jetzt zu unternehmen sind) als auch die alternative Konfliktbewältigung zu nennen (den Beteiligten und Beobachtern wird durch das Eingreifen des Lehrers deutlich, daß dieser nicht nur diese gewaltsame Art der Konfliktlösung mißbilligt; der Lehrer zeigt ihnen auch – durch Wort und Tat – sein Bestreben, alternative Formen der Konfliktbewältigung zu entwerfen und einzuführen).

Weitere Schritte könnten sein: Erweiterung der Informationsbasis, Zielbestimmung, Planung und Realisierung der Maßnahmen, Verlaufs- und Erfolgskontrolle.

Prävention:

Die Prävention von Mobbing-Gewalt hat das Ziel, langfristig durch Beeinflussung von Einstellungs- und Verhaltensstrukturen die Voraussetzung dafür zu schaffen, daß es nicht zu gewalttätigen Verhalten kommt. In Anlehnung an die Begriffsbestimmungen der WHO werden drei Ebenen der Prävention unterschieden:

1. Primärprävention:

Die Primärprävention setzt sich als Ziel, durch psychologische und pädagogische Maßnahmen ein Einstellungs- und Verhaltensrepertoire aufzubauen, das sich an einer gewaltfreien Konfliktlösung orientiert. Hierunter sind all die Konzepte zu subsumieren, die auf Konfliktlösung ohne Nieder-

lage, auf Entwicklung einer Streitkultur, auf bewußte Kontrolle aggressiver Affekte, auf die Entwicklung prosozialer Normen des Zusammenlebens zielen. Der Grundsatz einer konstruktiven Streitkultur lautet: Konflikte zwischen Einzelnen und Gruppen sind Normalität. Sie sind die natürliche, ja notwendige Folge eines lebendigen menschlichen Zusammenlebens. Das Problem ist weniger, ob es Konflikte gibt, sondern *wie* sie ausgetragen werden, d. h. wie die Konfliktpartner miteinander streiten: besonnen-kooperativ oder gewalttätig. Ohne Auseinandersetzung und Konfliktlösung kann menschliches Leben in Gesellschaft nicht gelingen. Das Gewaltproblem wird nicht gelindert durch Ächtung oder gar Tabuisierung des Streitens, sondern dadurch, daß viele Menschen die Kultur des Streitens erlernen. Wenn Menschen richtig streiten können, brauchen sie nicht gewalttätig zu werden.
Bei der Entwicklung einer Streitkultur lassen sich drei *Problemebenen* unterscheiden:

- Streiten-Können setzt eine Reihe von Fertigkeiten voraus. Ob jemand eine Motivation in aggressives oder anderes Verhalten umsetzt, hängt durchaus davon ab, welches Verhalten er gut kann und nicht kann: z. B. Prügeln, Brüllen, Spotten oder Argumentieren, Abwarten, Lösungen ausdenken. Es geht hier also um körperliche, sprachliche und denkerische Möglichkeiten und Gewohnheiten.
- Richtiges Streiten erfordert von allen Beteiligten entsprechende Grundhaltungen: Geduld, Gelassenheit, Empathie, Sachlichkeit, Entschiedenheit. Diese lassen sich nur sehr langsam entwickeln. Richtiges Streiten kann man nicht ‚eben mal schnell' auswendig lernen wie Jahreszahlen im Geschichtsunterricht oder üben wie das Malnehmen im Mathematikunterricht.
- Schließlich ist auch der Kontext von Bedeutung, in welchem sich die Entwicklung einer Streitkultur vollzieht: lebensgeschichtliche Hintergründe des Lerners, Standard seiner Peer Group, Ausbildung und Kompetenz der Lehrenden, Werte und Normen der näheren und weiteren gesellschaftlichen Umgebung.

2. Sekundärprävention:
Sie konzentriert sich auf Risikogruppen und Risikosituationen, wenn es bereits zu Gewalttaten gekommen ist, oder auf einzelne Schüler, die sich in einer akuten Konflikt- und Krisensituation befinden: Diese fallen durch Leistungsversagen auf, prügeln sich häufig mit Mitschülern …

3. Tertiärprävention:
Sie richtet sich auf Täter und Opfer, die in konkrete Gewaltereignisse ver-

wickelt waren. Bei diesen ist zwar der Fall juristisch zum Abschluß gebracht, es ist aber eine pädagogische Nachsorge erforderlich (z. B. Täter-Opfer-Ausgleich), damit Spätfolgen und das Entstehen neuer Gewalttaten vermieden werden. Wesentliche Ziele sind hier Aufbau und Stärkung von Selbstregulations- und Eigengestaltungskräften.

Möglichkeiten innerhalb der Schule (vgl. Olweus 1996)

Zur *Gestaltung des Unterrichts* gehört:
- Eine feste Bezugsperson der einzelnen Klassen.
- Lehrer sollten Bescheid wissen über die gesellschaftlichen Veränderungen (was ist los mit der Familie, mit den Kindern, mit den Medien, mit der Kriminalität, mit der Wirtschaft ...).
- Die konkreten Lebensbedingungen der Kinder müssen bekannt sein.
- Gesprächsbereitschaft und Konfliktfähigkeit sollen weiterentwickelt und umgesetzt werden können (der Lehrer muß auf Eltern und Kinder zugehen, Konflikte zulassen, um sie aufzulösen ...).
- Sensibilität und Einfühlungsvermögen ermöglichen erst den hilfreichen Umgang mit Kindern und Eltern.
- Verantwortung jedes einzelnen Lehrers einer Schule für die Verwirklichung der gemeinsamen Erziehungsziele (Klassen- oder Fachlehrer, Schulleiter oder Referendar – jeder muß sich im pädagogischen Konsens wiederfinden und ihn gestalten können ...).
- Erziehung geht vor – Störungen haben Vorrang (nicht aufgegriffene oder nicht bearbeitete Konflikte verhindern unterrichtlichen Erfolg, sie sorgen für Druck, der selbst Auslöser für Gewalthandeln werden kann).
- Erfahrungsaustausch mit Kollegen im Sinne und in den Strukturen von Supervision (Selbstoffenbarung, Beobachtung und Beratung, Einsicht- und Erfahrungzuwachs durch vertrauensrechtfertigende Begegnungsformen ...).
- Begegnungen und Gespräche mit Eltern individualisieren (nicht nur Elternabende, sondern auch Einzelgespräche).
- Es müssen im Unterricht Gelegenheiten geschaffen werden, Mobbing mit den Schülern zu diskutieren und in Rollenspielen zu üben, wie sie Mobber begegnen können. Auf ähnliche Weise sollten Mobber in Situationen versetzt werden, in denen sie die Sichtweise des Opfers kennenlernen.
- Die Opfer von Mobbing benötigen die Möglichkeit, ihr Selbstbewußtsein wieder aufzubauen. Sie sollten mit Aktivitäten beschäftigt werden, die ihre Sozialkompetenz fördern. Sie brauchen auch die Hilfe ihrer Eltern und ihrer Lehrer, um die Gefühle der Schuld und Minderwertigkeit auf-

zuarbeiten. Ebenso benötigen Eltern Rat, wie sie ihrem Kind helfen können.
- Die Mobber benötigen ebenfalls Hilfe. Sie müssen lernen, ihre Bedürfnisse kooperativ (prosozial) zu lösen, statt durch Drohung und Gewalt. Die Eltern dieser Kinder können in Diskussionen darüber einbezogen werden, was sie dazu beitragen können, das Verhalten ihres Kindes so zu beeinflussen, daß es mit den Wertvorstellungen der Schule in Einklang steht.
- Lehrer und Schüler sollten gemeinsam Ideen entwickeln, wie aggressionsloses – also prosoziales – Verhalten belohnt werden kann.

9. *Konfliktbewältigung ohne Niederlagen: Gordon-Training*
Bei dieser Methode schließen sich die am Konflikt beteiligten Personen zusammen und versuchen, eine für alle Teile akzeptable Lösung zu finden, bei der keiner unterliegt.

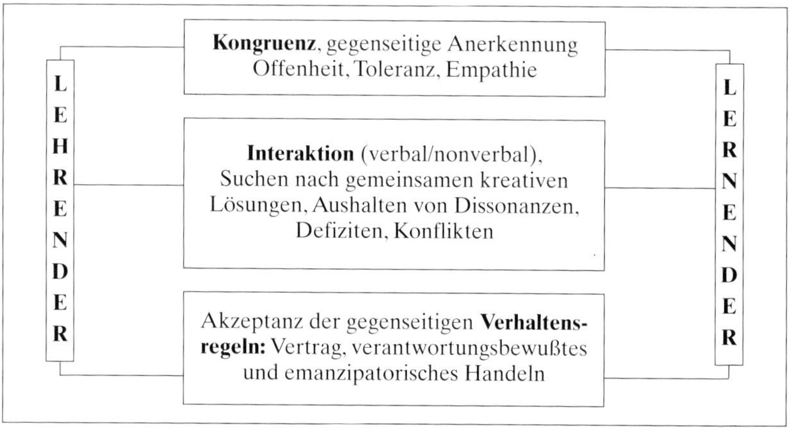

Lösungen zur Konfliktbewältigung: Kongruenz – Interaktion – Verhaltensregeln

Voraussetzung:
- Fähigkeit des *aktiven Zuhörens* (d. h. Schüler sprechen lassen und nicht unterbrechen, höchstens zustimmende Bemerkungen), um die Schüler zu ermutigen, über ihre momentanen Bedürfnisse zu sprechen. Die Schüler müssen verstehen, daß sie akzeptiert und verstanden werden.
- Lehrer müssen durch *Ich-Botschaften* ihre eigenen Bedürfnisse offen darlegen, damit der Schüler weiß, was den Lehrer belastet. Der Lehrer sollte den Schüler nicht tadeln oder erniedrigen.
- Der Lehrer sollte dem Schüler die drei Konflikt-Löse-Methoden erklären (vgl. Gordon 1977), wobei Anklänge an die Mediation deutlich werden.

10. *Kommunikations-Training* (vgl. Klippert 1996; Miller 1996)
Folgende *fünf Stufen* bieten sich an:

1. Nachdenken über Kommunikation: Propädeutische Übungen.
2. Übungen zur Förderung des freien Sprechens und Erzählens.
3. Miteinander reden: Das kleine 1 × 1 der Gesprächsführung.
4. Überzeugend argumentieren und vortragen: Rhetorische Übungen.
5. Komplexere Kommunikations- und Interaktionsspiele.

11. *Konstanzer Trainingsmodell (KTM)* (vgl. Tennstädt u. a. 1987)
Das Konstanzer Trainigsmodell als Modell für ein Verhaltenstraining, insbesondere von Beratungslehrern (vgl. Miller 1989, S. 230 ff.; FG Schulevaluation 1998, S. 241), unterscheidet vier Phasen einer Lehrerhandlung, denen verschiedene ***Trainingselemente*** zugeordnet sind:

- *Situationsauffassung*: Wie erkenne ich Aggression, was passiert?
- Veränderung der *Wahrnehmungsstrategien*: Wann und woran erkenne ich eine Aggression/Störung?
- Veränderung der *Erklärungsmuster*: Wie erkläre ich mir die Ursachen von Störungen und Aggressionen?
- Veränderung der *Kategorien für aggressives Schülerverhalten*.
- Veränderung der *Zielsetzungen*.
- Veränderung der *Zuordnungsstrategien* von Zielen zu Situationskategorien: Verfolge ich bei unterschiedlichem Schülerverhalten unterschiedliche Ziele?

12. *Kooperative Verhaltensmodifikation (KVM)*
Die klassische Verhaltensmodifikation beruht auf der Veränderung des Einzelnen. Im Rahmen der kooperativen Verhaltensmodifikation sollen dagegen ungünstige Interaktionsmuster innerhalb einer Gruppe (z. B. einer Schulklasse) verbessert werden. Daraus ergeben sich drei Säulen, auf denen das Modell der kooperativen Verhaltensmodifikation beruht. Redlich/Schley unterscheiden *drei Hauptphasen*, die sich bei jeder Problemlösung abzeichnen:

1. Kooperative Diagnose des sozialen Verhaltens:
- In einer ersten Besprechung wird versucht, das Problem einzukreisen. Die Bedürfnisse von Schülern und Lehrern werden erkundet. Hierzu kann ein vom Lehrer gestalteter detaillierter Schülerfragebogen eine wesentliche Hilfe darstellen. Dieser wird von den Schülern anonym ausgefüllt.
- Welche Ziele haben die Konfliktpartner?
- Das Problem wird genau definiert. Wessen Problem ist es?

– Vermutungen über Ursachen werden geäußert.
– Die gemeinsame Suche nach Lösungsmöglichkeiten beginnt.

2. *Die Planung der Intervention, der Konfliktlösung*:
– Sie erfolgt, nachdem eine Einigung über Lösungsmöglichkeiten erzielt und eine für beide Seiten annehmbare Lösung gefunden wurde.
– Festlegung über das Wie der Lösungsmöglichkeit und die einzelnen Etappen.
– Technik der positiven Verstärkung. Dabei geht man davon aus, daß menschlisches Verhalten zum größten Teil gelernt bzw. auch wieder verlernt werden kann. Belohnung von erwünschtem Verhalten soll diesen Effekt verstärken.

3. *Durchführung des Interventionsplanes, der Konfliktlösungsstrategie:*
– In einzelnen Phasen, die jeweils einzeln kontrolliert werden können, wird der Plan durchgeführt.
– Hierzu muß eine exakte Bestimmung des beobachtbaren Verhaltens beider Kooperationspartner festgelegt werden. Eine ‚Vertragsregelung' kann die Realisierung fördern und für beide Seiten objektivieren.
– Eine gemeinsame Erfolgskontrolle durch Beobachtung, Pinnwand ... sollte das Projekt abschließen (oder modifizieren, falls Schwierigkeiten auftauchen).
– Wichtig ist die kognitive Selbstbewertung/Selbstverstärkung, die zu Verhaltensänderungen führen kann, d. h. die Belohnung wird in die zu verändernde Person selbst verlegt. Ein Mensch, der sich selbst instruiert und bei Erfolg loben kann, verstärkt sich selbst. Diese Selbstbestärkung kann ihn von äußeren Reizen unabhängig machen. So wird der Mensch selbstsicherer an ein sich selbst gestelltes Ziel herangehen und vertraut nicht auf äußere Faktoren wie zum Beispiel den Zufall (vgl. Lindner 1986, S. 28–38; Redlich/Schley 1981).

13. *Aggressionstraining*

Für (individuelle) Problemfälle sollte die Möglichkeit individueller oder sozialer Förderung intensiviert werden (Nolting 1992; Petermann/Petermann 1991; 1993; FG Schuleevaluation 1998, S. 243). Hier läßt sich gezielt das *Selbstwertgefühl* stabilisieren, kann sich exaktere Selbst- und Fremdwahrnehmung entwickeln und lassen sich gewalt-alternative Konfliktregulierungsmechanismen trainieren.
Ziele und Vorgehensweisen des Trainings für aggressive Kinder (Petermann/Petermann 1993):

Ziele	Vorgehen
1. Motorische Ruhe und Entspannung	⇒ Bildgetragene Kurzentspannung
2. Differenzierte Fremd- und Selbstwahrnehmung	⇒ Videofilme mit Konfliktsituationen, Wahrnehmungsspiele, Problemlöse-Spiele, Selbstbeobachtungsbögen
3. Angemessene Selbstbehauptung	⇒ Strukturierte Rollenspiele
4. Kooperation und Hilfeverhalten	⇒ Strukturierte Rollenspiele
5. Handlungssteuerung	⇒ Selbstinstruktionsverfahren zur Handlungs- und Impulskontrolle
6. Positives Einfühlungsvermögen	⇒ Strukturierte Rollenspiele

Präventiv gegen Aggression und Gewalt an Schulen vorzugehen, heißt in erster Linie, daß der Gewaltbereitschaft von Anfang an vorgebeugt wird.

14. *Konkrete Maßnahmen gegen Gewalt*

1. Kleinere Regelverstöße und Provokationen deeskalierend ignorieren, um dem Aggressor nicht unnötige Aufmerksamkeit zukommen zu lassen.
2. Im Keim ersticken (nonverbal).
3. Stoppen und Abbrechen (verbal).
4. Sachliche Kritik und Entzug von Vergünstigungen.
5. Keine eigenen aggressiven und undisziplinierten Verhaltensweisen zeigen, d. h. sich selbst als positives Verhaltensmodell präsentieren.
6. Vermeiden unklaren Unterrichtsablaufs, -stils.
7. Abstimmung der sozialen Ordnung im Klassenzimmer auf die momentane Unterrichtsform.
8. In Kommunikation mit Schülern eine akzeptierende Grundhaltung zum Ausdruck bringen.
9. Vermeiden aggressiver Hinweisreize im Klassenzimmer, in den Unterrichtsmaterialien.
10. Als Lehrender die Aufmerksamkeit der Klasse als Gesamtgruppe finden und binden (Gruppenfokus).
11. In Kommunikation mit Schülern versuchen, schulische und persönliche Konflikte und Probleme kooperativ zu lösen.
12. Für Sachmotivation sorgen und lernbezogene Abwechslung (Rhythmisierung) in den Unterricht einbauen, z. B. Lernsituationen übersichtlich und klar gestalten (Valtin 1995, S. 19).
13. In Kommunikation mit Schülern Humor zeigen.
14. Einfühlung in Situation und Probleme von Schülern vermitteln.

15. Störungen und Aggressionen ‚entdramatisieren‘ und deeskalieren. *Deeskalation:*
   - Sich einmischen: das Gegenteil von Wegsehen und Weggehen.
   - Personale Konfrontation. „Schluß, hier wird nicht geprügelt“ wird eher verstanden als sanfte Ermahnungen.
   - Kontrahenten trennen.
   - Sofort eindeutige Grenzen setzen.
   - Personale Wertung: „Hier läuft das nicht.“ „Mit mir läuft das nicht.“
   - Art der Gewalt einschätzen. Bei ängstlich-depressiver Gewalt auf Stärken aufmerksam machen, d. h. ermutigen. Bei draufgängerisch-chaotischer Gewalt begrenzen, d. h. Folgen und Konsequenzen des gewalttätigen Verhaltens aufzeigen.
   - Nicht ‚entwischen‘ lassen. Gewalttäter, die sich nicht mit den Folgen ihres Tuns auseinandersetzen wollen, konfrontieren, d. h. als konkrete Person verantwortlich machen.
   - Ernst nehmen, nicht beschönigen.
   - Spiegeln: das eigene Handeln muß Konsequenzen haben.
   - Über die Gewalttat hinaus begleiten, d. h. bewältigen, nicht nur unterdrücken.
16. In Kommunikation mit Schülern eigene Bedürfnisse und Gefühle akzeptieren und sprachlich zum Ausdruck bringen.
17. Den Aufbau persönlicher und sozialer Beziehungen zu den Schülern anbahnen bzw. intensivieren.
18. In Konfliktsituationen Schuldzuschreibungen und Verurteilungen (Du bist .../Du hast ...) möglichst vermeiden und den Eigenanteil am Konflikt als je eigene Verantwortung (Ich ...) bewußtmachen.
19. Aktuelle Konflikte durch Rollen- und Interaktionsspiele *spielend* bearbeiten.
20. Positive und damit gewaltalternative Verhaltensmuster im Sozialverhalten bestärken.
21. Als Lehrer selbst angemessen kommunizieren und versuchen, sich in Konfliksituationen kooperativ zu verhalten und dies bewußt den Schülern positiv zu verdeutlichen.
22. Gemeinsame Regeln für das Verhalten im Unterricht und in der Pause vereinbaren und für die Einhaltung gemeinsam zu sorgen.
23. Ganzheitliche Intentionen im Unterricht realisieren: ‚Kopf, Herz und Hand‘ im Sinne von Leib, Seele, Geist integrieren.
24. Konflikgespräche führen.
25. Möglichkeiten für Spiel/Kreativität und Entspannung/Ruhe einplanen.
26. Klare *Konfliktlösungsschritte* einhalten.
   - Konflikt unterbrechen (Time out)

- Überblick über Situation verschaffen
- Opferhilfe leisten
- Signal an Täter-Begrenzung
- Unterstützung holen
- Zuschauer wegschicken / mit Betroffenem weggehen
- Konfliktpartner beruhigen, durch Gefühlsausdruck, emotionalen Über-Druck abfließen lassen.
- Konflikt aufarbeiten / Konfliktgespräch führen
- Konsequenzen ziehen: Wiedergutmachung

27. Beim Zusammentreffen mit ‚Aggressionsgruppen' sind zu empfehlen: Defensivstrategien, denn Aggressionsgruppen sind auf „Sieg programmiert", sie greifen nur an, wenn sie überlegen sind, das Opfer in der Minderzahl oder körperlich unterlegen ist. Wenn also Flucht nicht möglich ist, hilft nur Deeskalation, die Situation mit „Kopf und Mund" entschärfen. Gleichzeitig kann auch „richtiges Helfen" angemessen sein, d. h. potentielle Helfer konkret ansprechen, so weist man ihnen ein Gesicht und Verantwortung zu. Wegschauen wird so erschwert: „Sie mit dem braunen Mantel!", „Du mit dem roten Pullover!", „Sie mit dem blauen Rock, holen Sie bitte den Hausmeister!"... So kann weitere Hilfe organisiert werden, die dem Opfer mehr Sicherheit und Unterstützung sichert und weitere Aggressionen blockiert (12 Fragen zur Gruppengewalt. Der Polizeipräsident von Berlin 1993, in: Ich, H. 3, 1995).

15. *Anti-Gewalt-Interaktions-Rollenspiele*

Rollenspiele werden in allen Erziehungsinstitutionen eingesetzt. Es wird immer häufiger als sinnvolles Lernverfahren anerkannt. Im Rollenspiel wird die Wirklichkeit nicht *re*konstruiert, sondern modellhaft *neu*konstruiert. Durch die Loslösung von der Realität können Spielleiter und Spieler eine neue Wirklichkeit schaffen, in der Raum, Zeit, Objekte und Personen nach den Bedürfnissen der Spielenden neu entworfen werden; die Spielwirklichkeit läßt sich gestalten. Die Loslösung von der Realität verschafft dem Spielenden einen Freiraum, den er innerhalb seiner Lebenswirklichkeit nicht antrifft. In der Spielwelt bleibt sein Handeln ohne Konsequenzen und Sanktionen, die seine reale Lebenswelt beeinflußen könnten. Hierdurch entsteht ein großes Maß an Freiraum. Es können Verhaltensweisen erprobt, neue Kräfte entdeckt werden, der Spieler soll mit sich selbst und mit anderen im sanktionsfreien Raum experimentieren. Rollenspiel ist als konstruierte Wirklichkeit veränderbar, wiederholbar und für den Spieler leicht durchschaubar, da er ja die Bedingungen für das Spielereignis selbst stellt. „Der Form nach betrachtet, kann man das Spiel also zusammenfassend eine freie Handlung nennen, die als ‚nicht so gemeint' und außerhalb

des gewöhnlichen Lebens stehend, empfunden wird und trotzdem den Spieler völlig in Beschlag nehmen kann, an die kein materielles Interesse geknüpft ist und mit der kein Nutzen erworben wird, die sich innerhalb einer eigens bestimmten Zeit und eines eigens bestimmten Raums vollzieht, die nach bestimmten Regeln ordnungsgemäß verläuft und Gemeinschaftsbande ins Leben ruft, die ihrerseits sich gern mit einem Geheimnis umgeben oder durch Verkleidung als anders als die gewöhnliche Welt herausheben" (Huizinga 1958, S. 20).
Für die pädagogische Praxis lassen sich in Anlehnung an Petermann/Petermann (1993) die konfliktuös-aggressiven Verhaltensformen (verkürzt) reduzieren auf folgende zwei *Motivstränge*: erstens egoistisches Durchsetzen und zweitens angstmotivierte Aggression.
Daraus lassen sich Tendenzen pädagogisch-therapeutischer Arbeit ableiten, d. h. der Aufbau folgender Kompetenzen:

- Selbstkontrolle/Selbsterfahrung/Einfühlen in andere,
- Selbstbewußtsein/Selbstbehauptung/Ich-Stärke.

Es geht hier darum, sowohl Selbstbewußtsein, -erfahrung, -wert und Begrenzung des anderen mit Selbstkontrolle, -begrenzung und alternative Konfliktlösungsmodelle *empathisch* zu erfahren, sie miteinander zu kombinieren. Die Erfahrung der eigenen aggressiven Potentiale steht also komplementär zum Konflikttraining und zur Fähigkeit, die eigenen Bedürfnisse und Interessen zu artikulieren: „Wutmeditation" (nach Herkert 1995, S. 48) – Einmischspiel – Vertrauenskreis und Außenseiter, vgl. insbesondere Walkers Kapitel zur „Konfliktaustragung" bzw. „-regelung" (1995, S. 128–154). Als mögliche Beispiele aus der Vielzahl Walkers Interaktions-/Rollenspiele seien genannt: „Wer bin ich?" (ebenda, S. 63); „Meine Fähigkeiten" (ebenda, S. 64 ff.); „Konflikte mit mir selbst" (ebenda, S. 131); „Konfliktbild" (ebenda); „Wut im Bauch" (ebenda, S. 135 f.); „Wie tragen wir Konflikte aus?" (ebenda, S. 138 f.); „Wir streiten uns" (ebenda, S. 137 f.), eine Fundgrube zur Entwicklung neuer kreativer Verhaltensspiele. Sinnvollerweise sollte in jedem Falle nach Abschluß der Spielphase über konkrete Maßnahmen gegen Gewalt gesprochen werden. Den Diskussionsleiter können die Schüler auch aus ihrem Kreis wählen.

Spiele gegen Gewalt

Einmischspiel:

Es steht Gustav Heinemanns Metapher von der Hand im Vordergrund: Die Hand, mit der ich auf andere zeige, weist mit drei Fingern auf mich selbst zurück.
Vor dem Plenum wird eine alltägliche Szene als (lebendes) Standbild auf-

gebaut. Das Einmischspiel bildet eine Situation ab, in der nicht nur aktive Gewalttäter, sondern auch die Zuschauer in Szene gesetzt werden. Das soziologische Experiment wird so schnell zur Selbsterfahrung und verlangt, daß die Spieler, zeigen sie mit dem Finger auf andere, im Sinne Heinemanns mit drei Fingern auch auf sich zeigen.

Handlung I:
Im Treppenhaus eines großen Mietshauses, wo eine gemischt nationale Mieterschaft lebt, meist anonym, treffen mehrere Mitbewohner aufeinander. Da tritt Elisabeth F. (29 J.), verheiratet mit einem Griechen (Polen, Russen ...), mit ihrem kleinen Sohn Wilhelm Dimitrios (5 J.), aus dem 14. Stockwerk mit dem Fahrstuhl kommend, hinzu. Nach der Einstimmung und Einteilung der Rollen durch den Spielleiter (er übernimmt die Rolle von Hausmeister Tom Krause, 55 J.) verstellt Tom Krause Elisabeth den Weg und pöbelt bzw. greift sie an.

Auswertung:
Reaktion der Mitbewohner?
Welche Personen waren aktiver oder passiver Zuschauer? Begründungen?
Welche Personen haben den Hausmeister aktiv oder passiv unterstützt? Begründungen?
In welcher Gefühlssituation befand sich die junge Mutter Elisabeth mit ihrem Kind?

Handlung II:
Vor dem Plenum wird eine alltägliche Verkehrsszene als (lebendes) Standbild aufgebaut. In einem fast leeren Bus bzw. einer S-Bahn fährt spät am Abend ein Busfahrer mit zwei farbigen bzw. alten bzw. behinderten bzw. homosexuellen Fahrgästen (Zärtlichenkeiten austauschendem Liebespärchen). Zwei sich lautstark zuprostende Jugendliche mit Bomberjacken, Springerstiefeln und Glatze steigen mit ihnen ein. Kaum sitzen sie, beginnen die zwei Jugendlichen die drei Bänke vor Ihnen sitzenden anderen Passagiere anzupöbeln und anzurempeln.

Auswertung:
Reaktion der Beteiligten?
Wer hat in welcher Art Partei ergriffen?
Wer hat für beide Fahrgäste Partei ergriffen? Welche Ängste, Befürchtungen kamen hoch?
Wer war passiver Zuschauer? Warum? Mit welchen Gefühlen?
Wer hat den Jugendlichen in welcher Form zugestimmt? Aus welchen Gründen geschah dies?
Wie haben sich die zwei Attackierten gefühlt?

Fähigkeitsmodell – Selbst-Symbol (nach Marsal 1997, S. 63 f.):

Einige Jugendliche (Jungen) artikulieren ihre Probleme, irgendein Symbol für sich zu finden. Sie schreiben daraufhin ihren Namen in die Mitte eines großen Papers, um diesen Namen skizzieren sie ihre Fähigkeiten. Der Name steht nun stellvertretend für das ‚Ich', das positiv in das Zentrum der Aufmerksamkeit, der Wahrnehmung einfließt. Nach den tiefenpsychologischen Schulen hat gerade das ‚Symbol' für junge Menschen eine gravierende Bedeutung im ‚Umgang mit sich selbst'.

„Konfliktarten

Spielidee: Die Jugendlichen kategorisieren ihre Konflikte.

Vorbereitung: Denken Sie sich eigene Beispiele für Konfliktkategorien aus.

Erzählen Sie der Klasse, daß es verschiedene Arten von Konflikten gibt. Man kann Konflikte besser verstehen und lösen, wenn man sie einordnen kann.

Fragen Sie, wer schon mal einen nützlichen Konflikt erlebt hat, einen Konflikt der eine positive Veränderung bewirkt hat. Was hast du aus diesem Konflikt gelernt? Wie lief der Konflikt ab? Fragen Sie die Jugendlichen, welche überflüssigen Konflikte sie kennen, die fast nie zu einer positiven Veränderung führen. Welche überflüssigen Konflikte habt ihr in der Klasse? Wie laufen diese Konflikte ab? Warum kommen sie immer wieder vor? Was müßte passieren, um das zu ändern? Fragen Sie nach Beispielen für einfache und schwierige gewalttätige und gewaltfreie, lösbare und unlösbare Konflikte. Fragen Sie die Jugendlichen, ob sie noch weitere Konflikte kennen. Hilft es, den Konflikt zu lösen, wenn man ihn einordnen kann?

Abgewandelt nach einer Idee von Kreidler, 1984, S. 55" (Walker 1995, S. 138, Unterstreichung i. Orig. halbfett).

„Konfliktpuzzle mit Eseln *(30 Min.)*

Material: eine DIN-A 5-Kopie des Eselbildes ... [S. 129], ein DIN-A 4-Blatt und Kleber für jeden Schüler

Vorbereitung: jede Kopie des Eselbildes in Teile zerschneiden (jede Konfliktphase ist ein Teil), durcheinandermischen und in einen Umschlag tun

Voraussetzung für diese Übung ist, daß die Klasse das Eselbild noch nicht kennt. Jeder erhält einen Umschlag mit dem zerschnittenen Bild. Die Aufgabe ist, innerhalb von etwa 10 Minuten das Bild so zusammenzustellen, daß eine Geschichte erzählt wird. Anschließend stellen die einzelnen ihre Bilder vor und erzählen die Geschichten dazu.

Erfahrungen: Die Legebilder konnten ganz unterschiedliche Geschichten erzählen, auf die wir als Erwachsene nie gekommen wären" (Walker 1995, S. 143, Unterstreichung i. Orig. halbfett).

Kurzfassung:
Die letzten zwei Bilder weglassen und die Schüler selbst einen Schluß finden lassen.

Alternative 1:
Geschichte zum Eselbild schreiben (große Kopie).

Alternative 2:
Die beiden Esel mit Namen versehen, danach die Klasse nach dem „Eselschema" einen Alltagskonflikt beschreiben lassen (vgl. ebenda, S. 144 f.).

Eselbild (Quelle: Walker 1995, S. 23; vgl auch: Riedl/Laubert o. J. [1998], S. 92; P wie Politik. Band 10, 1995, S. 12; S. 192 in diesem Band).

Rollenspiel: Wer hat die Meinungsführung in der Clique?

Die Rollenspiele können in folgender Weise durchgeführt werden. Vier bis sechs Jugendliche vertreten den *Mehrheitsstandpunkt.* Ein bis zwei Jugendliche führen eine Gegenargumentation. Eine kleine Beobachtungsgruppe (2–3 Jugendliche) geben nach dem Rollenspiel ihre Eindrücke wieder und regen somit das Gespräch über das Gespielte an. Folgende *Konfliktsituationen* lassen sich durchspielen. Bei den folgenden Übungen ist es wichtig, daß die Jugendlichen nicht nur über Konflikte sprechen, sondern sie immer wieder *vorspielen*. Wenn Erwachsene ihnen Konflikte zwischen Jugendlichen vorspielen, können sie ihr eigenes Verhalten aus einer neuen Perspektive wahrnehmen. Die Jugendlichen reflektieren über ihre eigenen Erfahrungen mit Konflikten und lernen, Konfliktverläufe wahrzunehmen.

- Die Clique der Bahnhofstraße beschließt, daß alle das gleiche Outfit tragen, damit man sich von den anderen unterscheidet: Bomberjacke, Docs, kurze Haare.
- Die Eagles planen, eine Gruppe ausländischer Jugendlicher aus dem Bereich des Schulhofes zu vertreiben – notfalls mit Hilfe der Baseballschläger. Dieser Schulhof gilt als Treffpunkt der Jugendlichen aus dem ganzen Viertel und wurde von der Stadtverwaltung extra als Begegnungsstätte geöffnet.
- Eine Clique klaut häufiger CDs. Jeder Neuankömmling muß als ‚Mutprobe' ein paar CDs ‚organisieren'. Jens will als Neuer mitmachen.
- Die Lions wollen nach einer ausgiebigen Geburtagsfete die ‚Spießer' im Jugendzentrum mal ordentlich ‚aufmischen'. Hannes ist, obwohl er bei den Lions mitmacht, auch gerne im Jugendzentrum zum Klönen und Tischtennis spielen, außerdem gefällt ihm Tina von der Video-AG des Jugendzentrums (vgl. Bundeszentrale für politische Bildung 1996, S. 5).

„Streitreihen: Wir streiten uns *(20 Min.)*

Spielidee: Verschiedene Rollen beim Streit ausprobieren

Vorbereitung: Situationen für Streitereien überlegen

Bei dieser Übung stellt sich die Klasse in Kleingruppen auf, die sich in zwei Reihen gegenüberstehen. Die Jugendlichen, die einander direkt gegenüberstehen, arbeiten zusammen. Wenn jemand keine Partnerin hat, muß er beobachten.

Erklären Sie den genauen Verlauf der Übung: Die zwei Partner werden sich miteinander streiten, und zwar über ein Problem, das ich euch vorgebe. Alle Schülerinnen einer Reihe spielen gleichzeitig die gleiche Rolle, aber jede nur mit ihrer Partnerin. Wichtig ist, daß ihr auf euren Plätzen bleibt und nicht durch den Raum geht; auch dürft ihr euch nicht weh tun, sondern ihr streitet vor allem mit Worten.

Ich werde die Situation schildern. Dann habt ihr eine halbe Minute Zeit, um euch in die Rolle hineinzudenken. Wenn ich ,Los!' sage, spielt ihr. Nach ein bis zwei Minuten werde ich ,Stop!' sagen, dann hört ihr auf zu spielen. Achtet darauf, was euer Körper ausdrückt. Fragen Sie nach, ob alle Kinder verstanden haben, wie die Übung geht. Dann können Sie die erste Situation mit direkten Anweisungen vorgeben (s. Vorschläge unten).

Brechen Sie die Übung nach zwei Minuten ab. Sagen Sie den Jugendlichen, sie sollen darauf achten, was ihr Körper ausdrückt. Dann tauschen sie die Rollen und spielen die gleiche Situation wieder durch, wieder auf Anweisung. Nach dem zweiten Durchgang werten Sie die Übung im Stehen mit der Klasse aus. Fragen Sie: Wie ging es euch, als ihr die verschiedenen Rollen gespielt habt? Welche Rolle war euch vertrauter? In welcher Rolle habt ihr euch stärker gefühlt? Dann spielen Sie die zweite Situation auf die gleiche Weise zweimal durch und werten sie aus.

Variation: Statt zwei Reihen zu bilden, bildet die Klasse einen inneren und einen äußeren Kreis mit gleich vielen Schülern. Jeder im inneren Kreis hat eine Partnerin im äußeren Kreis.

Erfahrungen: Bei dieser Übung wird es sehr laut. Die Jugendlichen haben wenig Hemmungen, ihre Rollen zu spielen, weil die anderen so mit sich beschäftigt sind, daß niemand außer der eigenen Partnerin zuschaut.

Mögliche Situationen für Streitreihen: (Eine Reihe ist A, die andere B)

Streit in der Klasse: Die Deutschlehrerin kommt in die Klasse und verteilt Arbeiten von letzter Woche, die ziemlich schlecht ausgefallen sind. A: Du beschwerst dich laut, weil du eine Fünf bekommen hast, und fängst an, die Lehrerin zu beschimpfen. B: Du bist die Lehrerin, die sich sowieso über die schlechten Arbeiten ärgert, und jetzt ganz besonders über diese freche Schülerin.

Streit auf dem Pausenhof: A: Du verkaufst Kuchen und Getränke während der Pause. B: Du willst etwas essen und trinken und nimmst dir einfach etwas, ohne zu bezahlen" (Walker 1995, S. 137 f., Unterstreichung i. Orig. halbfett).

„Wut im Bauch *(30 Min.)*

Spielidee: Die Jugendlichen überlegen, wie sie Konflikte provozieren, wenn sie ihre Wut an Unbeteiligten ablassen.

Im ersten Teil der Übung fragen Sie die Klasse: Wer hat manchmal Wut im Bauch? Was macht ihr, wenn ihr wütend seid? Greifen Sie einige Beispiele auf, bei denen die Jugendlichen ihre Wut an anderen, nicht Betroffenen rauslassen. Fragen Sie, warum sie das tun und ob sie ihr Problem damit lösen. Versuchen Sie gemeinsam mit der Gruppe herauszuarbeiten, daß man sich neue Probleme schafft, wenn man seine Wut an Unbeteiligten ausläßt. Sammeln Sie Beispiele, die dies zeigen.

Im zweiten Teil der Übung fordern Sie die Jugendlichen auf, alle gleichzeitig einen wütenden Satz zu schreien. Manchmal hat man Wut im Bauch und muß sie irgendwie zurückhalten. Wie macht ihr das? Überlegen Sie gemeinsam konstruktive Möglichkeiten.

Erfahrungen: Es ist wichtig, bei Konflikten und Konfliktgesprächen immer wieder auf diese Übungen zurückzukommen" (Walker 1995, S. 135 f., Unterstreichung i. Orig. halbfett).

Wutmeditation (nach Herkert 1995, S. 48)

Zuerst einmal ist es wichtig, sich zu entspannen und einen inneren Ruhepol zu suchen und zu finden. Als nächster Schritt beginnt man bei den Jugendlichen mit einer Konzentrationsübung, z. B. das Lenken der Aufmerksamkeit auf einen bestimmten Gegenstand seiner Umgebung, hier ein Kissen. Auf diesen Gegenstand sollen im gedanklichen Brainstorming 90 Sekunden lang alle Zerstörungswut, Angriffsgelüste und Konflikte sowie Wutausbrüche fokussiert werden: erlaubt sind: zuschlagen, zusammentreten, einboxen, trommeln …

Der Lehrer im Streß

Durch dieses Planspiel sollen die Spieler in eine extreme Konfliktsituation gestellt werden. Es muß sich durch diese Simulation trotz Spielcharakters ein ‚ersthafter' Streßfaktor initialisieren.

Spieler:
Klassenlehrer (L) – Rektor (R) – Vertrauenslehrer (V) – Schüler Mehmet (M) und Pjotr (P) – Schulklasse 8 c
Die Klasse 8 c gilt allgemein bei allen Lehrern als Problemklasse; auch L und V haben öfters nach Ursachen dieser Stigmatisierung gesucht und M und P als Hauptakteure dieser gewaltbereiten Klasse zur Rede gestellt. Das

Lehrer-Schüler-Verhältnis der Klasse zu ihrem Klassenlehrer L eskaliert inzwischen derart, daß die Schüler keine Möglichkeiten auslassen, L zu provozieren und ‚fertigzumachen'. L, der sich um eine Konrektorstelle an der eigenen Schule beworben hat, ist bei seinem Rektor wohl fachlich anerkannt, allerdings pädagogisch durch seine ‚Kuschelpädagogik' nicht ernstgenommen, was seine Psychohygiene nicht gerade fördert.
In der Pause prügeln sich gerade M und P im Klassenzimmer, obwohl der L noch nicht die Klasse verlassen hat. L steht vor der Aufgabe, wegzusehen oder zu schlichten. Er entschließt sich, beide Schüler nach dem Grunde ihres Handelns zu fragen, erhält aber keine Antwort, sondern nur ein Grinsen. Daraufhin befragt L die Klasse, die sich mehrheitlich auf die Seite von M geschlagen hat. Was auch immer L an Schritten unternehmen wird, er muß mit einer abweisenden Kommentierung und Grölen der sog. ‚Unterlegenen' rechnen. L steht vor dem Problem, daß er seine Auffassung von ‚Gerechtigkeit' nicht durchsetzen kann, obwohl er jeden Tag ernsthaft mit dem Vorsatz in die Schule kommt, sein Verhältnis zu ‚seiner' Klasse zu verbessern.
In seiner Ratlosigkeit allein gelassen, macht L einen ziemlich hilflosen Eindruck als V mit R das Klassenzimmer betreten, alarmiert von Schülern, die den Lärm in der Klasse 8c dem Rektor melden.
P, aus Kasachstan kommend, hat von seinen Eltern die Maxime mitbekommen, daß man sich in der neuen Heimat wehren muß, wenn andere eine beleidigende Handlung begehen.
M ist das jüngste Kind von vier Brüdern und sieht von ihnen, daß sie auf die Deutschen schimpfen wegen ihrer Ausländerfeindlichkeit. Auch er lernt, daß man sich wehren muß.
Nach dem Motto „Man schlägt den Sack und meint den Esel" provoziert die Klasse ihren Lehrer L. Das Grölen und das Aufmuntern zum Weiterschlagen der beiden Kontrahenten gilt im Sinne der Stellvertreterfunktion eigentlich ihrem Lehrer, den sie für einen Waschlappen halten, „weil er sich nicht durchsetzen kann".
Als R und V die Klasse betreten, gehen die beiden Kampfhähne auseinander. Auf Befragen von R antworten sie, daß sie sich doch gar nicht geschlagen haben, sondern sie haben nur „gespielt". Schließlich könnten sie doch nichts dafür, daß L sie dauernd falsch interpretiere. Und solch ein Lehrer könne doch wohl unmöglich Konrektor werden. Sie hätten lieber V als Klassenlehrer und Konrektor.

Möglicher Spielverlauf:

Variante I:
L kommt nach der großen Pause wiederum ins Klassenzimmer. Die Klasse tobt wieder. M und P brüllen sich erneut an.

L fragt wiederum nach der Ursache des Lärms, aber keiner der Schüler hört auf ihn. L wirkt sehr gestreßt.
V und R betreten die Klasse. L verliert beim Ansehen von R die Nerven und brüllt jetzt los, ob sie ihn fertigmachen wollen, während V die Schüler um Verstand und Vernunft bittet, der Rektor darauf verweist, daß bei dieser lärmenden Horde die Nachbarklassen im Unterricht gestört würden.

Variante II:
V und R gehen sofort auf L zu und kritisieren die chaotische Situation in der Klasse, wobei sie L für diese Situation verantwortlich machen und seine pädagogischen Fähigkeiten in Frage stellen.

Variante III:
V und R unterstützen L, gehen auf die streitenden M und P zu, bringen beide auseinander und stellen sie zur Rede, wobei R den Versuch unternimmt, durch aktives Zuhören die Situation zu deeskalieren, während V seine Betroffenheit signalisiert, um dadurch eine emotionale Basis für ein gegenseitiges Vertrauensverhältnis aufzubauen.

4. Schlußbemerkung

Die Notwendigkeit von Problemlösungsstrategien und Entlastungsmöglichkeiten im Lehrberuf hat einen klaren und deutlichen Stellenwert. Vorliegende Entspannungsmöglichkeiten und Trainingsmodelle sollen einen gravierenden Beitrag hierzu leisten. Zu ergänzen bliebe noch, daß der Abbau von Vorurteilen in all diesen o. g. Bereichen notwendig ist und bleibt. So kann z. B. Beratung an der Schule eine wertvolle Hilfe sein, wenn sie als Erteilen von Auskünften und Rat, als Anregung zu Reflexion und Aktion, als Umsetzung in verantwortungsvolles pädagogisches Handeln verstanden wird – und nicht als unbefugte Einmischung in Dinge der sog. ‚Privatsphäre des Menschen'. Es bleibt nur der Wunsch auf Einsicht: Jeder Lehrer sollte sich eingestehen, daß er für sein Wohlbefinden in der Schule und im Privatbereich selbst und nur selbst die Verantwortung zu tragen hat (vgl. Miller 1989, S. 15 f.). Das Kongruenz-Dreieck (S. 101) enthält die subjektiven Voraussetzungen, die Fundamente, auf denen eine Lehrerpersönlichkeit aufbauen sollte. Im Hinblick auf die gewaltpräventiven Kompetenzen einer zivilcouragierten Persönlichkeit, die der Gewalt angemessen ‚begegnen' und entgegentreten kann, sind folgende Qualifizierungen vonnöten:

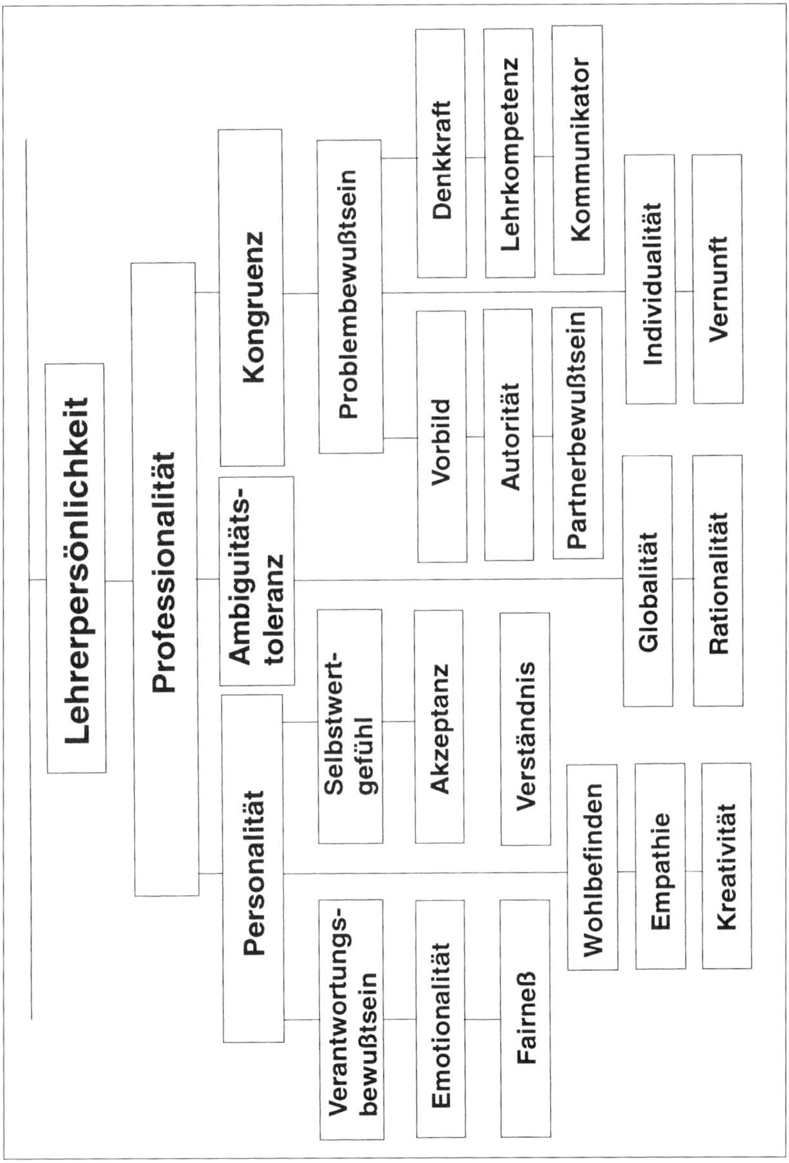

,Mobile'-Darstellung eines neuen Verständnisses von Lehrerkompetenzen zur Überwindung von Gewalt und Konflikten in der Schule, zur Ausübung von Gewaltprävention und -intervention. [Die Anregung dieser Graphik als ,Mobile'-Präsentation erfolgte durch die Graphik von W. Uihlein aus dem Friedrich Jahresheft 1995, S. 40.]

5. Literatur

Adler, A.: Individualpsychologie in der Schule. Vorlesungen für Lehrer und Schüler. Frankfurt a. M. 1973.

Adler, A.: Menschenkenntnis. Frankfurt a. M. 1966.

Adorno, Th.: Erziehung zur Mündigkeit. Frankfurt a. M. 1997.

Allerbeck, K./Hoag, W.: Jugend ohne Zukunft? München/Zürich ²1985.

Apel, H. J.: Theorie der Schule. Donauwörth 1995.

b&w (Bildung & Wissenschaft): Schwerpunkt: Konfliktfeld Schule, H. 1, 1999, S. 13–27.

Bade, R.: Vandalismus. Was ein Kollegium tun kann. In: Pädagogik, H. 4, 1994, S. 39 f.

Beck, U.: Risikogesellschaft. Auf dem Weg in eine andere Moderne. Frankfurt a. M. 1986.

Beck, U./Beck-Gernsheim, E.: Das ganz normale Chaos der Liebe. Frankfurt a. M. 1990.

Beck-Gernsheim, E.: Das ganz normale Chaos. In: E&W, H. 7–8, 1994a, S. 6 ff.

Beck-Gernsheim, E.: Auf dem Weg in die postfamiliale Familie. Von der Notgemeinschaft zur Wahlverwandtschaft. In: Aus Politik und Zeitgeschichte, H. B29–30, 1994b, S. 3–14.

Becker, G. E./Gonschorek, G.: Kultusminister schicken 55 000 Lehrer vorzeitig in Pension. Konsequenzen aus dem Heidelberger Burnout-Test (BOT). In: Pädagogik 41 (1989) 6, S. 16–23.

Bielicki, J.: Der rechtsextreme Gewalttäter, eine Psycho-Analyse. Hamburg 1993.

Blum-Maurice, R./Martens-Schmid, K.: Gewalt gegen Kinder als gesellschaftliches Problem. In: Aus Politik und Zeitgeschichte, H. B40–41, 1990, S. 3–13.

Böttger, G. (Hrsg): Konflikte mit Jugendlichen lösen. Hamburg 1996.

Brähler, E./Wirth, H.-J.: Abwendung von sozialen Orientierungen: Auf dem Weg in einen modernisierten Sozialdarwinismus? In: Heitmeyer, W./Jacobi, J. (Hrsg.): Politische Sozialisation und Individualisierung. Perspektiven und Chancen politischer Bildung. Weinheim/München 1991, S. 95 ff.

Bründel, H.: Gewalt in unseren Schulen – Gewalt in unserer Gesellschaft. Eine Stellungnahme der Schulpsychologie. In: Psychologie in Erziehung und Unterricht, H. 3, 1994, S. 232–237.

Bründel, H./Hurrelmann, K.: Gewalt macht Schule. Wie gehen wir mit aggressiven Kindern um? München 1994a.

Bründel, H./Hurrelmann, K.: Zunehmende Gewaltbereitschaft von Kindern und Jugendlichen. In: Aus Politik und Zeitgeschichte, H. B38, 1994b, S. 3–9.

Bugdahl, Volker: Kreatives Problemlösen im Unterricht. Frankfurt a. M. 1995.

Bund für Soziale Verteidigung (Hrsg.): Soziale Verteidigung. Minden 1998.

Bundesverband der Unfallversicherungsträger der öffentlichen Hand (BAGUV) (Hrsg.): Gewalt in Schulen. München 1993.

Bundeszentrale für politische Bildung (Hrsg.): Vorurteile. In: Zeitlupe, H. 33, 1996, S. 5.

Burkhard, Ch./Holtappels, H. G.: Schule und außerschulische Bildungsarbeit. In: aksb Dokumente (Bonn), H. 21, 1991.

Cloer, E.: Alle Kinder stärken – die beste Schule gegen Gewalt. In: Valtin, R./Portmann, R. (Hrsg.): Gewalt und Aggression: Herausforderungen für die Grundschule. Frankfurt a. M. 1995, S. 86–96.

Cube, F. v.: Gewaltfreie Aggression. In: Landeszentrale für politische Bildung (Hrsg.): Bürger im Staat, H. 2, 1993, S. 101–105.
Daigl, K. A.: Spielend weiterlernen. Kleine Planspiele für Lehrerinnen und Lehrer zur Selbsthilfe und Supervision in Aus- und Fortbildung. Freiburg 1991.
Dettenborn, H.: Gewalt aus Sicht der Schüler. Ergebnisse einer Untersuchung in Berlin. In: Pädagogik, H. 3, 1993, S. 31–33.
Dornes, M.: Die frühe Kindheit. Entwicklungspsychologie der ersten Lebensjahre. Frankfurt a. M. 1997.
Engfer, A./Minsel, B./Walper, S. (Hrsg.): Zeit für Kinder! Weinheim/Basel 1991.
Forschungsgruppe Schulevaluation: Gewalt als soziales Problem in Schulen. Untersuchungsergebnisse und Präventionsstrategien, Opladen 1998.
Forschungsgruppe Schulevaluation: Gewalt als soziales Problem in Schulen. Untersuchungsergebnisse und Präventionsstrategien. Opladen 1998.
Frech, S.: Aggression und Gewalt in der Schule. In: Unterichtspraxis, H. 8, 1993. Beilage zu E&W der GEW Baden-Württemberg, H. 8, 1993, S. 59–63.
Freud, A.: Das Ich und die Abwehrmechanismen. München o. J. [1936].
Freud, S.: Das Ich und das Es (1923). In: Sigmund Freud Studienausgabe. Bd. III, hrsg. v. A. Mitscherlich/A. Richards/J. Strachey. Frankfurt a. M. 1975, S. 273–330.
Fritzsche, K. P./Knepper, H.: Die neue Furcht vor der Freiheit. Eine Herausforderung an die politische Bildung. In: Aus Politik und Zeitgeschichte, H. B34, 1993, S. 13–24.
Fromm, E.: Gesamtausgabe in 10 Bänden, hrsg. v. R. Funk. München 1989.
Fromm, E.: Schriften a. d. Nachlaß. Bde. 1–8, hrsg. v. R. Funk. Weinheim/Basel 1989 ff./NL 1–8.
Galtung, J.: Kulturelle Gewalt. In: Landeszentrale für politische Bildung (Hrsg.): Bürger im Staat, H. 2, 1993, S. 106–112.
Gordon, Th./Burch, N. (Mitarb.): Lehrer-Schüler-Konferenz. Wie man Konflikte in der Schule löst. Hamburg 1977.
Guggenbühl, A.: Die unheimliche Faszination der Gewalt. Denkanstöße zum Umgang mit Aggression und Brutalität unter Kindern. München 1995.
Habermas, J.: Die Neue Unübersichtlichkeit. Frankfurt a. M. 1985.
Häsing, H./Stubenrauch, H./Ziehe, Th.: Narziß – ein neuer Sozialisationstyp. Bensheim ^{3}1980.
Havers, N.: Aggressives Verhalten von Schülern. In: Pädagogik H. 3, 1993, S. 24–27.
Heitmeyer, W.: Gehen der Politik die gewaltlosen Mittel aus? Zur Paralysierung gesellschaftlicher Institutionen. In: Merten, R./Otto, H.-U. (Hrsg.): Rechtsradikale Gewalt im vereinigten Deutschland. Jugend im gesellschaftlichen Umbruch. Schriftenreihe der Bundeszentrale für politische Bildung (Bonn), Nr. 319, 1993a, S. 109 ff.
Heitmeyer, W.: Gesellschaftliche Desintegrationsprozesse als Ursachen von fremdenfeindlicher Gewalt und politischer Paralysierung. In: Aus Politik und Zeitgeschichte. Beilage zur Wochenzeitung Das Parlament, H. B 2–3,1993b, S. 3–13.
Heitmeyer, W.: Freigesetzte Gewalt. Gewalt als Bearbeitungsform einer neuen Unübersichtlichkeit. In: Pädagogik, H. 6, 1994, S. 35–40.
Heitmeyer, W./Jacobi, J. (Hrsg.): Politische Sozialisation und Individualisierung. Perspektiven und Chancen politischer Bildung. Weinheim/München 1991.
Hensel, H.: Die neuen Kinder und die Erosion der Schule. Lichtenau ^{7}1995.
Hentig, H. v.: Was ist eine humane Schule? München 1976.
Hentig, H. v.: Das allmähliche Verschwinden der Wirklichkeit. Ein Pädagoge ermutigt zum Nachdenken über die Neuen Medien. München 1984.
Herkert, H. R.: Die 90-Sekunden-Pause. Wessobronn ^{6}1995, S. 48 ff.

Hintz, D./Pöppel, K. G./Rekus, J.: Neues schulpädagogisches Wörterbuch. Weinheim/München ²1995.
Hock, M.: Schüler über Schule: „Es wird ein ewig Kampf sein". Verbale Gewalt in der Schule – welche Rolle spielt das Vorbild der Lehrerinnen und Lehrer. In: b&w, H. 2, 1995, S. 26–29.
Hopf, H.: Von der Unfähigkeit, Grenzen zu ertragen, In: Lehrerzeitung BW, H. 24, 1992, S. 552 f.
Huber, H.: Aggressivität und Gewalt. Göttingen 1995.
Huizinga, J.: Homo ludens. Vom Ursprung der Kultur im Spiel (1938). Reinbek 1958.
Hurrelman, R. u. a.: Gegen Gewalt in der Schule. Ein Handbuch für Elternhaus und Schule. Weinheim/Basel 1996.
Jaschke, H.: Böse Kinder – böse Eltern? Mainz 1990.
Jugendwerk der Deutschen Shell AG (Hrsg.): Jugend '97, Jugend und Politik. Die 12. Shell Jugendstudie. Gesamtkonzeption und Koordination v. A. Fischer/ R. Münchmeier. Opladen 1997.
Kaiser, A.: Beziehungsfähigkeit statt Gewalt in der Schule. Jungenförderung in der Grundschule. In: Päd. extra, H. 1, 1993, S. 4–8.
Keller, J. A./Novak, F.: Kleines pädagogisches Wörterbuch. Freiburg 1990.
Kirschner, G.: „Zusammen können wir etwas ausrichten." Ein pädagogisches Konzept, das Kinder beim Großwerden unterstützt. In: Valtin, R./Portmann, R. (Hrsg.): Gewalt und Aggression: Herausforderungen für die Grundschule. Frankfurt a. M. 1995, S. 124–130.
Klippert, H.: Kommunikationstraining. Übungsbausteine für den Unterricht. Weinheim/Basel ²1996.
Köhnlein, M.: Neue Schüler in einer alten Schule? In: entwurf, H. 3, 1995, S. 3–10.
Korte, J.: Faustrecht auf dem Schulhof. Über den Umgang mit aggressivem Verhalten in der Schule. Weinheim/Basel ²1993.
Kraak, B.: „Das Quälen von Mitschülern." In: Psychologie in Erziehung und Unterricht, 44. Jg., 1997, S. 71 ff.
Kreidler, W. J.: Creative Conflict Resolution. Glenview (Illinois) 1984.
Krumrey, G.: Gewalt und Ausländerfeindlichkeit. RLV-Handreichung für Lehrerinnen und Lehrer an Realschulen. In: Die Realschule in Baden-Württemberg, H. 1, 1995, S. 21–28.
Landesgesundheitsamt Baden-Württemberg: Persönlichkeitsmerkmale bei Kindern – Erhebung im Rahmen der Neukonzeption der Schuluntersuchung in der 4. Grundschulklasse. Stuttgart (Juni) 1995.
Landeszentrale für politische Bildung Baden-Württemberg (Hrsg.): Bürger im Staat, H. 1, 1996.
Lindenmann, R.: Mediation – Vermittlung in (schulischen) Konflikten. Landesinstitut für Erziehung und Unterricht (Stuttgart), H. 6, 1996.
Lindner, F.: Praktische Erfahrungen mit der kooperativen Verhaltensmodifikation im Schulalltag. In: Lehren und Lernen, H. 1, 1986, 28–38.
Lorenz, K.: Das sogenannte Böse. Zur Naturgeschichte der Aggression. München 1974.
Marcuse, H.: Der eindimensionale Mensch. Neuwied/Berlin ²1972.
Marsal, E.: Unverletzende Selbstbehauptung. Das Karlsruher Jugendtraining. Opladen 1997.
Meyer, H.: Schulpädagogik. Band II: Für Fortgeschrittene. Berlin 1997, S. 97 ff.
Miller, R.: Gespräche mit gewalttätigen Schülern. In: Bäuerle, S. (Hrsg.): Schülerfehlverhalten. Regensburg 1985.

Miller, R.: Sich in der Schule wohlfühlen. Weinheim/Basel 1989.
Miller, R.: Veränderte Schulwirklichkeit. Konsequenzen für die Lehrerfortbildung. In: Schulmagazin 5 bis 10, H. 7–8, 1995, S. 12–15.
Miller, R.: Das ist ja wieder typisch. Kommunikation und Dialog in Schule und Schulverwaltung. 25 Trainingsbausteine. Weinheim/Basel 1996.
Mitscherlich, A.: Die Unfähigkeit zu trauern. München 1986.
Nolting, H.-P.: Aggression ist nicht gleich Aggression. In: Landeszentrale für politische Bildung (Hrsg.): Bürger im Staat, H. 2, 1993, S. 91–95.
Nolting, H.-P.: Lernfall Aggression. Wie sie entsteht – Wie sie zu vermindern ist. Theorie und Empirie aggressiven Verhaltens und seiner Alternativen. Reinbek [9]1992.
Nyssen, E./Schön, B. (Hrsg.): Perspektiven für pädagogisches Handeln. Weinheim/München 1995.
Olechowski, R.: Grundsätze für eine Reform der Schule der Vierzehn- bis Neunzehnjährigen unter dem Aspekt einer „humanen Schule". In: Erziehung und Unterricht, H. 1, 1998, S. 23–36.
Olweus, D.: Gewalt in der Schule. Was Lehrer und Eltern wissen sollten – und tun können. Bern 1996.
Ortner, A./Ortner, R.: Verhaltens- und Lernschwierigkeiten. Weinheim/Basel 1991.
Osswald, E.: Gemeinsam statt einsam. Arbeitsplatzbezogene Lehrer/innenfortbildung. Kriens 1990.
Otto, R./Merten, H.-U. (Hrsg.): Rechtsradikale Gewalt im vereinigten Deutschland. Schriftenreihe der Bundeszentrale für politische Bildung (Bonn), Nr. 319, 1993.
P wie Politik Band 10, Paderborn 1995.
Petermann, F./Petermann, U.: Training mit Jugendlichen. Förderung von Arbeits- und Sozialverhalten. Weinheim 1991.
Petermann, F./Petermann, U.: Training mit aggressiven Kindern. Einzeltraining, Kindergruppen, Elternberatung. Weinheim [6]1993.
Petri, H.: Erziehungsgewalt. Frankfurt a. M. 1991.
Portmann, R.: Der Unruhe mit Ruhe begegnen. In: Arbeitskreis aktuell. Mitteilungsblatt des Grundschulverbandes, Nr. 44. Frankfurt a. M. 1993.
Postman, N.: Das Verschwinden der Kindheit. Frankfurt a. M. 1993.
Postman, N.: Keine Götter mehr. Das Ende der Erziehung. Berlin 1995.
Preuschoff, G./Preuschoff, A.: Gewalt an Schulen – Und was dagegen zu tun ist. Köln [2]1993.
Preuschoff, G./Preuschoff, A.: Wir können etwas tun! Gegen Gewalt an Schulen. Köln 1994.
Prutzman, P./Stern, L./Burger, M. L./ Bodenhamer, G.: Das freundliche Klassenzimmer. Gewaltlose Konfliktlösungen im Schulalltag. Kassel 1996.
Rademacher, H.: Schulsozialarbeit vor neuen Herausforderungen. In: Schubarth, W./Kolbe, F.-U./Willems, H. (Hrsg.): Gewalt an Schulen. Ausmaß, Bedingungen, Prävention. Opladen 1996, S. 216–238.
Rauchfleisch, U.: Dissozial. Entwicklung, Struktur und Psychodynamik dissozialer Persönlichkeiten. Göttingen 1981.
Rauschenberger, H.: Aus der Kinderstube der Gewalt. Pädaogische Überlegungen über schwierige Grundschulkinder. In: Die Deutsche Schule, H. 2, 1992, S. 134–149.
Rauschenberger, H.: Aus der Kinderstube der Gewalt – Pädagogische Überlegungen. In: Valtin, R./Portmann, R. (Hrsg.): Gewalt und Aggression: Herausforderungen für die Grundschule. Frankfurt a. M. 1995, S. 39–45.

Redlich, A./Schley, W.: Kooperative Verhaltensmodifikation im Unterricht. München [2]1981.
Redlich, A.: Konfliktmoderation in Gruppen. Führung durch schwieriges Gelände. In: Pädagogik, H. 10, 1997, S. 8–11.
Riedl, A./Laubert, V.: Herausforderung Gewalt, hrsg. vom Innenministerium Baden-Württemberg. Stuttgart o. J. [1998].
Rogers, C. R.: Entwicklung der Persönlichkeit. Psychotherapie aus der Sicht eines Therapeuten. Stuttgart 1985.
Sander, E.: Aggression und Konfliktbewältigung, hrsg. v. Pädagogischen Zentrum des Landes Rheinland-Pfalz. Bad Kreuznach 1991.
Sanders, B.: Der Verlust der Sprachkultur. „Die Pistole ist das Schreibgerät der Analphabeten." Frankfurt a. M. 1994.
Satir, V.: Selbstwert und Kommunikation. Familientherapie für Berater und zur Selbsthilfe. Wien [10]1993.
Scarbath, H.: Träume vom guten Lehrer. Sozialisationsprobleme und dialogisch-förderndes Verstehen. Donauwörth 1992.
Schäfer, M.: Aggression unter Schülern. In: Report Psychologie, Jg. 21, H. 9, 1996, S. 700–710.
Schäfer, M.: Verschiedenartige Perspektiven von Bullying. In: Empirische Pädagogik. Zeitschrift zu Theorie + Praxis, Jg. 11, H. 3, 1997, S. 369–383.
Schneider, U.: Gewalt in der Familie. In: Landeszentrale für politische Bildung (Hrsg.): Bürger im Staat, H. 2, 1993, S. 117–122.
Schnoor, A.: Gewalt im Fernsehen – eine empirische Analyse zur Medienwirkung im Jugendalter. Wiss. Hausarbeit. Heidelberg 1998.
Schubart, W.: Berichte von der „Gewaltfront". In: Pädagogik, H. 3, 1994, S. 21–23.
Schwind, H.-D./Baumann, J. (Hrsg.): Ursachen, Prävention und Kontrolle von Gewalt. Gutachten der Unabhängigen Regierungskommission zur Verminderung und Bekämpfung von Gewalt (Gewaltkommission). 4 Bände. Berlin 1990.
Selg, H.: Fördern Medien die Gewaltbereitschaft? Was die Wirkungsforschung über die Folgen des Konsums von Gewaltdarstellungen sagt. In: Landeszentrale für politische Bildung (Hrsg.): Bürger im Staat, H. 2, 1993, S. 114–116.
Singer, K.: Lehrer-Schüler-Konflikte gewaltfrei regeln. Weinheim/Basel [3]1993.
Spreiter, M.: Die Gewalt macht Schule. Aufrüstung im Klassenzimmer. In: Psychologie heute, H. 2, 1993, S. 58–63.
Staudt, C.: Lehrerinnen – Nur Opfer oder auch Täter? Ein Bericht aus der Schülerperspektive. In: Pädagogik, H. 4, 1994, S. 17–20.
Steigerwald, F.: Psychologie, Soziologie und Pädagogik. Völklingen 1995.
Struck, P.: Erziehung gegen Gewalt. Ein Buch gegen die Spirale von Aggression und Haß. Neuwied/Kriftel/Berlin 1994.
Struck, P.: Zuschlagen, Zerstören, Selbstzerstören. Wege aus der Gewalt. Darmstadt 1995.
Teml, H.: Entspannt lernen. Linz [2]1990.
Tennstädt, K.-Ch./Krause, F./Humpert, W./Dann, H.-D.: Das Konstanzer Trainingsmodell (KTM): Ein integratives Selbsthilfeprogramm für Lehrkräfte zur Bewältigung von Aggressionen und Störungen im Unterricht. Bände 1/2. Bern/Stuttgart/Toronto 1987.
Tillmann, K.-J.: Plädoyer für eine nüchterne Analyse. In: Pädagogik, H. 4, 1994, S. 6–8.
Valtin, R.: Der Beitrag der Grundschule zur Entstehung und Verminderung von Gewalt – Einführende Überlegungen. In: Valtin, R./Portmann, R. (Hrsg.): Ge-

walt und Aggression: Herausforderungen für die Grundschule. Frankfurt a. M. 1995, S. 7–20.
Valtin, R./Portmann, R. (Hrsg.): Gewalt und Aggression: Herausforderungen für die Grundschule. Frankfurt a. M. 1995.
Vieluf, U.: Gewalt an Schulen? Ergebnisse einer Schulbefragung in Hamburg. In: Pädagogik, H. 3, 1993, S. 28–30.
Vopel, K. W.: Interaktionsspiele für Jugendliche. Hamburg 1989.
Walker, J.: Gewaltfreier Umgang mit Konflikten in der Sekundarstufe I. Frankfurt a. M. 1995.
Wallrabenstein, W.: Offene Schule – Offener Unterricht. Reinbek 1993.
Wehr, H.: Perspektiven schulischer Bildung heute für Erwachsene von morgen? In: Lehren und Lernen, H. 7, 1998, S. 5–18.
Willems, H.: Jugendgewalt in der modernen Gesellschaft. In: b&w, H. 2, 1993a, S. 18–26.
Willems, H.: Gewalt gegen Fremde. In: Landeszentrale für politische Bildung Baden-Württemberg (Hrsg.): Bürger im Staat, H. 2, 1993b, S. 143–148.
Willems, H.: Gewalt und Fremdenfeindlichkeit. Anmerkungen zum gegenwärtigen Gewaltdiskurs. In: Merten, R./Otto, H.-U. (Hrsg.): Rechtsradikale Gewalt im vereinigten Deutschland. Jugend im gesellschaftlichen Umbruch. Schriftenreihe der Bundeszentrale für politische Bildung (Bonn), Nr. 319, 1993c, S. 89 ff.
Winkel, R.: Antinomische Pädagogik und Kommunikative Didaktik. Düsseldorf ^{2}1988.
Winkel, R.: „Ey, ich Aids Dich an!" Die fünf Sinnperspektiven aggressiven Verhaltens in der Schule. In: Pädagogik, H. 3, 1993, S. 6–9.
Winkel, R.: Die Schule neu denken und neu machen. E&W – Gespräch mit R. Winkel. In: E&W, H. 11, 1994, S. 7 ff.
Zinnecker, J./Fischer, J.: Jugendstudie '92. Die wichtigsten Ergebnisse im Überblick. In: Jugendwerk der Deutschen Shell (Hrsg.): Jugend '92. Band 1. Opladen 1992, S. 213–227.

Helgard Moll-Strobel

Gewaltreflektierende Schule

Vorbemerkung

Eine gewaltreflektierende Schule muß zunächst den Zusammenhang zwischen Selbstkonzept und sozialabweichendem Verhalten in Augenschein nehmen. Es gilt hier zuerst, Voraussetzungen beim Aufbau von positivem Selbstwertgefühl im Hinblick auf Gewaltverzicht zu eruieren und sich der Relevanz des Selbstwertkonzepts auf Lern- und Leistungssituationen und auf die Genese von Gewalttätigkeiten bewußt zu werden. Auch geschlechtsspezifische Facetten müssen in die Betrachtung der Gesamtsituation erhellend einbezogen werden.
Als Konsequenzen sollten schwerpunktmäßig die Ingredienzien von Präventionsmaßnahmen rezipiert werden, denn es ist unendlich schwieriger im Nachhinein reparieren zu wollen als vorzubeugen.
In einem weiteren Schritt erfolgt die Konkretisierung derselben in Form unterrichtlicher Anregungen anhand von Spielen und diversifizierten Beispielen, zu denen auch Kinder- und Jugendbücher gehören. Sowohl der Primar- als auch der Sekundarbereich haben hier Berücksichtigung in Wort und Bild gefunden.
Der letzte Passus thematisiert Interventionsaspekte und -impulse beim Ablauf von Gewalt in der Schule. Die Funktion von Mediatoren, Verhalten bei Gewaltbedrohung sowie Gewalterfahrungen als Unterrichtsthematik werden vorwiegend ins Blickfeld des Lesers gerückt.

1. Prophylaktische Maßnahmen zur Reduzierung von Gewalttätigkeiten

1.1. Bedeutung des Aufbaus eines positiven Selbstkonzepts beim Kind und Jugendlichen im Hinblick auf Gewaltverzicht

1.1.1. Beziehung zwischen Selbstkonzept und sozial abweichendem Verhalten

„Ich sehe in dem Kind, das zu feindseligem, störendem, destruktivem Verhalten Zuflucht nimmt, ein Kind, das tief in seinem Innern sehr zornig ist, sich zurückgewiesen, unsicher, ängstlich und verletzt fühlt und oft nur ein schwach ausgeprägtes Selbstwertgefühl besitzt." Diese Aussage der Psychoanalytikerin Violet Oaklander weist den Pädagogen auf den Tatbestand hin, daß ein negatives Selbstkonzept mit psychischen Auffälligkeiten und Verhaltensproblemen korreliert. Forschungsergebnisse belegen, daß sozial abweichendes Verhalten eher bei Personen mit negativem Selbstkonzept anzutreffen ist, wobei unausgesprochen das Selbstkonzept als dem Verhalten vorausgehend bzw. ihm zugrundeliegend gedacht ist (vgl.Trautner, in: Filipp 1993, S. 273 ff.).

Auch die Aussage des Sonderpädagogen Jakob Muth (1927–1993): „In jeder Faust schlägt ein wimmerndes Herz" deutet auf ein gestörtes Selbstkonzept hin. Um Gewaltverzicht im Handeln zu erreichen bzw. alternative Konfliktlösungsstrategien beim Kind und Jugendlichen zu internalisieren, muß zunächst das Selbstkonzept bzw. das Selbstwertgefühl in den Fokus der Betrachtung genommen werden.

1.1.2. Begriffsdefintion: Selbstkonzept – Selbstwertgefühl

Mit dem Begriff des Selbstkonzeptes wird umschrieben, wie ein Mensch sich selbst sieht, was er von sich weiß, wie er sich selbst und seine Eigenschaftsmerkmale beurteilt. Die Frage: „Wer bin ich?" ist so alt wie die Menschheitsgeschichte, und die Fähigkeit, sich selbst zum Gegenstand der Betrachtung zu machen, unterscheidet den Menschen vom Tier und ermöglicht ihm die Entwicklung seiner eigenen Identität. Das Selbstkonzept ist das Produkt der Verarbeitung selbstbezogener Wahrnehmungen, Informationen und Kognitionen. Kurz: Wissen, Einstellungen, Vorstellungen über die eigene Person und über Teilfunktionen der Persönlichkeit, wie Intelligenz, Begabungen, körperliche Attraktivität, Beliebtheit bei Freunden.

Der Begriff Selbstwertgefühl impliziert nicht nur kognitive Anteile, sondern auch emotionale. Selbstwertgefühl ist die Summe der mehr oder weniger positiven Beurteilung, die eine Person über sich selbst abgibt. Es wird daher als affektiv bewertender Teil bzw. evaluativer Aspekt des Selbstkonzeptes angesehen (Kotthoff, in: Bartmann/Klonska 1996, S. 78).

1.1.3. Konstituierende Faktoren des Selbstwertgefühls

1.1.3.1. Selbstbewußtsein

Selbstbewußtsein beinhaltet die Aussage Descartes: „cogito, ergo sum". D. h. jedoch noch nicht, daß jemand selbstsicher auftritt, sondern es meint das Beachten der eigenen Stärken und Schwächen. Indem der Mensch beide Anteile entdeckt, erfährt er auch immer mehr über sich selbst. Dieses Wissen ist zunächst wertneutral. Der Mensch weiß um sich selbst.

1.1.3.2. Selbstvertrauen
Hierunter versteht man ein Gefühl des Glaubens an sich und ein Sich-verlassen-können darauf, das Leben aufgrund eigener Fähigkeiten und Fertigkeiten zu bewältigen.

1.1.3.3. Selbstsicherheit
Unter dieser Begrifflichkeit wird erprobtes und erfahrenes Selbstvertrauen subsumiert. Der Mensch braucht hierzu eine sichere Selbsteinschätzung und muß eine Vorstellung der eigenen Werte haben.

1.1.3.4. Selbstachtung und Selbstakzeptanz
Selbstachtung setzt eine Selbstbeachtung voraus. Nur wer sich selbst beachtet, kann zur Selbstakzeptanz kommen. Es bedeutet, im Denken und Handeln nicht im Gegensatz zu sich selbst zu stehen. Sich selbst akzeptieren heißt, sich ohne Verleugnungen und Ausweichmanöver selbst zu erleben, also nicht bestimmte Handlungen oder Persönlichkeitsanteile als fremd, als „Nicht-Ich" abzuspalten. Daraus folgt auch die Fähigkeit, sich selbst etwas verzeihen zu können. Selbstakzeptanz bedeutet aber auch die eigenen Gefühle anzuerkennen, sie zu beachten und aus ihnen zu lernen. Selbstakzeptanz ist die Voraussetzung zur Fremdakzeptanz. Zutreffend kann hier die biblische Forderung: „Liebe deinen Nächsten wie dich selbst" herangezogen werden.
Bei Übereinstimmung von Werten und Überzeugungen mit dem Verhalten erwirbt der Mensch eine persönliche Integrität und eine positive Grundeinstellung, bei der er sich als Mensch wertvoll erlebt. Es geht hierbei um die Wertschätzung der eigenen Anlagen, Fähigkeiten, Gefühle bzw. des eigenen Wesens (vgl. Waibel 1994, S. 133 ff.; Branden 1997).

1.1.4. Die Relevanz eines positiven Selbstwertgefühls

Der Grad des positiven Selbstwertes ist der Maßstab dafür, wie sehr wir uns auf der Basis unseres Selbstverständnisses mögen und anerkennen, es ist der „gute Ruf, den man von sich selber hat". Nahezu jeder Aspekt unseres Lebens hängt von der Sichtweise der eigenen Person ab. Reaktionen auf Ereignisse werden davon bestimmt, als wer oder was wir uns selbst empfinden und werten. In der Weise, in der wir unser Leben leben, spiegelt sich das Bild wider, was wir ganz im Innersten von uns haben. Positiver oder negativer Selbstwert ist der Schlüssel zu Erfolg oder Mißerfolg im Leben.
Die Polarität zwischen starkem und geringem Selbstwert wird in folgendem Schaubild (S. 145) in Eigenschaftsprofilen verdeutlicht (modifiziert nach Satir 1985, S. 39–41).

Schaubild 1

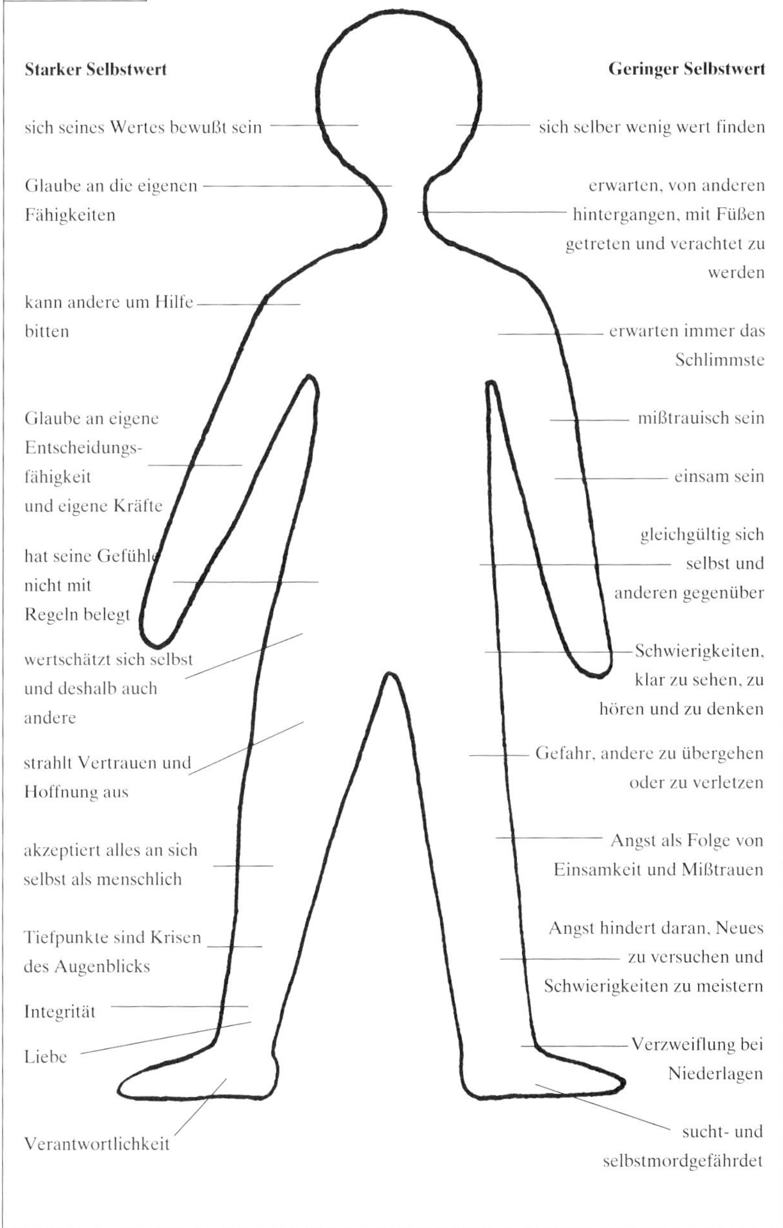

Starker Selbstwert
Geringer Selbstwert
sich seines Wertes bewußt sein
sich selber wenig wert finden
Glaube an die eigenen Fähigkeiten
erwarten, von anderen hintergangen, mit Füßen getreten und verachtet zu werden
kann andere um Hilfe bitten
erwarten immer das Schlimmste
Glaube an eigene Entscheidungs-fähigkeit und eigene Kräfte
mißtrauisch sein
einsam sein
hat seine Gefühle nicht mit Regeln belegt
gleichgültig sich selbst und anderen gegenüber
wertschätzt sich selbst und deshalb auch andere
Schwierigkeiten, klar zu sehen, zu hören und zu denken
strahlt Vertrauen und Hoffnung aus
Gefahr, andere zu übergehen oder zu verletzen
akzeptiert alles an sich selbst als menschlich
Angst als Folge von Einsamkeit und Mißtrauen
Tiefpunkte sind Krisen des Augenblicks
Angst hindert daran, Neues zu versuchen und Schwierigkeiten zu meistern
Integrität
Liebe
Verzweiflung bei Niederlagen
Verantwortlichkeit
sucht- und selbstmordgefährdet

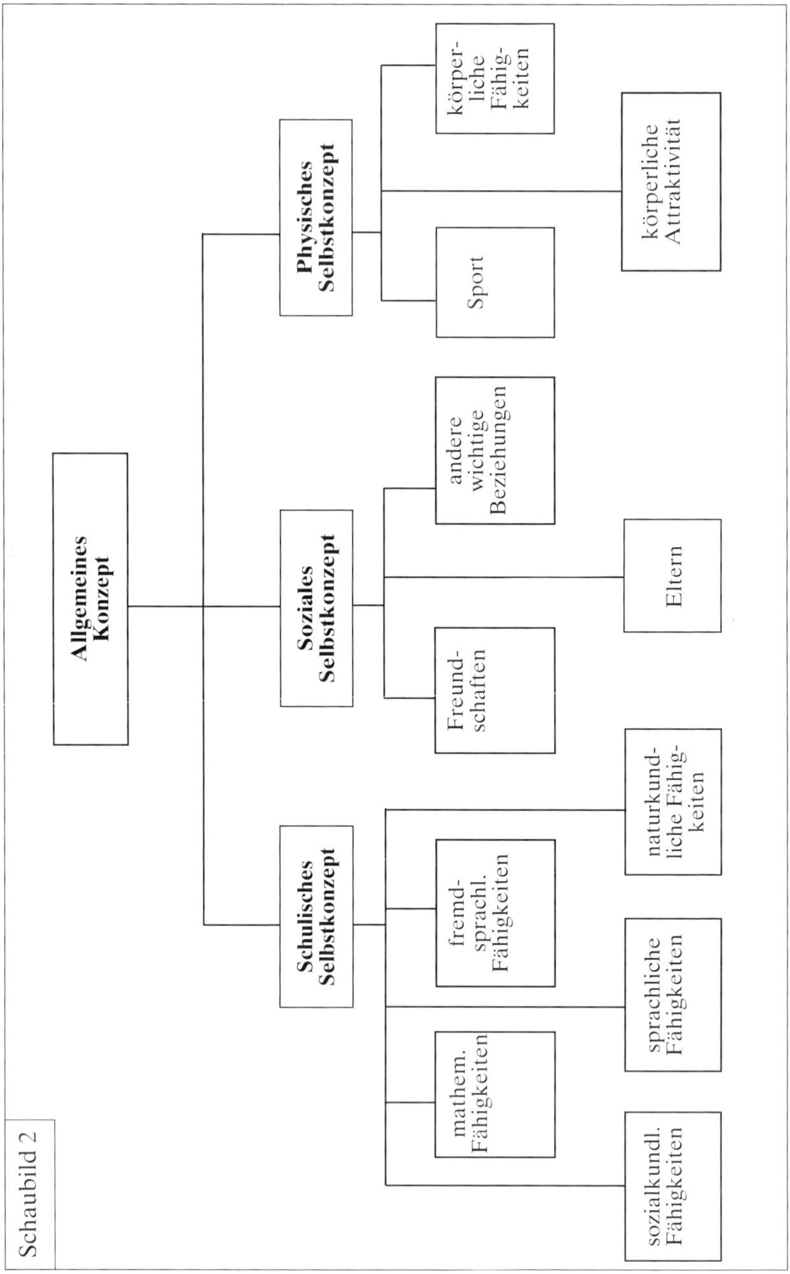
Schaubild 2
Allgemeines Konzept
Schulisches Selbstkonzept
Soziales Selbstkonzept
Physisches Selbstkonzept
mathem. Fähigkeiten
sozialkundl. Fähigkeiten
sprachliche Fähigkeiten
fremd-sprachl. Fähigkeiten
naturkund-liche Fähig-keiten
Freund-schaften
Eltern
andere wichtige Beziehungen
Sport
körperliche Attraktivität
körper-liche Fähig-keiten

1.1.5. Die Entwicklung des Selbstkonzeptes im Kindes- und Jugendalter

Das allgemeine Selbstkonzept setzt sich aus schulischen, sozialen und physischen Teilaspekten zusammen, welche wiederum in bereichsspezifische Komponenten unterteilt werden können (vgl. Schaubild 2, S. 146, modifiziert nach Kotthoff, in: Bartmann/Klonska 1996, S. 80).
Bei der Entwicklung des Selbstkonzeptes lassen sich sowohl entwicklungsbedingte als auch sozialisatorische Einflüsse unterscheiden. Hierbei ist zu akzentuieren, daß die ersteren vorwiegend strukturelle Veränderungen für alle Heranwachsenden sind, die letzteren dagegen durch biographisch bedingte Erfahrungen und Erlebnisse und deren Verarbeitung hervorgerufen werden.
Das Kind ist am Anfang seiner Entwicklung noch nicht in der Lage, sich als eine von der Außenwelt getrennte Entität zu erleben. Es bildet eine symbiotische Einheit mit der Umwelt und zwischen Ich und Nicht-Ich. Erst ab dem 5. Monat beginnt die Subjekt-Objekt-Trennung. Das Kind versucht, den Körper der Mutter zu erforschen. Hierdurch baut es ein Körper-Schema auf und entdeckt, daß es von der Mutter getrennt ist. Dieses Körperschema bildet sich bis zum 15. Monat heraus. Die Bedeutung von Merkmalshinweisen für die Selbsterkennung wurde dadurch untersucht, daß man Kindern einen roten Punkt auf die Nase setzte. Schenkte das Kind dem Punkt besondere Beachtung, wurde angenommen, daß es über Bewußtsein für die stabilen Gesichtszüge der eigenen Person verfügte.
Die zunehmende Fähigkeit, Ich und Nicht-Ich zu trennen, findet ihren Höhepunkt im frühkindlichen Trotz. Dieser Negativismus in der Zeit von 18 Monaten bis ca. 4 Jahren wird als Versuch des Lebewesens erachtet, Selbstbehauptung auch bei mangelnden Fähigkeiten und hoher Trennungsängstlichkeit aufrechtzuerhalten. Diese Phase wird von Erikson Autonomie genannt und Piaget betont das Merkmal des Egozentrismus, d. h., daß das Kind die Welt aus der subjektiven Perspektive sieht. So wie es die Dinge wahrnimmt oder wie es sich dieselben wünscht, glaubt es, sehen und wünschen es sich auch die anderen.
Im Alter von 4 bis 6 Jahren kommen zwei weitere Aspekte dazu, die Ausdehnung des Selbst und des Selbst-Bildes, d. h., das Kind entwickelt einen Sinn dafür, was seine Eltern von ihm erwarten und inwieweit sein Verhalten diesen Erwartungen entspricht. Damon und Hart ließen Kinder von 4 bis 15 Jahren sich selbst beschreiben. Die Aussagen der Heranwachsenden konnten in vier Kategorien eingeteilt werden: Merkmale der äußeren Erscheinung, Art der Aktivitäten, Art der Sozialbeziehungen und persönlichkeitsstrukturbedingte Merkmale. Der untersuchte Altersbereich läßt sich in drei Stufen aufteilen (vgl. Schaubild 3, S. 148, modifiziert nach Damon/Hart 1988).

Schaubild 3

Stufe	Physische Merkmale	Aktivitäten	Soziale Beziehungen	Psychologisches Merkmal
1) Kategoriale Identifikation (4 bis 7 J.)	Ich habe blaue Augen. Ich bin 6 Jahre alt.	Ich spiele Fußball. Ich lese viel.	Ich bin Julias Freundin.	Ich habe manchmal witzige Ideen. Ich bin stark.
2) Komparative Vergleiche (8 bis 11 J.)	Ich bin größer als die anderen Kinder. Ich habe dunklere Haare, weil ich Italiener bin.	Ich bin nicht so gut in der Schule. Ich bin gut in Mathe, aber nicht so gut in Kunst.	Ich mag es, wenn Mama und Papa mich beim Baseballspiel sehen.	Ich bin nicht so hübsch, wie die anderen Mädchen.
3) Interpersonelle Merkmale (12 bis 15 J.)	Ich habe blonde Haare. Jungen lieben blonde Haare.	Ich treibe Sport, weil Sportler beliebt sind.	Ich bin sehr schüchtern. Habe deshalb wenig Freunde.	Ich kann gut zuhören. Alle erzählen mir ihre Probleme.

Während in der frühen Kindheit das Selbstkonzept vornehmlich durch physische Merkmale konstituiert wird, gewinnt in der mittleren und späten Kindheit das durch Aktivitäten und soziale Kontakte bereicherte und in der frühen Adoleszenz das psychologische Selbstkonzept besondere Bedeutung.

Im Primarbereich ist der soziale Vergleich besonders bedeutsam. Mit der Einschulung tritt die Klasse als Spiegel in den Vordergrund. Gerade in der Grundschulzeit entwickelt das Kind die Fähigkeit zur Perspektiv-Übernahme als ein wesentliches Merkmal zur Entwicklung des Selbstkonzeptes. Der Heranwachsende erwirbt die Fähigkeit, sich zunehmend mit den Augen der anderen zu sehen, was wiederum Auswirkungen auf seine Selbsteinschätzung hat.

Rekurrierend auf wissenschaftliche Untersuchungen, zeigen Individuen mit positiven Selbstbeschreibungen auch ein positives Selbstkonzept. Psychisch auffällige Kinder beschreiben sich in allen differenzierten Selbstkonzepten ungünstiger als die Kontrollgruppe.

Ein aggressives und gewalttätiges Kind bekommt durch Ermahnungen von seiten seiner sozialen Umwelt sein aggressives Verhalten gespiegelt; es beobachtet aber auch selbst, daß es häufig in Streit gerät, so daß es in nahezu allen Fällen eher zur Entwicklung eines gegenteiligen Gefühls der Minderwertigkeit kommt, das das Empfinden eigener körperlicher, intellektueller, materieller sowie sozialer Unzulänglichkeit widerspiegelt und sich als Unterlegenheit gegenüber dem anderen manifestiert und Gefühle des Mißfallens, der Scham, der Erniedrigung, der Angst hervorruft. Diese werden häufig durch Mechanismen wie Gewalttätigkeiten kompensiert. In diesem Zusammenhang kommt vielleicht manchem die Aussage des griechischen Philosophen Epikur (300 v. Ch.) in den Sinn: „Wer Angst verbreitet, ist selbst nicht ohne Angst."

Aber auch das Gegenteil ist als psychische Auffälligkeit zu verzeichnen: Eine äußerst positive Selbstbeschreibung kann narzißtische Züge offenbaren, welche von einer selbstunkritischen Haltung ausgehen. Narzißmus[1] wird als eine Störung des Selbsterlebens gekennzeichnet, die mit Eigen-

1 Der Mythos vom Narziß erfuhr seine künstlerische Gestaltung durch Ovid. Er erzählt von dem Flußgott Kephissos, der, schön und begehrt, die Liebe der Frauen wie der Männer verschmäht. Er selbst war das Ergebnis einer Vergewaltigung. Nach einem Seherspruch des Theiresias soll sein Leben so lange dauern wie er sich nicht erkennt. An einer Quelle entdeckt er sein Abbild im Spiegel des Wassers und entbrennt in Liebe zu sich selbst. Nach einiger Zeit begreift er die Ausweglosigkeit seiner Lage. Er stirbt – einige Quellen berichten vom Selbstmord aus Verzweiflung, andere von einem Verzehren aus unerfüllter Liebe – auf einer Wiese, wo später die Narzisse erblüht (Roth 1990, S. 17).

schaften wie Selbstüberschätzung, Selbsterhöhung, reduziertem Einfühlungsvermögen einhergeht. Der narzißtische Mensch ist nicht fähig, die Welt außerhalb von sich gefühlsmäßig als Realität wahrzunehmen.
Positives Selbstwertgefühl impliziert dagegen die Fähigkeit eines Individuums, sich eigene Fehler und Schwächen einzugestehen und diese kritisch zu reflektieren. Dies kann jedoch nur im Prozeß des Bezogenseins auf andere erfolgen. Wenn ich isoliert und ohne Beziehung zu anderen bin, dann erfüllt mich eine solche Angst, daß es mir völlig unmöglich ist, ein Gefühl für mein Selbst und meine Identität zu entwickeln. Um ein echtes Gefühl von sich selbst zu erhalten, muß ich aus meiner Person ausbrechen und darf mich nicht länger an mich selbst als ein Ding klammern, d. h. ich muß lernen, mich im Prozeß des Antwortens zu erleben.

1.1.6. Pädagogische Bausteine beim Aufbau eines positiven Selbstwertgefühls im Hinblick auf Gewaltverzicht

Es ist hervorzuheben, daß Erfolge und gute Leistungen sowie Anerkennung der Mitschüler für die Entwicklung eines positiven Selbstwertgefühls nicht ausreichen. Selbstkonzepte und deren evaluative Komponente – das Selbstwertgefühl – sind auch durch interindividuelle Unterschiede in der persönlichen Verarbeitung determiniert. Hierzu führt Kotthoff ein beeindruckendes Beispiel an:

> Julia, 10 Jahre alt, kommt in eine Beratung, weil sie vor Klassenarbeiten panische Angst hat (kann nicht schlafen, wacht früh auf, erbricht, hat Bauchschmerzen, Versagensängste). Julia ruft die Mutter, die berufstätig ist, ständig an und fragt: „Mama, wie geht das? Ich kann es nicht!" Die Mutter kommt häufig genervt nach Hause, um ihr bei den Hausaufgaben zu helfen. Auch in der Schule fordert Julia die Hilfe und Unterstützung der Lehrerin ein.
> Die Lehrerin versteht sie nicht und sagt: „Du kannst es doch. Du schreibst sowieso alle Arbeiten eins." Julia ist nämlich die beste Schülerin ihrer Klasse, die ausnahmslos in allen Fächern sehr gut steht. Die Lehrerin versteht ihre Ängste nicht und vermutet, daß sich Julia nur in den Vordergrund spielen möchte. Auch die Mutter versteht Julias Ängste nicht. Sie selbst stellt an sich hohe Leistungsanforderungen, die sie kaum erfüllen kann. Sie hat in Erinnerung, daß ihre Eltern immer gesagt haben: „Es gibt nur eins: arbeiten, arbeiten, arbeiten." Ihre subjektiven, unreflektierten Schlußfolgerungen sind die, daß nur Anstrengung, Kontrolle und Aufsicht ihre soziale Situation verändern können. Diese Haltung hat in Julias Erziehung dazu geführt, daß sie überbehütet und über-

kontrolliert erzogen worden ist. Julia hat nie allein etwas ausprobieren dürfen. Sie lebt ständig im Zweifel, ob das, was sie macht, auch richtig ist. Julia sichert sich mit ihrer Ängstlichkeit unbewußt die Liebe der Mutter. Sie zweifelt nämlich daran – wie sie in der Beratung erzählt –, ob die Eltern sie überhaupt haben wollen. Denn wenn sie nicht wäre, glaubt sie, hätten die Eltern ein besseres Leben, und Mutter brauchte sich nicht so anzustrengen. Die Unselbständigkeit hat also psychodynamisch den Zweck, die Zuwendung der Mutter zu sichern. Julias Preis dafür ist ihre Unselbständigkeit (Kotthoff, in: Sache-Wort-Zahl, 24, 1996, H.1, S. 9).

1.1.6.1. Die Bedeutung von Liebe, Geborgenheit und Sicherheit für die Selbstwertentwicklung

Kellmer Pringel weist darauf hin, daß Lernen und Gefühlswelt, d. h. kognitive und emotionale Aspekte der Entwicklung, eng miteinander verwoben sind. Der wichtigste Antrieb zu einer positiven Selbstwertentwicklung hat seine Wurzeln in der Art der zwischenmenschlichen Beziehungen von Geburt an. Der Säugling erlebt die Mutter als einen Teil von sich selbst. Zwischen dem 5. und dem 8. Monat findet ein Differenzierungsprozeß statt, d. h., das Kind untersucht intensiv, was zur Mutter gehört und was nicht. Es macht sich vertraut, wie die Mutter riecht, sich anfühlt, was zu ihr gehört (Brille). Es entsteht ein Gefühl der Unabhängigkeit seiner Existenz von der nächsten Bezugsperson. Man nennt es Körperselbst. Das Kind kann sich ab dem 12. Monat selbst fortbewegen; es ist jedoch noch ängstlich und unsicher und durch eine hohe Trennungsempfindlichkeit gekennzeichnet. Kohut (1981) prägte den Begriff des Spiegelns. Die Mutter spiegelt die kindlichen Bedürfnisse durch ihre Verläßlichkeit, ihre Liebe und ihren Schutz wider. Nur wenn die engste Bezugsperson als zuverlässig, stabil und kalkulierbar erlebt wird, nur wenn dieses Bedürfnis nach Liebe und Geborgenheit sowie Sicherheit durch Kontinuität erfüllt wird, erlangt das Kind seine persönliche Identität und das Gefühl: Ich bin von Bedeutung. Es entwickelt Urvertrauen (Erik Erikson) in eine Welt, in der es mit so vielen neuen, ständig wechselnden Eindrücken fertig werden muß.

1.1.6.2. Die Bedeutung von Autonomie für die Selbstwertentwicklung

Von Geburt an werden dem Kind seiner Entwicklung entsprechend neue Aufgaben gestellt, deren Meisterung zum Ausgangspunkt weiterer, schwierigerer Tätigkeiten wird. Das Kind erweitert seinen Raum und erlebt Bedürfnisse nach Unabhängigkeit und Selbständigkeit. Es kann sich auch gegen den Willen der Bezugsperson stellen und aggressiv abgrenzen. Wenn das Kind nun seine sich entwickelnde Aggression und Selbstbehauptung als Bedrohung der liebenden Beziehung zur Bezugsperson erlebt, d. h., wenn es die Erfahrung macht, daß diese ärgerlich oder abweisend reagiert, verzichtet es auf Autonomie und das Streben nach neuen Erfahrungen. Es bleibt in der Ambivalenz von Hinwendung und Abwendung gefangen und es gelingt ihm nicht, ein von der Bezugsperson getrenntes Selbst zu entwickeln und sein Selbstwertgefühl in realistischer Weise aufzubauen (vgl. auch oben zitiertes Beispiel Julia).

1.1.6.3. Die Bedeutung von Lob und Anerkennung und Übertragung von Verantwortung für die Entwicklung des Selbstwertgefühls

Die Einstellung des Kindes zu sich selbst und zum Lern- und Entwicklungsprozeß entscheidet darüber, wie erfolgreich es zu lernen vermag. Mit zunehmendem Alter wird es immer bedeutsamer für das Kind vom Lehrer und den Mitschülern Anerkennung zu bekommen, bis in der Adoleszenz der Höhepunkt dieses Bedürfnisses erreicht ist. Selbst der reife Erwachsene zeigt eine freudige Reaktion, wenn er Lob und Anerkennung von jemandem erntet, dessen Urteil ihm wichtig ist. Er weiß dann um seine Kompetenz. Wenn der Schule ein solcher Aufbau von Selbstwert gelingt, kann ein solches Individuum später leichter Krisen und belastende Lebensereignisse bewältigen.
Aber auch das Bedürfnis nach Übertragung von Verantwortung muß befriedigt werden. Wenn man einem Kind keine Verantwortung überträgt, kann es dieselbe auch nicht üben. Wie jedes andere Können muß auch Verantwortung unter kompetenter Führung eingeübt werden, einer Führung, die während der Jugendzeit und der Adoleszenz schrittweise abgebaut wird. Es ist unbestritten ein schwieriges Unterfangen, junge Menschen zur Verantwortung zu erziehen. Man muß hierbei helfen, das jeweilige Problem klar zu umreißen, die notwendigen Informationen ermöglichen und die Konsequenzen der einen oder anderen Entscheidung abzuwägen und Schwierigkeiten vorauszusehen. Und die Entscheidung muß wirklich diejenige des jungen Menschen sein, der dann auch eventuelle Folgen selbst zu tragen hat. Als Erzieher bewegt man sich hier auf einem schmalen Grat, denn wenn etwas schiefgeht, muß man auch Hilfsangebote geben, um die Sache wieder zu bereinigen. Gerade im Hinblick auf gewalttätige Schüler, die vielfach ohne Einsicht in die Beweggründe des eigenen Handelns aufwachsen, ist die Übertragung von Verantwortung unabdingbar.

1.1.6.4. Die Bedeutung des Aushaltens von Konfliktspannungen

Wohl eine der wichtigsten Schlüsselqualifikationen, die das Individuum erlernen muß, ist die Fähigkeit, Konfliktspannungen zu ertragen, mit widerstrebenden Tendenzen und Versagungen zu leben. Das Aushalten von Spannungen stellt aus psychoanalytischer Sicht für das Ich eine Belastung dar, an der es erstarkt. Indem der Heranwachsende dem Triebdruck standhält, Triebenergie umwandelt und auf neue Ziele lenkt, nimmt seine Fähigkeit mit Unlustspannungen zu leben zu, seine Frustrationstoleranz erhöht sich und seine Belastbarkeit steigert sich: kurzum, es stellt sich ein höheres Maß an Ich-Stärke ein. Die Fähigkeit, Konfliktspannungen auszuhalten, wird im Erziehungsprozeß durch das Setzen von Grenzen erworben. Eine Pädagogik, die meint auf Grenzsetzungen in Form von Regeln und Verhaltensnormen sowie Triebhemmungen verzichten zu können, beläßt das Kind im Stadium der Infantilität. Gerade aggressive und gewalttätige Schüler zeigen einen erheblichen Mangel, mit der rauhen Wirklichkeit des Lebens zurechtzukommen; dies ist ihnen nur durch Destruktivität möglich. Heranwachsende benötigen verbindliche Maßstäbe und klare Verantwortlichkeiten als Orientierungshilfe, denn Erziehung setzt immer voraus, daß der Mensch auf Erziehung angewiesen ist. Das Prinzip der toleranten Gleichgültigkeit und Gleichberechtigung gegenüber Heranwachsenden hat zu einer steigenden Kinderkrimialität und Gewaltbereitschaft der Jugendlichen geführt. Erziehung kann ohne den Mut zum Nein und ohne Aufzeigen von Grenzen nicht erfolgen. Liberalität und regelorientierte Konsequenz schließen sich keinesfalls aus. Die Begrifflichkeit „Gleichberechtigung" im Erziehungsprozeß führt in die Irre; diese kann es in der Erwachsenen-Kind-Beziehung nie geben, denn gleiches Recht verlangt gleiche Pflichten verbunden mit gleicher Verantwortung, und damit ist das Kind völlig überfordert. Der dänische Psychologe Juul spricht deshalb von „Gleichwürdigkeit" des Kindes. Die Beziehungen zwischen Erwachsenen und Kindern sind asymmetrisch und die Rollen können nicht beliebig ausgetauscht werden.

1.1.6.5. Die Bedeutung der Vorbildfunktion des Erwachsenen

Verba docent – exempla trahunt (Worte belehren – Beispiele überzeugen). Diese Aussage weist auf den Tatbestand hin, daß Erziehen Vorleben impliziert, d. h., der Erzieher muß selbst eine Persönlichkeit sein, der dem jungen Menschen bei der Reifung helfen kann. Helfen kann nur derjenige, der sich selbst in einer Reifungsbewegung befindet, die ihm echte Autorität verleiht. Diese gründet sich nicht auf ein Amt wie Eltern- und Lehrerschaft, sondern sie muß inhaltliche Autorität sein, denn nur diese gibt dem Kind die Sicherheit, die es benötigt, um sich dem Neuen, dem Fremden und Angsterregenden in der Welt zu stellen und in das Leben Schritt für Schritt hinauszugehen. Kindsein ohne die von echten Autoritäten ausgehende Sicherheit ist mit Angst verbunden. Aus Angst schreckt das Kind zurück, die Reifungsbewegung Stufe für Stufe mitzumachen und es bleibt im Stadium der Infantilität stecken. „In jedem Vorbild steckt ein empirisches und ein apriorisches

Moment, ein Seiendes und ein Seinsollendes, eine Bild- und Wertkomponente" (Max Scheler). „Der Erzieher" – so Martin Buber – „braucht kein sittliches Genie zu sein, um Charaktere zu erziehen; aber er muß ein ganzer lebendiger Mensch sein, der sich seinen Mitmenschen unmittelbar mitteilt."
Heute sind solche realen Vorbilder, womit wir das an bestimmte Personen im Nahbereich gebundene Bild meinen, das dem Heranwachsenden zur Verhaltensorientierung dient und zur Persönlichkeitsentwicklung durch Imitation und Nachahmung verhelfen soll, selten geworden. An ihre Stelle treten die Vorbilder aus zweiter Hand, die als medienabhängige Spezies nicht direkt erfahrbar sein können: die Idole, das sind Vorstellungsbilder, in denen der Schein das Sein verhüllt. Die Idole werden in bestimmten Eigenschaften und vorwiegend im Outfit kopiert. Die Idole sind fern und entziehen sich damit der Überprüfbarkeit ihres Bildes. Erfolgreiche Modelle in den Medien beeinflussen längerfristig auch die Wahrnehmungsstruktur des Heranwachsenden entscheidend. Das Verhaltensrepertoire wird auf bestimmte in der Erinnerung bestehende Muster fixiert und bleibt reduziert, d. h., andere Wahrnehmungen finden keinen Zugang mehr.
Von vielen Erwachsenen werden Vorbilder angesichts der vielbeschworenen Individualisierung als kontraproduktiv angesehen.
Der Amerikaner Robert Bly weist auf die Gefährlichkeit der Entwicklung zu einer „kindlichen Gesellschaft" hin, in denen die Eltern keine Erwachsenen- und Vorbildfunktion mehr übernehmen wollen. Vielfach verhalten sich Bezugspersonen ihren Kindern gegenüber wie Geschwister.
Die Aussage des Pädagogen Hartmut von Hentig: „Das wichtigste Curriculum des Lehrers ist seine Person", beleuchtet den Tatbestand, daß auch Lehrende Heranwachsenden ein brauchbares Modell des Erwachsenseins bieten müssen, an dem sie sich orientieren können, ein Modell der Reife. „Unterricht ist viel leichter als Erziehung. Zu jenem braucht man nur etwas zu wissen, um es mitteilen zu können. Zur Erziehung muß man etwas sein" (Adalbert Stifter). Vorbildlose, verwirrte Heranwachsende sind für Gewalttätigkeiten anfällig. Erwachsene müssen deshalb wieder zum Sicherheitsnetz für Heranwachsende werden!

1.1.7. Die Relevanz des Selbstwertgefühls im Hinblick auf Lern- und Leistungssituationen und seine Auswirkungen auf den schulischen Sozialisationsprozeß und die Genese von Gewalthandlungen

Schule stellt für wenigstens ein Jahrzehnt den Mittelpunkt des außerfamiliären Lebens dar und ist der Ort, an dem die Heranwachsenden wesentliche Erfolgs- und Mißerfolgserlebnisse erfahren. Zentrale Bedeutung für die individuelle Erfolgs- und Mißerfolgserwartung erhalten hierbei schulische Leistungssituationen, wie Lernen und Beteiligung am Unterricht, und Leistungsresultate bzw. Rückmeldungen durch Lob oder Beurteilungen. Damit stellen die Leistungen in der Schule eine wichtige Grundlage für Selbsteinschätzungsprozesse der Individuen dar, die immer auch Konsequenzen für die Selbstbewertung und künftige Leistungsanforderungen implizieren. Wie empirische Untersuchungen belegen, behielten jene Schüler, die ein negatives Konzept von ihren Fähigkeiten hatten, dieses mit stetig fallender Tendenz bei. Krause untersuchte in einer Längsschnittstudie, wie Eltern und Lehrer mit den Leistungen der Kinder umgehen. Sie ließ dazu von den Kindern nach der Rückgabe eines Diktats Zeichnungen anfertigen mit der Themenstellung: Wie es zu Hause sein würde, wenn die Eltern die Beurteilung des Diktates sehen. Die Zeichnungen der Grundschüler wurden nach emotionalen Reaktionen der Eltern ausgewertet. Es zeigte sich, daß positive Reaktionen wie Freude signifikant vom 2. bis zum 4. Schuljahr abnehmen, negative wie Ärger und Trauer zunehmen. Dazu war festzustellen, daß Lehrer gute Schüler noch besser als die Schüler sich selbst einschätzen, schlechte Kinder dagegen schlechter als diese sich selbst beurteilen. Ein negatives Selbstkonzept hat die Tendenz zur Konsistenz. Ein Kind, das in der Erwartungshaltung eines eintretenden Mißerfolgs an die Aufgabe herangeht, unternimmt wenig Anstrengungen und erklärt den eintretenden Mißerfolg wieder mit dem negativen Selbstkonzept: „Ich sag doch, ich kann keine Diktate!“ Mißerfolgsmotivierte Schüler erwarten Tadel, schlechte Bewertung, Scham und Zweifel in schulischen Leistungssituationen. Diese Auswirkungen lassen sich in Auswirkungen vor, während und nach dem Leistungsprozeß differenzieren (Krause, in: Hanckel u. a., S. 274–286).

Gerade Kinder mit niedrigem Fähigkeitsselbstkonzept wenden sich von vorneherein leichten Aufgaben zu. Während des Lernprozesses führen Gedanken, die aus der Angst vor Versagen und negativer Bewertung durch andere herrühren, zu einer Störung der Tätigkeit selbst. Die Schüler beschäftigen sich eher mit den Gedanken der vorgestellten Reaktionen der Eltern, Lehrer und Mitschüler. Es treten Denkblockaden und panikartige Ängste auf. Lösungsirrelevante Gedanken beschäftigen die Individuen. Hier wird ein Phänomen deutlich, von dem manche Eltern berichten. In unbelasteten Situationen zu Hause machten ihre Kinder weniger Fehler als in einer Klassenarbeit. Der Vergleich mit anderen Schülern entfällt hier und auch die negative Bewertung durch den Lehrer.

Auch nach dem Leistungsprozeß sind Auswirkungen in der Form zu konstatieren, daß bei Individuen mit geringem Selbstkonzept die eigene Leistung deutlich unterschätzt wird.

Heranwachsende mit einem geringen Selbstkonzept geraten in einen Circulus vitiosus: Das, was sie am meisten befürchten, nämlich Mißerfolg und negative Bewertung durch Lehrer, Eltern und die Peers, führen sie mit ihrem eigenen Verhalten selbst herbei. Die negative Selbsteinschätzung führt zu geringen Anstrengungen, Ängsten, Unkonzentriertheit. Die zur Lösung der Aufgaben notwendige Energie ist nicht mehr vorhanden und wird durch die emotionale Belastung und deren Verarbeitung absorbiert.
Zudem nimmt bei Jugendlichen im Alter von 12 bis 14 Jahren die Beschäftigung mit der eigenen Person zu und das Selbstbild wird instabiler, vor allem bei den Heranwachsenden, die schlechte Leistungen erbringen, denn letztere bewirken ein negatives Ansehen und eine geringe Wertigkeit in der Klasse. Solche Einbrüche im Selbstwert deuten an, daß das Selbstkonzept in der Phase des Übergangs von Kindheit zur Jugend ins Wanken kommt und deutliche Umstrukturierungstendenzen erfahren kann (Zinnecker/Silbereisen 1996, S. 291 ff.). Als Kompensationsmechanismen setzen deshalb gerade leistungsschwache und -versagende Heranwachsende Gewalttätigkeiten ein.

1.1.8. Angst – ein Verhinderungselement zum Aufbau von positivem Selbstwertgefühl und zur Gewaltabstinenz

Das Wort *Angst* kommt von der indogermanischen Wurzel „angh“ und hat eine Verbindung zum Eingeschnürtsein. Diese Enge, die wir spüren, wenn wir uns ängstigen, bringen wir normalerweise mit dem Brustraum in Verbindung. Die Angst schnürt uns die Kehle zu und wir können nicht mehr frei atmen. Wenn eine Angstsituation vorüber ist, können wir wieder auf- und durchatmen. Allerdings ist festzuhalten, daß Angst und Furcht nicht dasselbe sind. Furcht ist auf etwas Bestimmtes gerichtet. Furcht hat der Mensch vor konkreten Dingen, wie Tieren, der Arbeitslosigkeit etc. Angst dagegen ist allgemeiner, inkonkreter, unbewußter.
Angst wird als unangenehmer Spannungszustand wahrgenommen und geht mit verschiedenen Verhaltensänderungen körperlicher, psychischer und kognitiver Art einher, zu denen auch die Reduktion der Leistungsfähigkeit zu zählen ist. Greifen wir Hans Zulligers Formulierung auf: „Angst macht dumm“, so gilt es, den ungünstigen Einfluß von Angst auf Leistungssituationen etwas näher zu beleuchten. Hierzu unternahm J. Helm bereits 1954 einen interessanten Versuch (nach Gärtner-Harnach 1972, S. 76/77):

> Er ließ Studenten verschiedene komplexe Denkaufgaben lösen mit der Anmerkung, er wolle ihre Intelligenz untersuchen und die Ergebnisse

dem Professor, der sie ausbildete, mitteilen. Einer zweiten Gruppe gab er die gleichen Aufgaben, ohne diesen bedrohlichen Hinweis, um die Verhaltensweisen unter Prüfungsdruck mit denen in einer neutralen Situation vergleichen zu können. Die Aufgaben waren viel schwieriger als der Versuchsleiter den Probanden am Beginn weiszumachen versuchte, so daß die Probanden bald glauben mußten, etwas nicht zu bewältigen, was fast alle anderen vor ihnen geschafft hatten. Unternahmen die Probanden der affektfreien Gruppe, obwohl weniger an die Arbeit engagiert, kontinuierliche Zielbemühungen, so erschienen die Anstrengungen der Prüflinge der ersten Gruppe unstet; immer wieder zwangen sie sich willentlich an die Arbeit heran, hantierten krampfhaft, um dann doch erneut in ein flaues Herumprobieren oder sogar Unsicherheit zurückzufallen. Die affektiv-gespannten Probanden zeigten sich leichter entmutigt als die Kontrollgruppe. Statt jedoch ihr Anspruchsniveau zu senken, flüchteten sie in Ausweichformen, z. B. Ersatz- und Vorschubhandlungen, Abwertung der Aufgaben, Suchen nach objektiven Entschuldigungen. Die Höhe der Konfliktspannung ließ sich aus drastischen Äußerungen (z. B. Durcheinanderwerfen des Materials) und nur mühsam aufrechterhaltener Beherrschung ablesen. In einem zweiten Stadium bestand eine Tendenz zur Unterdrückung der Affekte mit relativer Verarmung aller Äußerungsformen. Sie waren weniger als die Probanden, die unter entspannten Bedingungen arbeiten konnten, in der Lage, ihr Vorgehen zu planen und zu gliedern. Sie erkannten nicht so schnell die wesentlichen Bestandteile der Aufgabe und es fehlte ihnen weitgehend die Fähigkeit zu zielgerichtetem Umstrukturieren, so daß ihnen oft nichts anderes übrig blieb als blind herumzuprobieren. Entsprechend lagen auch ihre Leistungen unter denen der Vergleichsgruppe. 28% ungelöster Aufgaben in der neutralen Gruppe standen 85% in der Experimentalgruppe gegenüber.

Zu ähnlichen Ergebissen kam Brockner 1979 mit seinem bekannt gewordenen Spiegelexperiment. Das Selbstkonzept von Studierenden war mit Hilfe eines Fragebogens ermittelt worden. Die Versuchspersonen hatten ebenso wie diejenigen im Helm-Versuch komplexe Denkaufgaben zu lösen. In der einen Gruppe wurde ein Spiegel mit dem Hinweis der Möglichkeit einer besseren Beobachtbarkeit der Versuchspersonen aufgestellt. In der zweiten Gruppe gab es keinen Spiegel. Die Versuchspersonen wiesen als Ergebnis keine Leistungsunterschiede zwischen Personen mit hohem oder niedrigerem Selbstkonzept auf. Dagegen zeigten in der Spiegelgruppe Personen mit reduziertem Selbstkonzept eine hohe Fehlerquote. Sie berichteten, sie hätten sich nicht auf die Aufgabe konzentrieren können; die Fehlerquote war dreimal so hoch wie bei Personen mit hohem Selbstkonzept. D. h.: Belastungssituationen lösen bei Personen mit niedrigem Selbstkonzept Angst aus und diese wiederum bedingt die Fehlerquoten.

In diesem Zusammenhang sind empirische Befunde relevant, die erbrachten, daß die Angstwerte mit zunehmender Schulzeit steigen. Das Ansteigen des Angstpegels ist wahrscheinlich durch eine wechselseitige Beeinflussung von Angst und Leistung zu erklären. Angst verursacht schlechte Schulleistungen und Mißerfolgserlebnisse, und diese wiederum bedingen erhöhte Schulangst, die sich negativ auf die weiteren Schulleistungen auswirkt. Die Konsquenzen der Angst muß man hier als sekundäre Ursache weiterer Angst sehen.

Anhaltende Mißerfolge erhöhen jedoch auch die Angst vor weiterem Versagen; sie wirken sich auf die Leistungsmotivation aus. Das Anspruchsniveau senkt sich und auch der Fleiß. Das Selbstwertgefühl des Schülers sinkt. In den Selbstbeschreibungen eines Schülers liest man:

> In der 2. Klasse:
> „Ich bin manchmal unvernünftig. Ich weiß selber nicht mehr, was los ist, entweder bin ich frech oder lieb. In der Schule will ich auch lieb sein."
>
> In der 3. Klasse bei demselben Schüler:
> „Ich nehme mir für die Schule etwas vor. Ich versuche, fleißig zu lernen, eigentlich klappt es, manchmal nicht. Ich soll mich in der Schule gut anstrengen."
>
> In der 4. Klasse:
> „Wenn ich in der Schule bin, habe ich meistens keine Lust. Ich bin auch ein schlechter Schüler. Ich könnte mich etwas bessern" (Kotthoff, in: Bartmann/Klonska 1996, S. 81).

Leistungsangst wird nicht nur durch die Ansprüche der Leistungssituation bestimmt, sondern auch durch die Erwartungen, die die Personen in diese Situationen mitbringen. Nach der psychoanalytischen Theorie werden diese Erwartungsängste weitgehend durch die Eltern-Kind-Beziehung vor der formalen Einschulung geprägt. Das Verhalten eines Kindes wird beständig von Eltern als angemessen oder inadäquat, gut oder schlecht bewertet. Dabei mögen viele der Situationen mit üblichen Leistungssituationen scheinbar nichts zu tun haben. In dem Maße, in dem das Kind die Situation aber so begreift, daß ein Urteil über seine Eignung gefällt wird, handelt es sich um leistungsähnliche Situationen, die seine Selbsteinschätzung prägen.

Den Ursprung der Angstgenese sehen vor allem psychoanalytisch orien-

tierte Autoren in dem starken Bedürfnis des Kindes nach Bestätigung durch wichtige Bezugspersonen, nach deren liebevoller Zuwendung, wie bereits oben ausführlich dargestellt.
Werden von den Bezugspersonen diese Bedürfnisse nicht zufriedengestellt oder wird das Verhalten der Kinder nicht akzeptiert oder der Entzug von Liebe und Zuwendung bewußt oder unbewußt als ein Mittel eingesetzt, um das Kind in Übereinstimmung mit eigenen Auffassungen von richtig oder falsch zu bringen, so entstehen beim Heranwachsenden starke Konflikte zwischen Abhängigkeit und Unabhängigkeit. Die frustrierenden Erlebnisse, denen das Kind ausgesetzt ist, rufen feindselige Gefühle hervor, die jedoch nicht offen ausagiert werden können, da das Kind dann den Entzug elterlicher Liebe und Zuneigung fürchtet. Es versucht die Angst vor Liebesverlust auf zwei Wegen zu bewältigen:
Auf der einen Seite werden die feindseligen Impulse verdrängt. Die unvollständig abgewehrte Hostilität verschafft sich jedoch in Form von Schuldgefühlen und Aggressionen gegen die eigene Person und in der Herabsetzung des Selbstwertgefühls Bahn. Auf der anderen Seite versucht das Kind den befürchteten Verlust der elterlichen Zuwendung und Zuneigung, der Angst vor Verlassenheit und Hilflosigkeit dadurch entgegenzuwirken, daß es sich bemüht, den elterlichen Erwartungen gerecht zu werden. Tritt nun ein Individuum, das ständig unter Erwartungsangst steht, die elterliche Zuneigung zu verlieren, in das Schulleben ein, so wird der Circulus vitiosus im Verhalten des Kindes erweitert und verstärkt, sofern in der Werteskala der Bezugspersonen schulische Leistungen an erster Stelle rangieren. Wenn Eltern sich mit den Erfolgen bzw. Mißerfolgen ihrer Kinder stark identifizieren, wenn ungenügende Schulleistungen als Disqualifikation der ganzen Familie empfunden werden, dann löst jedes Versagen des Kindes wiederum angststimulierende Tendenzen beim Kind und in der Familie aus.
Mißerfolge des Schülers wirken auch auf den Lehrenden provozierend. Aufgrund seiner Rollendefinition wird seine pädagogische Qualifikation am Erfüllen bzw. Nichterfüllen der fixierten Durchschnittsnormen gemessen. Das Versagen der Schüler wird von ihm als Bedrohung seiner beruflichen Identität gewertet. Viele Lehrende reagieren dann extrapunitiv, indem sie das Versagen in der Person des Schülers suchen. Mögen diese Reaktionen des Lehrers auch noch so subtil sein, so klassifizieren sie das Kind doch als minderwertig ab. Dies beeinflußt wiederum die Peers, die Gruppe der Klassenkameraden, die sich besonders in jüngerem Alter mit der Bewertung des Lehrers identifizieren. Das Selbstwerterleben steht in Korrespondenz mit der Bewertung durch den „signifikanten Anderen" (G. H. Mead). Beständig negative Fremdeinschätzung löst bei Schulkindern eine stetige Reduktion der Selbstwerteinschätzung aus. Schüler, die von

den Lehrern als schwach eingestuft werden, assoziieren das Gefühl, eine Niete zu sein, „zu nichts gut zu sein“ oder nicht viel zu haben, auf das sie stolz sein können.
Es läßt sich konstatieren, daß das Kind auf Angst in verschiedener Weise reagiert. Die Art der Reaktion ist wahrscheinlich ebenso konstitutionell wie von der Umgebung her determiniert. Die Reaktionsmechanismen werden als Symptome bezeichnet. Sie sind Ersatzbefriedigungen und können im Verhaltensbereich durch die Entwicklung ängstlich gehemmter oder aggressiver, gewalttätiger Verhaltensmuster auftreten, wobei letztere für andere gefährdend und in höchstem Maße bedrohlich sind.
Es sind – wie vielfältige Untersuchungsergebnisse dokumentieren – vor allem leistungsschwache Schüler, die Gewalttätigkeiten als Kompensationsmechanismen einsetzen. Das Machogehabe und die physische Gewaltbereitschaft vor allem männlicher Schüler machen es selbst dem pädagogischen Beobachter schwer, einen Blick hinter die Fassade zu werfen. Gelingt es ihm doch, so offenbaren sich hinter dem lauten, Selbstsicherheit vortäuschenden Verhalten zumeist Ängstlichkeit, Hilflosigkeit, psychische Labilität, Beziehungsarmut und Einsamkeit sowie hochgradige Verletzbarkeit.
Schüler, die physische Gewalttätigkeiten praktizieren, kommen vorwiegend aus Bevölkerungskreisen, in denen körperliche Stärke als Merkmal männlicher Stärke gilt (Bründel/Hurrelmann 1994).
Es gilt deshalb in diesem Zusammenhang auch geschlechtsspezifische Facetten des Aufbaus von positivem oder negativem Selbstkonzept zu beleuchten.

1.1.9. Geschlechtsspezifische Facetten in bezug auf Gewalttätigkeiten und auf den Aufbau von positivem bzw. negativem Selbstkonzept

1.1.9.1. Geschlechtsspezifische Rollenzuweisung

Das Problemfeld Gewalt ist, was körperlich aggressive Handlungen betrifft, keineswegs geschlechtsneutral. Jungen sind fast doppelt so häufig in physische Gewalttätigkeiten verwickelt wie Mädchen. Dabei sind Mädchen häufiger Opfer von Gewalt, ebenso wie Jungen mit geringem Selbstwertgefühl und introvertierter Persönlichkeitsstruktur.
Was das Selbstkonzept betrifft, so erwerben Mädchen bereits in den ersten Grundschuljahren im Vergleich zu Jungen ein negatives Konzept von ihren mathematischen Fähigkeiten, obgleich ihre Leistungen objektiv gleich mit denen der Jungen sind. Es ist hervorzuheben, daß der Anteil der Mädchen im oberen Leistungsdrittel der Klassen in jeder Jahrgangsstufe größer ist als derjenige der Jungen. Diese beschreiben sich jedoch im Gesamtkonzept

günstiger als Mädchen. Positivere Selbstbeschreibungen des männlichen Geschlechts finden sich im Selbstkonzept der intellektuellen und physischen Leistungsfähigkeit, dem Selbstkonzept der Selbstsicherheit, der Selbstbehauptungs- und Durchsetzungsfähigkeit und des Angsterlebens (Baldering 1993, S. 39).

1.1.9.2. Eigenschaftsprofile von Mädchen und Jungen

Auch heutzutage werden dem männlichen Geschlecht noch Eigenschaften zugeordnet wie Fähigkeit und intellektuelle Kompetenz, Dominanz, Aktivität und Kraft, Mut, Selbstsicherheit, Erfolgs- und Leistungsorientierung. Dagegen werden für das weibliche Geschlecht Eigenschaften herausgestellt wie emotionale Wärme, Einfühlungsvermögen, Anpassungsfähigkeit, Freundlichkeit, Passivität, Submissivität, soziale Orientiertheit.
Wesentlich ist für unseren Zusammenhang, daß männliche Eigenschaften immer noch eine gesellschaftliche Höherbewertung erfahren, was sich auf die Selbstwertschätzung des männlichen Geschlechts auswirkt. Da das Kleinkind ab dem 2. bis 3. Lebensjahr zu der kognitiven Leistung der Selbstkategorisierung als Junge oder Mädchen fähig ist und sich auch jene Informationen zuordnet, die offenbar zu seinem Geschlecht passen, verwundert es kaum, daß in einer Befragung mit Jungen eines 4. Schuljahres (2 Grundschulklassen wurden in die Untersuchung einbezogen) Mädchen ganz offensichtlich als minderwertig erlebt werden.
Folgende Antworten wurden auf die Frage: „Was wäre, wenn ich als Mädchen zur Welt gekommen wäre“ gegeben:

- müßte ich später kochen, waschen, putzen
- wäre ich nicht so mutig
- hätte ich vor allem Schiß
- wäre ich ein Angsthase und wäre nicht so stolz
- könnte ich nicht so gut Ball spielen
- wäre ich nicht so cool
- würde ich Lehrerin oder Arzthelferin werden
- als Junge werde ich sehr abstrakt. Dazu malte der Junge, der diese Aussage von sich gab, eine Rakete und ein Gebäude, auf das er NASA schrieb. Er ergänzte sein Statement: „Als Mädchen wäre ich Sekretärin geworden ... Gott sei Dank, daß ich kein Mädchen bin“ (de Jong 1995, S.125–127).

Mädchen werden nach dieser Umfrage offensichtlich als schlapp und zimperlich wahrgenommen.
Zu ähnlichen Ergebnissen kam die Untersuchung von Sabine Hering und Christian Rietschel: „Weil ich ein Mädchen bin. Weiblichkeit und Männlichkeit aus Sicht der Kinder“, die mit einem Sample von 50 Kindern an der Gesamthochschule Siegen durchgeführt wurde.

8- bis 12jährige Kinder sollten die besonderen Fähigkeiten von Mädchen einschätzen.
„Ich finde, Mädchen können gar nichts besonders gut“, erklärte der 8jährige Joachim und der gleichaltrige Sascha meinte: „Die können gar nichts. Die wissen noch nicht einmal, was eins und eins ist. Ich hasse Mädchen, die sind verheerend!“
Die Mädchen – so zeigt diese Untersuchung – haben sich zum Teil schon ganz mit der ihnen vorgeschriebenen Rolle identifiziert. Maxi, 11 Jahre, meinte: „Wenn ich ein Junge wäre, müßte ich ja später genau soviel arbeiten wie mein Vater.“ (Anmerkung: Ihre Mutter hat einen Beruf und macht fast die ganze Hausarbeit.)
Selbst bei der Frage nach dem Tier, in das sie sich am liebsten verzaubern würden, traten die Rollenklischees auf. Die Mädchen begründeten ihre Wahl wie Maus, Reh, Katze mit Hinweisen auf Kuscheligkeit, Wärme und Geborgenheit. Sascha dagegen wollte ein Puma sein, weil der böse ist und beißen kann. Und der 11jährige Benny wollte sich in einen Werwolf verwandeln, „weil alle auf der Welt vor ihm Angst haben“.
Aber es gab unter beiden Geschlechtern auch Abweichler. Martin wollte ein Braunbär sein, „weil er so ein weiches Fell hat und Honig genau so mag wie ich“. Und auch unter den Mädchen artikulierte eines den Wunsch, ein schnelles Pferd zu sein und ein anderes ein Vogel.
Die Frage: „Was können Mädchen/Jungen besonders gut, was können sie gar nicht?“ zementierte in den meisten Fällen das Rollenklischee, d. h.: Kinder zwischen 8–12 Jahren akzeptierten die Geschlechterrollen als gegensätzlich.
So kamen Antworten wie: „Mädchen sind liebevoller und einfühlsamer, sind besser in Schönschrift und im Basteln.“
Jungen können „besser angeben und sind im Sport besser und überhaupt stärker“.
Diese Untersuchung ist insofern bedeutsam und läßt aufhorchen. Überall dort, wo Kinder ein gleichberechtigtes Konzept erleben, wächst die Möglichkeit, die Geschlechterfrage nicht mehr so stereotyp, sondern differenziert zu betrachten.
Johannes, 12 Jahre, gehört zu den Jungen, die sich den Mädchen gegenüber relativ solidarisch verhalten. „Die meisten Jungen wollen nicht mit Mädchen in einer Mannschaft spielen, weil sie nicht werfen können. Aber mir ist das eigentlich egal, mit wem ich in einer Mannschaft bin, Hauptsache, wir können spielen.“ Diese Haltung findet sich auch bei seinen Eltern. Seine Mutter macht, wie er meint, das meiste, aber auch der Vater betätigt sich: „Der kocht, weil meine Mutter momentan am Lernen ist.“ Und auf die Frage hin, was die Mutter besonders am Vater mag, meint er: „Vielleicht

mag sie ihn, weil sie sich gegenseitig helfen“ (Hering/Rietschel, in: Psychologie Heute, 22, 1995, H. 7, S. 60–63).
Geschlecht scheint sowohl für das Individuum selbst wie für das soziale Umfeld von zentraler Bedeutung zu sein. Dies zeigt sich bereits bei der Geburt eines Kindes. Verwandte und Bekannte erkundigen sich zumeist zuerst nach dem Geschlecht eines Kindes bevor sie nach seinem Gesundheitszustand und demjenigen der Mutter fragen.
In Zusammenhang mit der Thematik Gewalt und Selbstwert kristallisiert sich heraus, daß Personen, bei denen das Realkonzept und Geschlechtsstereotyp nicht übereinstimmen, Schwierigkeiten in bezug auf Anerkennung und Selbsteinschätzung haben.

1.1.9.3. Ursachen der Entstehung geschlechtsspezifischer Verhaltensweisen

Die Entstehung geschlechtsspezifischer Verhaltensweisen ist sowohl biologisch als auch genetisch sowie sozialisatorisch und kulturspezifisch bedingt. Die weniger ausgeprägte Gewaltbereitschaft vor allem in physischer Form bei Mädchen wird auf den geringeren Testosteron-Gehalt zurückgeführt. Das männliche Sexualhormon steigert die Aggressionsbereitschaft. Menschen mit hohem Testosteron-Gehalt im Blut sind aggressiver. Dies trifft auch auf weibliche Individuen zu.
Allerdings zeigen Mädchen und Frauen auch eine andere Form der Verarbeitung von Konflikten, Kränkungen, Versagungen und Verletzungen. Dies ist, wie wissenschaftliche Befunde zeigen, eine nach innen gerichtete Form der Verarbeitung von Spannungen und Belastungen. Das weibliche Geschlecht „frißt“ Probleme in sich hinein und reagiert häufig mit psychosomatischen Gesundheitsbeeinträchtigungen. Bei weit mehr weiblichen als männlichen Individuen wurde der Mißbrauch von Schmerz-, Schlaf- und Beruhigungsmitteln beobachtet und registriert (Nordlohne/Hurrelmann, in: Bäuerle 1993, S. 107–129).
Es mag biologische Gründe für diese emotionalen Differenzen geben, die mit der geringeren Ausprägung der Hirnlateralität beim weiblichen Geschlecht zu tun haben mögen (Oerter, in: Oerter/Montada 1995, S. 268). Bei der Beobachtung der Gehirntätigkeit von Testpersonen ergaben sich zudem Unterschiede im Bereich der Gefühlskontrolle zwischen Mann und Frau. Man stellte fest, daß beim Gedanken an das traurigste Erlebnis in ihrem Leben bei männlichen Versuchspersonen das limbische System besonders aktiv war. Dieses ist der Bereich im Gehirn, der die Gefühle kontrolliert. Die Erinnerung an die leidvollste Erfahrung löste bei den weiblichen Testpersonen wesentlich intensivere Reaktionen aus. Emotionale Unterschiede lassen sich jedoch auch auf die getrennten emotionalen Wel-

ten zurückführen, deren Barrieren nicht nur durch die unterschiedlichen Spiele und Spielutensilien im Entwicklungsprozeß verstärkt werden.
Jungen und Mädchen lernen einen ganz unterschiedlichen Umgang mit Emotionen. Eltern sprechen über Emotionen – den Zorn ausgenommen – häufiger mit ihren Töchtern als mit ihren Söhnen. Wenn Mütter mit ihren kleinen Kindern spielen, zeigen sie Töchtern gegenüber ein breiteres Spektrum an Emotionen als gegenüber den Söhnen. Wenn Mütter mit ihren Töchtern über Gefühle sprechen, gehen sie ausführlicher auf den emotionalen Zustand selbst ein, als sie dies bei Söhnen tun; bei letzteren sprechen sie ausführlicher über die Ursachen und Folgen von Emotionen. Dadurch, daß bei Jungen weniger Wert auf die Verbalisierung von Affekten gelegt wird, bleiben ihre emotionalen Zustände sowohl bei sich wie bei anderen unbewußt. Die unterschiedliche Schulung der Emotionen fördert ganz verschiedene Fähigkeiten. Mädchen werden geschickt darin, verbale und nonverbale Signale zu deuten, ihre Gefühle auszudrücken und mitzuteilen. Jungen entwickeln Geschicklichkeit darin, Emotionen herunterzuspielen, die mit Angst, Schuld, Schmerz und Verletzlichkeit zu tun haben. So schreibt der 16jährige Marc auf die Frage „Wovor Jungen Angst haben“:

> „Jungen haben wohl dieselben Ängste wie ihre weiblichen Altersgenossen. Sie haben Angst vor dunklen Zimmern, Angst davor, die Eltern oder Freunde zu verlieren, Angst, alleine dazustehen. Sie haben Angst zu verlieren, der Letzte zu sein. Sie sollen keine Angst haben, Siegeswillen besitzen und den Mädchen überlegen sein. Mit anderen Worten: Sie haben männlich zu sein. Nach der ersten intensiven Auseinandersetzung mit dem weiblichen Geschlecht gerät der Schein aber ins Hintertreffen und die Jungen zeigen – besonders bei Menschen, zu denen sie Vertrauen haben – die lange versteckten Gefühle. Das Problem des Jungen ist es im Grunde, daß er versucht, seine Gefühle und Ängste zu verbergen. Der Junge hat Angst vor seiner Angst“ (Schnack/Neutzling, in: Büttner/Dittmann 1993, S. 133, 134).

Frauen bringen im Durchschnitt mehr Empathiefähigkeit auf als Männer, jedenfalls wenn man von der Fähigkeit ausgeht, am Gesichtsausdruck, dem Tonfall der Stimme und anderen nonverbalen Hinweisen, die unausgesprochen Gefühle eines anderen abzulesen. Bei Kleinkindern besteht, was die Ausdrucksfähigkeit des Gesichts angeht, noch kein Unterschied zwischen Jungen und Mädchen. Doch im Laufe der Grundschuljahre werden Jungen weniger ausdrucksfähig, während bei Mädchen die Expressivität wächst. Frauen scheinen das gesamte Spektrum der Emotionen intensiver zu erleben als Männer und tatsächlich emotionaler zu sein (Goleman 1996, S. 169).

Diese Erkenntnisse werden durch eine Dortmunder Untersuchung an 1760 männlichen Schülern zwischen 14 und 16 Jahren gestützt. Ganze zwei Prozent der Schüler würden sich bei Kummer vom Vater trösten lassen (Psychologie Heute, 23, 1996, H. 11, S. 63).

Jungen internalisieren im Laufe der Sozialisation normierte Männlichkeitsbilder. „Also wenn du ein Weichei bist, dann hast du bei den meisten schon verschissen", erklärt einer der befragten 10- bis 13jährigen Jungen in der Untersuchung von Brehmer: „Was Sandkastenrocker von Heulsusen lernen können" (Psychologie Heute, 23, 1996, H. 11, S. 64).

Väter, die abends nach Hause kommen, geben vielleicht zu, müde zu sein, aber Mißerfolge sind kaum ein Thema. Hierbei verinnerlicht der Junge: „Papa kann alles, ein Mann kann alles. Irgendwann werde ich auch alles können müssen" (Psychologie Heute, 23, 1996, H. 11, S. 63).

Gewalt ist manifester Bestandteil des männlichen Lebens. Doch der Zusammenhang zwischen Gewalt und Geschlechtersozialisation wird von den wenigsten zur Kenntnis genommen. Wer ein richtiger Mann sein will, zeigt seine Schwächen nicht. Wirkliche Nähe gibt es unter Männern selten. Denn je näher man jemanden an sich heranläßt, desto größer ist das Risiko, ertappt zu werden. Nur 7% der Jungen – so die oben angeführte Dortmunder Umfrage – suchen bei Kummer und Traurigkeit den Beistand eines Freundes.

Meßlatte ist die des Leitbildes vom starken Mann. Und körperliche Stärke gilt vor allem – wie vielfältige Untersuchungen ergaben – bei den mit der Hand arbeitenden Bevölkerungskreisen als männliche Stärke.

Man muß allerdings akzentuieren, daß nicht alle Jungen und Mädchen diesem stereotypen Muster vom Männlichkeits- und Weiblichkeitsbild entsprechen, das lange Zeit Ausdruck eines gesellschaftlichen Ideals war. Männer und Frauen hatten unterschiedliche, einander ergänzende Rollen zu erfüllen, die sowohl dem Modell der Arbeitsteilung als auch der Persönlichkeitsentwicklung entsprachen. Reale Personen bringen jedoch schon genetisch bedingt bestimmte Dispositionen mit, die durchaus der gesellschaftlichen Rollenzuweisung und deren Eigenschaftsprofilen widersprechen können. Beispielsweise kann sich dies schon in der körperlichen Statur manifestieren (ein kleiner zierlicher Mann!). Erziehungsziel müßte deshalb für den Lehrer immer sein, ein breites Spektrum an Handlungsalternativen ins Auge zu fassen, das nicht ausgeprägt maskulin oder feminin orientiert ist, sondern auch Kombinationen von Eigenschaftsmerkmalen beider Geschlechter zuläßt. Man spricht hier vom Androgyniekonzept. D. h., sowohl feminine als auch maskuline Fähigkeiten und Fertigkeiten als auch indifferente dürfen und sollen entwickelt werden. Individuationsgerechte Handlungsorientierungen dürfen und sollen aufgewiesen werden.

Auf der Skala der Dimensionen Mann und Frau, unabhängig vom biologischen Geschlecht, kann jeder beliebige Punkt eingenommen werden (Alfermann 1996, S. 59 ff.).
Für beide Geschlechter bedeutet ein solches Konzept, daß sich der Einzelne nicht um jeden Preis in ein gesellschaftlich vorgegebenes und kulturabhängiges Rollenstereotyp pressen lassen sollte und Stärken zeigen muß, die er gar nicht hat, d. h. die postulierte Konvergenz von biologischem Geschlecht und Geschlechtsrollenidentität wird in ihrer faktischen und normativen Bedeutung in Frage gestellt. Folge dieser Zuschreibungen war die Reduzierung von Verhaltens- und Wahrnehmungsstrukturen und die Ungleichwertigkeit bestimmter Kommunikationsformen. Sicherlich muß festgehalten werden, daß sowohl Jungen wie Mädchen Identifikationsfiguren brauchen, die die **Gleichwertigkeit** beider Geschlechter und die Veränderung der Bilder von Frauen und Männern verifizieren. Eine grundlegende Veränderung von Curricula, Schulbücherklischees und Geschlechterbildern in den Medien ist von nöten. Beispielsweise sollten in Geschichte auch die Leistungen und Belastungen von Frauen verdeutlicht werden. Nicht nur bedeutende Denker, Erfinder, Entdecker, Krieger hat die Welt hervorgebracht. Dies impliziert, daß ein weites Feld von wichtigen positiven menschlichen Eigenschaften und Verhaltensweisen beiden Geschlechtern zugeordnet werden darf. Die Arbeit eines Zivildienstleistenden, der einen körperlich oder geistig Behinderten pflegt, oder diejenige eines Mannes von der Vogelwarte, der einem Vogel das gebrochene Bein schient, ist genau so wertvoll wie diejenige eines Soldaten. D. h., Männlichkeit wird hier auch in unterstützenden sozialemotionalen Verhaltensweisen und Verzicht auf Kämpfe und Gewaltausübung erfahren (Kaiser, in: Psychologie Heute, 23, 1996, H. 11, S. 67).
Andererseits müssen auch erfolgreiche Kommunalpolitikerinnen und Wissenschaftlerinnen ins Blickfeld von Mädchen gelangen, d. h. Frauen, die eine andere Form von Weiblichkeit repräsentieren, die auch instrumentelle und erfolgsorientierte Leistungseigenschaften haben dürfen. Heranwachsende müssen sich mit Personen identifizieren können, die Fehler und Schwächen nicht vertuschen und leugnen müssen und zu Mitteln überzogener Selbstdarstellung greifen, um ihre Ängste zu überdecken und wenigstens zeitweilig zu reduzieren. Die eigenen Ängste werden anderen eingejagt. Deshalb sind sehr häufig Gewaltmechanismen bei männlichen Heranwachsenden als Kompensationsstrategien erklärbar. Wer keine Mißerfolge haben darf, muß fehlerhaftes Verhalten leugnen oder durch autoritäre Aggression überspielen. Die direkte verletzende Gewalt wirkt wie eine Droge, die kurzfristig das Selbstwertgefühl hebt. Deshalb muß die Erkenntnis, daß jemand, der verloren hat, genauso dazugehört wie der

Sieger, daß niemand immerzu siegen kann, bei Heranwachsenden als Grundstock des Selbstkonzeptes und des daraus resultierenden Handelns gelegt werden. Solange immer noch bei Jungen sozial weniger kompetentes Verhalten als Gegebenheit hingenommen wird, darf sich die Gesellschaft auch nicht über physische Gewalttätigkeiten wundern.

1.2. Ingredienzien von Präventionsmaßnahmen zur Reduktion von Gewalt

1.2.1. Theoretische Prämissen

Ziehen wir Konsequenzen aus den bisherigen Ausführungen, so ergeben sich als unumgängliche Forderungen für den Pädagogen der Aufbau sowohl von emotionalen und kognitiven sowie von diversen alternativen verbalen und nonverbalen Verhaltens- und Kommunikationsmöglichkeiten beim Kind und Jugendlichen. Selbstwertaufbau und damit auch Prophylaxe im Hinblick auf gewalttätiges Verhalten geschieht durch das Zusammenfügen mehrerer wichtiger Bausteine.
Als solche wären anzuführen:

- Selbstwahrnehmung,
  d. h. sich selbst beobachten und die eigenen Gedanken, Gefühle, Wünsche, Träume und Reaktionen erkennen;
- Selbstakzeptanz,
  d. h. eigene Stärken und Schwächen erkennen und tolerieren;
- Umgang mit Gefühlen,
  d. h. erkennen, was hinter der Äußerung eines Gefühls steckt, etwa eine Kränkung, Versagung, Verletzung; zwischen Gefühlen und Handlungen unterscheiden können, denn es gibt keine ‚falschen' Gefühle, es gibt nur inakzeptable Handlungen (Ruth Cohn);
- Empathie,
  d. h. die Gefühle, Sorgen, Verletzungen, Belastungen anderer verstehen und sich in diese hineinversetzen können; abweichende Ansichten anderer erkennen;
- Einsicht,
  d. h. bestimmte Muster im eigenen Gefühlsleben sowie bei anderen Personen erkennen;
- Entscheidungen treffen,
  d. h. das eigene Handeln durchdenken und auf seine Folgen hin beleuchten; erkennen, ob eine Entscheidung vom Denken oder Gefühl her bestimmt ist;

- persönliche Verantwortung übernehmen,
  d. h. die Konsequenzen der eigenen Entscheidungen und Handlungen tragen; Verpflichtungen einhalten und Gefühle und Stimmungen akzeptieren;
- Abbau von Streß, Angst und Wut,
  d. h. lernen, was mit gelenkten Vorstellungen, körperlichen Bewegungen und Entspannungsmethoden zu erreichen ist;
- Kommunikation,
  d. h. unterscheiden zwischen dem, was einer sagt oder tut, und den eigenen Reaktionen und Urteilen; ein guter Zuhörer und Fragesteller werden;
- Konfliktlösung,
  d. h. sich mit anderen ohne Einsatz von destruktiven Aggressionen und Gewalttätigkeiten auseinandersetzen können; Kompromisse ohne Niederlagengefühle aushandeln;
- gruppendynamische Kooperation,
  d. h. wissen, wann und wie die Führung zu übernehmen ist und wann und wie man sich unterordnen kann und muß (Goleman 1996, S. 379 ff.).

Abschließend ist zu fokussieren, daß sich die einzelnen Bausteine häufig verzahnen.

1.2.2. Anregungen für den Unterricht

Zur Vorbeugung gibt es keine Alternative. Es gilt deshalb, die angeführten Schlüsselkompetenzen in die schulische Arbeit und den Unterricht zu integrieren. Allerdings muß man sich bewußt sein, daß Vorbeugungsmaßnahmen nur langfristig greifen. Eine schnelle Hilfe ist mit diesen nicht zu erreichen.

1.2.2.1. Begegnung und Kontakt mit sich selbst initiieren

Erstes Beispiel: Phantasiereise „Der magische Spiegel"
Phantasiereisen sind Varianten von Stilleübungen und als Reisen zu den eigenen Bildern zu verstehen. Sie bedienen sich der Kraft und Kreativität der Phantasie und Imagination. Sie verwenden die Techniken des autogenen Trainings, das von dem Berliner Nervenarzt Johann Heinrich Schultz in der zweiten Hälfte der zwanziger Jahre dieses Jahrhunderts entwickelt wurde. Es besteht aus Übungen, die aus dem Selbst entstehen und sich als Methode konzentrativer Selbstentspannung verifizieren sollen. Die Erkenntnis und Erfahrung, daß man durch Sammlung der Gedanken und Vorstellungen

auch seinen Körper beeinflussen kann, liegt dieser Methode zugrunde. Die positive Beeinflussung des vegetativen Nervensystems wirkt sich auch auf die Funktion der Organe aus. Somit kann sowohl die physische als auch die psychische Befindlichkeit durch Versenkung in einen Entspannungszustand positiv verändert werden. Durch bestimmte Worte versucht man die Personen in einen körperlichen und seelischen Entspannungszustand zu versetzen. Musik kann dabei die Ruhewirkung unterstützen. Die Anleitungen betreffen die Körperhaltung (stehen, sitzen, liegen), das Schließen der Augen, die Ruhe und Entspannung, das Hören und Vorstellen, dann die Reise in die Imagination selbst, in der man Raum für Erlebnisse, Wünsche, Träume gibt und dann die Individuen wieder durch entsprechende Suggestionen in die Realität zurückbringt (tief atmen, strecken). Phantasiereisen sind, wie letztlich jede Meditation, selbsthypnotische Vorgänge. Als Möglichkeiten der Auswertung bieten sich je nach Altersstufe Versprachlichung in Wort bzw. Text sowie kreatives Gestalten in Bildern oder Modellieren an. Die Phasen des Ablaufs einer Phantasiereise sind auf Einstimmung, Durchführung, Beendigung und Auswertung konzentriert.

Der magische Spiegel – durchgeführt in einem 4. Schuljahr

Wir machen heute eine Reise ganz besonderer Art. Entspanne dich. Atme ruhig und lege die Arme und den Kopf auf die Bank. (Ein Triangelschlag kündigt den Beginn der Reise an.)
Stell dir vor, daß du alleine zu Hause bist. Du gehst aus deinem Zimmer in die Küche und auf dem Weg zum Bad fällt dir die Tür zum Dachboden auf. Du drückst die Klinke der Tür hinunter und öffnest die Tür vorsichtig und steigst die Treppe hinauf. Du hast keine Angst. Die Sonne scheint warm durch das Dachfenster. Neugierig blickst du dich um. Überall stehen Kisten und Koffer. Plötzlich wirst du von Sonnenstrahlen geblendet. Die Strahlen spiegeln sich in einem großen alten Spiegel mit goldenem Rand. Der Spiegel ist staubig und du putzt ihn vorsichtig mit deiner Hand. Du stellst dich vor den Spiegel und schaust hinein. Was siehst du?
Das Bild im Spiegel verschwimmt und zeigt dir einen Ort, an dem du gerne sein möchtest. Vielleicht ist es ein Ort, an dem du schon einmal besonders glücklich warst.
Du gehst durch den Spiegel in den Ort hinein. Du gehst zunächst auf ein Tor zu. Hier steht ein Schild: „Wenn du durch mich hindurchgehst, bist du für kurze Zeit ein Tier." Du hast keine Angst und gehst durch und verwandelst dich in ein Tier. Stell dir vor, welches Tier du sein möchtest. Wie bewegst du dich?
Du gehst weiter und nach einem Glockenschlag bist du wieder du selbst. Du gehst weiter und kommst an ein zweites Tor. Hier steht zu lesen: „Wenn du durch mich hindurchgehst, dann verwandelst du dich in einen Gegenstand."

In welchen Gegenstand wirst du verwandelt? Ein Glockenschlag ertönt. Du bist wieder du. Du kommst zu einem dritten Tor. Hier liest du auf dem Schild: „Wenn du durch mich hindurchgehst, wirst du in einen anderen Menschen verwandelt, der du immer schon hast sein wollen." Wer bist du?
Ein Glockenschlag verwandelt dich wieder zurück. Du kommst zu einem vierten Tor, an dem steht: „Ich erfülle dir einen Wunsch, wenn du durchgehst." Du gehst durch. Welcher Wunsch erfüllt sich dir?
Ein Glockenschlag ertönt, nachdem sich dein Wunsch erfüllt hat und du bist wieder du selbst. Du fühlst dich sehr wohl und siehst nach einer Weile wieder den Spiegel. Du gehst durch denselben durch und bist wieder auf dem Dachboden. Du gehst zufrieden und fröhlich die Treppe hinunter, schließt die Tür und gehst in dein Zimmer. Du streckst dich und atmest tief ein und aus. Öffne deine Augen. Du kehrst von der Reise durch den magischen Spiegel zurück.
(Die Studierenden des Seminars: „Wege aus der Gewalt" haben diese Reise konzipiert und in einem 4. Schuljahr durchgeführt.)

Die folgenden Bilder haben Kinder nach dieser Phantasiereise gemalt:

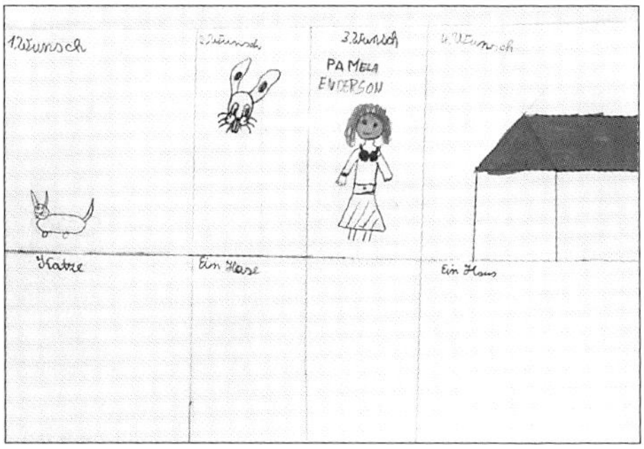

Katze – Hase – P. Anderson – Haus

Pferd – Schrank – Tanzmariechen

Zweites Beispiel: Wer bin ich und wie bin ich
Jeder Teilnehmer erhält 10 Zettel. Darauf schreibt er 10 unterschiedliche kurze Antworten auf die Frage: Wer bin ich?

Es kann alles aufgeschrieben werden, was den Schülern spontan einfällt: Name, Alter, Geschlecht, unterschiedliche Rollen wie Schwester, Bruder, Schüler, Lieblingsbeschäftigungen, Lieblingsessen, Fähigkeiten und Schwächen, Fehler.
In der Rangordnung der Wichtigkeit sollten Fähigkeiten und Schwächen aufgestellt werden. Vergleich mit der Gruppe und deren Gewichtung.

Drittes Beispiel: Spiel: Heißer Stuhl
Die Kinder sitzen im Kreis, in der Mitte steht der „heiße Stuhl", gegenüber ein zweiter. Darauf setzt sich die Person, die momentan am meisten Zuwendung braucht. Nacheinander setzen sich nun alle auf den „heißen Stuhl" und sagen der Person, was sie an ihr besonders mögen und schätzen (Aussehen, Eigenschaft, Leistung, Verhalten). Zuvor muß der Lehrende doch den Hinweis geben, daß jeder positive Eigenschaften und Merkmale hat, auch wenn man den Betreffenden nicht besonders mag. Der Stuhl wird deshalb als heiß empfunden, weil es vielen Personen schwerer fällt, jemanden zu loben, als ihn zu beschimpfen bzw. zu tadeln.
Über diesen Tatbestand kann man anschließend diskutieren.

Viertes Beispiel: Ich-Bücher
Für den Primarbereich können auch Ich-Bücher angefertigt werden. Folgende Beispiele entstammen einem vierten Schuljahr:

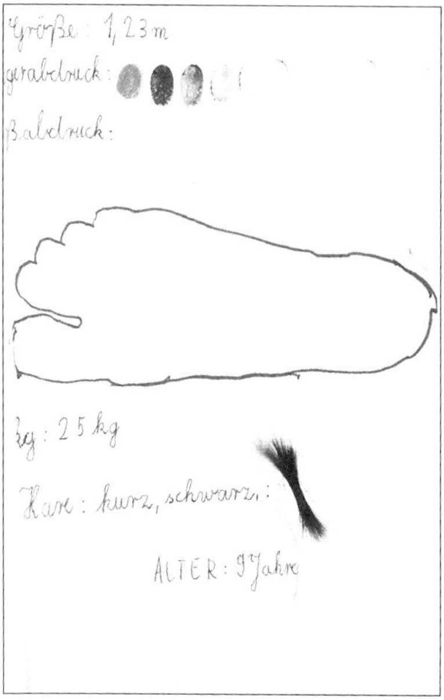

Größe: 1,23 m
gerabdruck:
ßabdruck:

kg: 25 kg
Hare: kurz, schwarz,:
ALTER: 9 Jahre

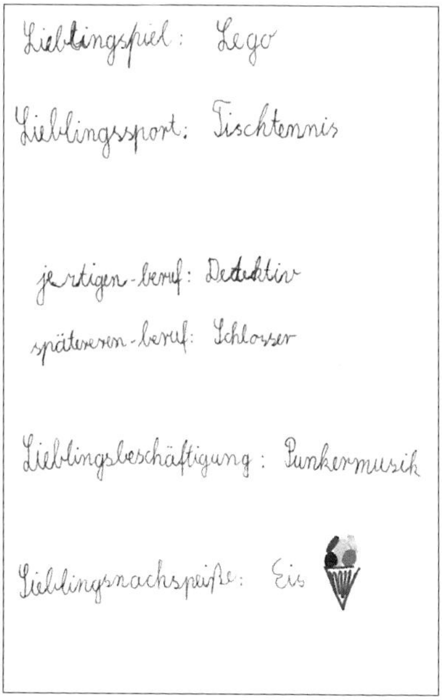

Lieblingspiel: Lego
Lieblingssport: Tischtennis

jeztigen-beruf: Detektiv
späteren-beruf: Schlosser

Lieblingsbeschäftigung: Punkermusik

Lieblingsnachspeiße: Eis

7
Was ich mag:
Spagetti mit Tomatensoße
ich gehe ins Schwimmbad
ich spiele oft mit Lego
Sebastian ist mein Name
ich male gerne
Mein Spielzeug:

Fünftes Beispiel: Agent 001

Stell dir vor, daß du seit drei Monaten auf der Vermißtenliste der Polizei stehst. Ein Beamter der Soko, der Agent 001, ist abgestellt worden, nach dir zu suchen.

Beschreibe anhand der folgenden Fragen die Person, nach der der Agent 001 suchen soll.

1. *Aus welchem Grund bist du verschwunden?*
2. *Wie siehst du aus? Beschreibe deine äußere Erscheinung im Detail (Größe, Alter, Haarfarbe und Frisur, Augenfarbe, Zähne, Gesichtsform, Größe der Hände und Füße, Kleidung, Art zu gehen, zu sprechen, besondere unveränderbare Kennzeichen).*
3. *Welche Verhaltensweisen können dem Agenten 001 helfen, dich zu identifizieren? Beschreibe einige besondere Angewohnheiten von dir!*
4. *Welche Orte wirst du vermutlich aufsuchen? Beschreibe diese.*
5. *Was wirst du dort tun?*
6. *Mit welchen Menschen wirst du wahrscheinlich Kontakt aufnehmen? Beschreibe, weshalb du gerade mit diesen Personen zusammenkommen willst.*
7. *Wo wirst du schlafen und essen?*
8. *Wird dich der Agent 001 aufspüren, oder kehrst du von alleine zurück? Wenn du zurückkehrst: Was waren deine Gründe hierfür?*

(Das Beispiel wurde von Studierenden im Rahmen eines Gewaltseminars nach einer Vorlage modifiziert).

Zur Eruierung von Identitätsmerkmalen können auch Fragen gestellt werden nach der bevorzugten Musikgruppe, nach der Film-Figur, die man gerne wäre oder nach der historischen Gestalt, in die man sich verwandeln will.

1.2.2.2. Selbstakzeptanz

Beispiel: Vervollständigen von Aussagen

Spieglein, Spieglein an der Wand.

Ich mag an mir …
Mich stört an mir …
Was niemand an mir versteht …
Besonders freuen kann ich mich, wenn …
Manchmal träume ich davon …
Ich werde ungeduldig, wenn …

1.2.2.3. Differenzieren von Gefühlen in Mimik, Gestik und Körpersprache sowie Unterscheiden von unterschiedlichen Verbalisierungsakzenten; Verbesserung von Selbst- und Fremdwahrnehmungsprozessen

Wie notwendig eine schulische Bearbeitung dieser Thematik im Hinblick auf Gewalttätigkeiten ist, zeigt folgendes Beispiel:

> „Die Schule teilt der Schulaufsicht mit, eine Schülerin der 9. Klasse habe gemeinsam mit anderen nach den Ferien einem Mädchen aus der 7. Klasse aufgelauert und sie mit diesen gemeinschaftlich geschlagen. Dabei wurde die betroffene Schülerin im Gesicht und an der linken Hand so verletzt, daß sie in ärztliche Behandlung mußte. Außerdem wurde ihr massiv gedroht, falls sie den Überfall anzeigen würde.
> Veranlaßt von der Schulleitung, schreibt die Schülerin der 9. Klasse aus ihrer Sicht einen Bericht über den Hergang des Geschehens:
> ‚Auf der zweiten großen Hofpause liefen ich und Melanie auf dem Schulhof rum. An der Mitteltür standen eine Menge Leute um irgendjemand rum. Ich bin da hingelaufen und habe geguckt, was da los ist. Da stand dieses Mädchen und ihre Freundin, die geheult hat. Das Mädchen guckte mich blöde an und sagte: ‚Was guckt ihr denn so blöd, habt ihr noch nie ein Mädchen heulen sehen?‘ Dann ging sie mit ihrer Freundin weg. Ich bin ihr hinterhergelaufen und habe gesagt: ‚Warum hast du mich vorhin so dumm angeguckt und angeschrien?‘ Sie meinte, daß sie es gar nicht gesagt hat. Ich habe sie dann nochmal gefragt und sie sagte irgendwas, das ich nicht verstanden habe, außer das letzte Wort ‚Schlampe‘. Dann hat es auch schon geklingelt. Nach der Schule wartete ich auf sie. Nach ca. 20 Minuten kam sie mit ihren Freundinnen. Ich bin auf sie zugegangen und habe sie gefragt, was sie sich dabei denke, zu mir Schlampe zu sagen! Sie hat dämlich geguckt, als ob wir so'n Stück Dreck wären. Sie meinte, ich soll besser zuhören, wenn sie was sagt. Ich habe sie nochmal gefragt, warum sie zu mir Schlampe gesagt hat. Sie war still. Dann habe ich gesagt, wenn sie mir jetzt keine Antwort gibt, dann passiert was. Da hat sie gegrinst und dann habe ich ihr eine geklatscht. Ich fragte sie dann nochmals, doch sie sagte wieder nichts. Und da bin ich dann ausgerastet. Ich habe ihr an den Haaren gezogen. Dann habe ich ihr noch Ohrfeigen gegeben. Bis dann K. und M. kamen. Die haben gesagt, daß ich aufhören soll. K. hat das Mädchen getröstet und gesagt, daß sie gehen soll! Sie blieb aber noch weiter stehen. I. hat mich gezogen, damit ich da weg komme. Dann sind wir gegangen“ (Schubert, in: Pädagogik, 47, 1995, H.9, S. 41–43).

Eine alltägliche Hofsituation, die dadurch eskalierte, daß der Blick der anderen diffamierend gedeutet wurde und eine aggressive Tendenz der Wahrnehmung entnommen wurde. Sehr häufig nehmen gerade selbstunsichere Personen solche Situationen in den oben angesprochenen Bereichen verzerrt wahr, was zur Zuspitzung von Konfliktsituationen führen kann. Die Häufigkeit solcher Vorkommnisse müssen den Pädagogen motivieren, mit der Gefühlsarbeit zu beginnen.

Erstes Beispiel: Ausdrucksgesichter

Für den Grundschulbereich eignen sich hier – wie aus den Beispielen ersichtlich – der Einsatz von Gefühlswürfeln und deren Umsetzung in Pantomime. Auch Steine können mit unterschiedlichen Ausdrucksgesichtern versehen werden, Collagen mit Gefühlsgesichtern erstellt werden (vgl. Braun 1989). Die folgenden Beispiele entstammen einem dritten und vierten Schuljahr:

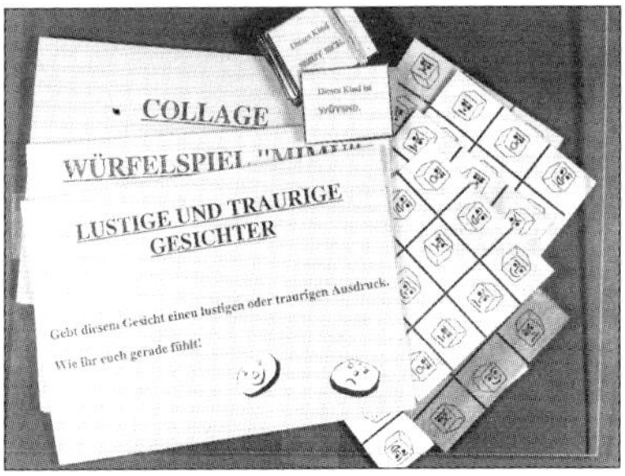

Ausdrucksfelder der Kinesik, d. h. Kommunikation durch körperliches Verhalten, können trainiert werden in Mimik, Gestik, Gang, Bewegung der Füße und Hände; unterschiedliche Körpersprachsignale müssen gedeutet werden.

Die Wirkung nicht-verbaler Ausdrucksweisen und das Training bestimmter skills der Kinesik und deren Bezug zum Gefühlsbereich werden bei jugendlichen Gewalttätern im Sicherheits- und Strafvollzug geübt, um deren Wiedereingliederung in die Gesellschaft zu erreichen. Selbst- und Fremdwahrnehmungsprozesse werden akzentuiert.

Zweites Beispiel: Fotogeschichten und Gefühlsszenen

Auch Fotogeschichten und Gefühlsszenen (von verschiedenen Verlagen herausgegeben) eignen sich als Sprechanlässe zur Initiierung von Empathiefähigkeit und Deutung der Körpersprache. Die Entschlüsselung von Bildinformationen und deren Gefühlsqualitäten muß gelernt und geübt werden. Beispielsweise eignen sich auch die TAT-Tafeln als unterrichtliche Materialien (Revers u. a. 1973); ebenso die Fotos der Psalm-Wort-Kartei (Oberthür/Mayer 1995).

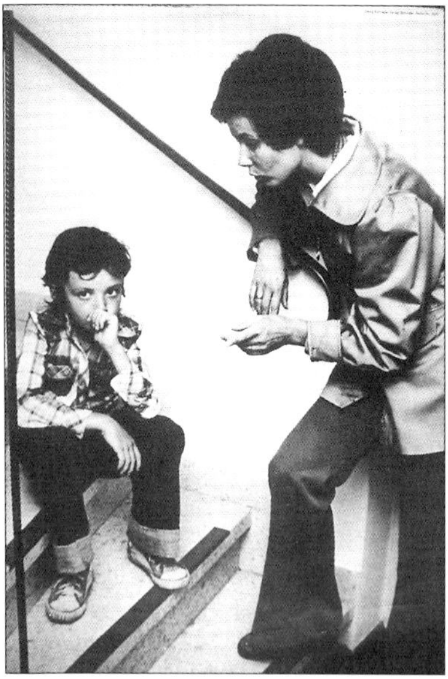

 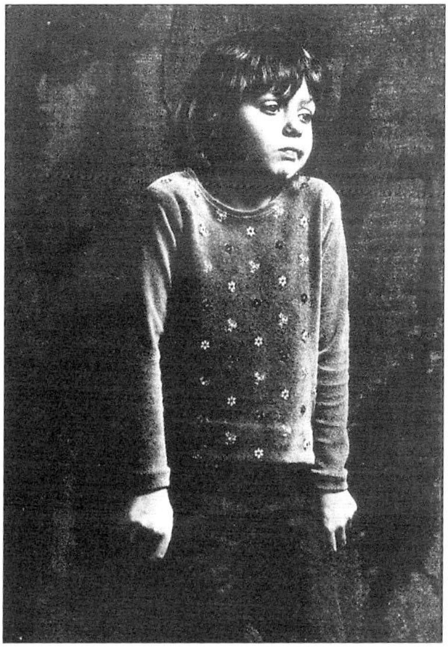

Drittes Beispiel: Versprachlichung von spezifischen Gefühlen

Meine Gefühle
– *am Weihnachtsmorgen …*
– *wenn mich jemand anschreit …*
– *wenn mich jemand nett findet …*
– *wenn ich Fehler mache …*
– *wenn mich jemand schlägt …*
– *wenn ich eine schlechte Arbeit zurückbekomme …*
– *wenn ich einen Horrorfilm ansehe …*
– *wenn ich mich verlaufe …*

Je nach Alter können die Aussagen modifiziert und vereinfacht werden.

Viertes Beispiel: Gefühle malen

Wut, Einsamkeit, Neid, Freude waren die Gefühle, die in einem vierten Schuljahr mit Wasserfarben ausgedrückt werden sollten.

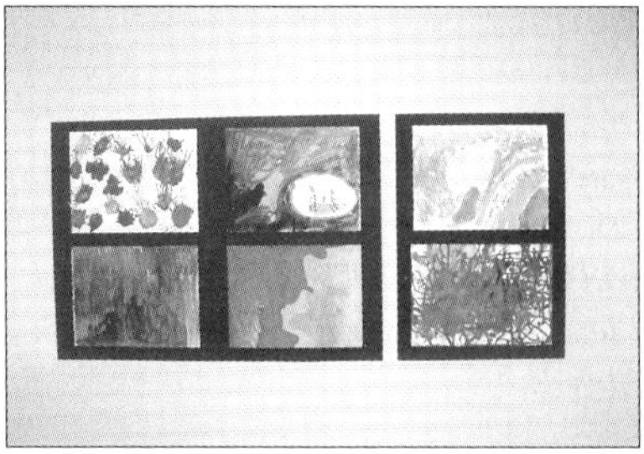

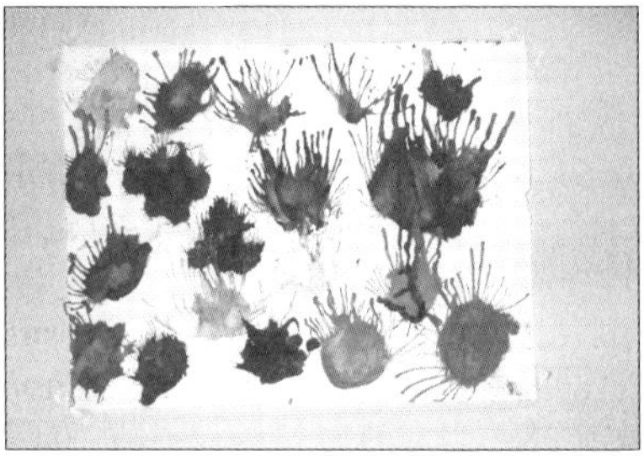

obere Reihe: Wut – Einsamkeit – Einsamkeit
untere Reihe: Neid – Freude – Wut

Wut

Einsamkeit

Fünftes Beispiel: Einsatz eines Kinder- und Jugendbuches
Patricia Windsor: Die Sache mit dem Haß und der Liebe

1. Inhalt:
Der elfjährige Martin, dessen Eltern bei einem Verkehrsunfall ums Leben kamen, wächst bei seinem Großvater in einer äußerst defizitären Umgebung und Atmosphäre auf. Sein Äußeres ist ungepflegt und auch sein Tagebuch, das er führt, spiegelt die Eintönigkeit seines Lebens wieder. Er hat keine Freunde und kaum jemand spricht mit ihm. Der Großvater ist äußerst wortkarg. Zudem wird Martin von seinen Schulkameraden häufig geschlagen und wehrt sich nie. Er läßt sich treten.
Die Jahreszeiten erscheinen Martin alle gleich zu sein. Es war Schule und es waren Ferien. Aber es war immer in den Ferien, wenn die „schlimme Zeit" kam. Er nannte diese so; aber er wußte nicht genau, was es war. Es kam ihm nur alles auf einmal so fremd vor.
Eines Tages war das Gleiche nicht mehr das gleiche. Martin kommt nach Hause und zwei Frauen eröffnen ihm, daß sein Großvater im Krankenhaus ist. Martin wird in eine völlig gegensätzliche Umgebung gebracht – zu den Crimps mit sechs Kindern. Er schläft in einem Zimmer mit dem gleichaltrigen Charlie. Der äußere Lebensrahmen in der Familie ist ein anderer, und er,

der bisher mit einem schweigsamen Großvater zusammengelebt hat, muß sich plötzlich ständigen Fragen stellen. Er hatte gehört, daß es so etwas wie Haß gab, und es mußte wohl dies sein, was er den Crimps gegenüber empfand. Er fragte Charlie, mit dem er sich dennoch langsam anfreundete, was er über Haß wisse. Er glaubte, die Crimps zu hassen. ‚Weißt du was über Haß?' ‚Na klar weiß ich darüber Bescheid!' sagte Charlie. ‚Was ist denn das für'n Gefühl?' ‚Ich hasse Mathe und ich hasse stinkende Leber und ich hasse Prüfungen, ... und ich hasse Nicholas (das Baby), wenn er die ganze Nacht schreit. Ich hasse einen ganzen Haufen Sachen' (Windsor 1994, S.49). Haß, Haß, Haß brannte in Martin. Aber mit dem Haß war das eine komische Sache, da gab es eine Nacht, in der das Baby Nicholas schrie, ohne Unterbrechung, und am nächsten Morgen sah Martin, wie Charlie mit dem Baby in der Küche spielte. Martin fragte: ‚Was ist das? Du hast gesagt, du haßt ihn, wenn er die ganze Nacht schreit. Und jetzt? Warum haßt du ihn nicht?' ‚Ach', sagte Charlie ‚‚So hab ich 's nicht gemeint. Da gibt's doch einen Unterschied zwischen Haß und echtem Haß, weißt du denn das nicht?' Das war nun wieder eine neue Erkenntnis für Martin, daß es Haß gab und echten Haß. Bedrückt mußte er sich eingestehen, daß er den Unterschied nicht kannte (Windsor 1994, S. 55/56).

Martin findet allmählich auch in der Schule Möglichkeiten, seine Peiniger anzuschreien: ‚Ich hasse dich.'

Er fragt Charlie auch nach der Liebe. Es ist ein großes Durcheinander von Haß und Liebe, das ihm im Kopf herumgeht. Die Verbundenheit mit Charlie vertieft sich bei einer Bootsfahrt, indem er Charlies Brille aus dem Wasser rettet. Für beide endet die Bootsfahrt jedoch mit Nässe und Kälte, und da Charlie nicht nach Hause will, führt Martin Charlie in sein eigenes wenig elegantes Heim. Sie trocknen sich und wärmen sich auf.

Bei einem Besuch im Pflegeheim, lernt Martin einen ganz anderen, ihm fremden Großvater kennen, der lacht und gesprächig ist.

Martin erfährt, daß der Großvater bald nach Hause zurückkehrt, einen Ort mit blanken Böden ohne Teppiche und einen Ort, an dem Schweigen herrscht. Die „schlimme Zeit" war wieder da. Nach der Schule besucht er jetzt unter einem Vorwand immer sein Heim und überläßt sich einer dumpfen Leere. Erinnerungen an die Vergangenheit tauchen auf. Er hat eine Heirat des Großvaters verhindert.

Als bei einem Zwischenfall mit schlagenden Schulkameraden Charlie ihm beispringt, erkennt Martin, daß er auch lieben kann. Ein Gefühl, das er bisher nicht kannte.

Das Buch endet mit der Heimkehr des Großvaters, der bekennt: ‚Weißt du, im Krankenhaus habe ich ein paar Sachen gelernt. Man muß mehr miteinander reden. Du und ich, wie können wir uns denn sonst kennenlernen!'

2. Unterrichtliches Vorgehen in der Sekundarstufe (5./6. Schuljahr):

Erster Arbeitsschritt: Lesen des Buches als Klassenlektüre

Zweiter Arbeitsschritt: Stationen in Martins Leben
Arbeitsaufträge hierzu wie folgt:
Nach dem ersten Gespräch mit Charlie
 Definition: Was ist Haß? (Gruppenarbeit)
Nach dem zweiten Gespräch mit Charlie
 Definition: Was ist Liebe? (Gruppenarbeit)
Die unterschiedlichen Nuancen, die diese Gefühle in unterschiedlichen Situationen einnehmen, sollen mit den Schülern herausgearbeitet und besprochen werden.
Nach der Bootsfahrt:
 Welche Bedeutung hat der Besuch des eigenen Heimes mit Charlie für Martin? (Trocknen der Kleider) – Klassengespräch
Zweite „schlimme Zeit":
 Wie unterscheidet sich diese von der ersten? (Gruppenarbeit)
Erkenntnis: Großvater äußert sich: Meine Mutter sagte: „Ein Mensch ist nur glücklich mit anderen Menschen" – Klassengespräch

1.2.2.4. Gewinnung von Empathiefähigkeit durch Perspektivenwechsel
Je nach der eigenen Perspektive werden Unterschiede zwischen Menschen als positiv, negativ, bedeutsam oder unwichtig bewertet.

Beispiel: Ein körperbehinderter Schüler in der Klasse.
Es wäre gut, einen solchen Schüler in der Klasse zu haben, weil wir mit Behinderten normal umgehen lernen. Es wäre schwierig, weil er in unserem Schulhaus nicht die Treppe hinuntergehen könnte und ein Aufzug fehlt.
Eine Körperbehinderung ist jedoch für ein Gruppengespräch bzw. Klassengespräch bedeutungslos.

Weitere Beispiele:
Eine Mitschülerin, die kein Deutsch kann.
Eine türkische Lehrerin mit Kopftuch.
Eine ausschließliche Mädchen- bzw. Jungenklasse.
Zu jedem Punkt sollen Schüler ein bis drei Vorteile bzw. Nachteile und ein bis drei Aspekte nennen, bei denen der Tatbestand bzw. die Sachlage unwichtig bzw. bedeutungslos ist.
Auch Märchen können aus unterschiedlichen Perspektiven erzählt werden.

1.2.2.5. Vermittlung von geschlechtsreflektierenden Einsichten

Beispiel: Kinderbuch „Muß ja nicht jeder ein Held sein" von Christa Laas:

1. Inhalt:
Es geht hier um den fast zehnjährigen Jungen Michael, der in der Schule von einer Gruppe älterer Kinder traktiert wird und sich nicht wehren kann. Deshalb ist sein größter Wunsch „groß und stark und mutig" zu sein. Aber leider ist er klein und gar nicht tapfer. Sein Onkel meint: „Na, an dir ist wohl eine Michaela verlorengegangen. Ein Junge darf nicht zimperlich sein. Schließlich muß er ja die furchtsamen Mädchen beschützen." Aber auch mit seinem Vater kann Micky nicht reden. Wenn dieser mitbekommt, daß Micky Schiß hat, sagt er stereotyp: „Reiß dich zusammen, sei ein Mann!"
In den Ferien, in die Micky mit seinen Eltern und seiner älteren Schwester Anne und all seinen Problemen, ein Micker zu sein, nach Österreich reist, lernt er Leni, eine alte Kräuterfrau kennen. Sie erzählt ihm von Hexenverbrennungen, von denen in dieser Gegend berichtet wird, und als Zauberlampe gegen seine Angst schenkt sie Micky einen Bergkristall. Da Micky kein „Bangbüx" sein möchte, macht er sich mit dem Bergkristall nachts auf in den Wald. Er will seinen Mut erproben. Er hat große Angst vor Riesen und Zauberern und erlebt die angstvolle Sorge seiner Eltern als er zurückkommt.
Er lernt auch Hiasl, den Sohn des Dorfgendarmen, kennen, der sich ihm als stärkster Bub des Tales vorstellt. Er lädt Micky ein, bei einem Fußballspiel mitzumachen. Als er Hiasl, den Mannschaftskapitän, treffen will, stellt er fest, daß dieser von mehreren Jungen der gegnerischen Mannschaft überfallen wurde und gefangen gehalten wird. Micky sieht dies alles; jedoch traut er sich nicht einzugreifen. Nur in seiner Phantasie ist er ein Held, der die Jungen verprügelt und Hiasl befreit. Durch einen Trick gelingt es ihm Hiasl zu befreien. Er gesteht ihm jedoch, daß er sich nicht getraut habe, einzugreifen. Hiasl schaut ihn groß an: „Red' doch keinen Schmarrn. Warum solltest du dich auf so was einlassen? Wenn die drei mich nicht hinterrücks überfallen hätten, glaub' mir, ich wär' auch getürmt. Drei gegen einen, das ist doch unfair." Und über sein sommersprossiges Gesicht lachend, meint er: „Muß ja nicht jeder ein Held sein, oder?" (S. 163/164)
Mickys Urlaub geht zu Ende und bangen Herzens denkt er an die Schule und an die Bande. Er überlegt, ob er einmal mit seinen Freunden über Olaf, den Anführer der Schulbande, reden soll. Er sieht Hiasls lachendes Gesicht vor sich: „Muß ja nicht jeder ein Held sein!"

2. Unterrichtliches Vorgehen:
Dieses Buch bietet Anlaß, die traditionellen Rollenerwartungen und Rollenzuschreibungen zu hinterfragen und in Konsequenz davon flexible Geschlechterentwürfe zu entwickeln.

Der Einsatz erfolgt in Klasse 3/4
Klassenlektüre des Buches, Gruppenarbeit mit Fragestellungen wie:
- Wie ist Micky?
- Wie möchte er sein?
- Warum möchte Micky der Retter sein?
- Ist Micky wirklich ein Micker, wie Olaf sagt?

Wandzeitung:
- Mädchen können nicht ...
- Jungen können nicht ...

An diesem Punkt sollen die Schüler in Diskussion kommen, was für sie zur jeweiligen Geschlechterrolle für Eigenschaften zählen und ob dies eigentlich so sein muß.
Anschließende Rollenspiele um Vorurteilen im Hinblick auf die Geschlechterrolle vorzubeugen.

Beispiele:
- Der Vater sagt zu Max: „Du darfst nicht weinen – ein Indianer kennt keinen Schmerz!"
- Die Lehrerin sagt zu einem Mädchen, das einen Mitschüler gehauen hat: „Ein Mädchen prügelt sich nicht!"

Ein weiteres die traditionelle geschlechtsspezifische Rollenzuschreibung durchbrechendes Bilder- und Kinderbuch ist:

Sofie fängt den wilden Löwen (Timm/Scheffler 1994) – das Werk kann bereits mit Schulanfängern behandelt werden!

1. Inhalt:
Hier wird uns ein Mädchen vorgestellt, das sich von der Angst vor dem Gefährlichen nicht überwältigen läßt und dadurch handlungsunfähig wird, sondern zupackend, mutig und überlegen die Initiative ergreift.
„Ein Löwe! Ich glaube, ich habe einen Löwen gesehen! Er rannte über die Straße und verschwand hinter dem Feuerwehrhaus! Er muß aus dem Zirkus ausgebrochen sein." So verbreitet der Briefträger Jasper die sensationelle Nachricht im Ort.
Sofie hört, daß der Löwe im Turm des Ortes gefangen sein soll und daß dieser auch ihre Katze gefressen hat. Polizei und Feuerwehr sind schon verständigt, als sich Sofie dem Turm nähert und ihre Katze auf der Turmplattform balancieren sieht. Sie will zu ihrer Katze, wird jedoch wegen der Gefährlichkeit des Unterfangens von den Feuerwehrleuten zurückgehalten. Zwischenzeitlich versuchen sich die Feuerwehrmänner der fauchenden

Katze zu nähern. Sofie läuft unbemerkt die endlosen Turmstufen hinauf, um ihre Katze zu retten. Auf der Turmplattform wird für einen Augenblick ein großer gelber Kopf sichtbar. „Der Löwe!", rufen die unten gespannt Wartenden. Die Katze gerät daraufhin in Panik und springt einem Feuerwehrmann in den Arm. Plötzlich schreit Jasper: „Sofie ist im Turm."
„Kein Mensch geht freiwillig in einen Turm, wenn ein wilder Löwe drin ist!", beruhigt der Feuerwehrmann. Die Feuerwehrleute bauen vor dem Turmeingang eine Löwenfalle und auch ein Löwenbändiger vom Zirkus ist zwischenzeitlich eingetroffen. Der Löwe nähert sich vom obersten Stockwerk des Turmfensters dem Ausgang zu.
Jetzt ist der gelbe Schatten im ersten Stock angelangt, und jetzt ... tritt er aus der Tür! Gemeinsam mit Sofie. Sie führt ihn am Halsband. Ein Raunen geht durch die Menge. „Aber das ist ... ja, das ist der Hund von Kläre Möwen." Sofie steht da und lacht und sagt: „Da habt ihr euren Löwen!"
(Timm/Scheffler 1994)

2. Unterrichtliches Vorgehen:
Dieses Kinderbuch macht die gängigen Rollenzuschreibungsattribute für Mädchen und Jungen in unserer Kultur auch schon für Erstkläßler transparent. Mut darf nicht von vorneherein nur als waghalsiges, die körperlichen Einsatzkräfte forderndes Unterfangen verstanden werden. Das Mädchen Sofie stellt eine Alternative für Kinder dar.

Auch sexuelle Gewalterfahrungen von Schülerinnen können in einem solchen Zusammenhang thematisiert werden. Die Mädchen sollen lernen, deutliche Grenzen zu ziehen, während die Jungen lernen müssen, die Mädchen in ihrem Nein zu respektieren. Die Bilder- und Kinderbücher: „Das Familienalbum" (Deinert/Krieg 1993) und „Nora ist mal so, mal so" (Pressler/Krömer 1996) sind hier gut verwendbar.
Bei dieser Thematik ist es sicherlich von Bedeutung, daß der Lehrende selbst seine geschlechtersensible Wahrnehmung in Augenschein nimmt. Er sollte sich stets fragen:
Was weiß ich selbst über die Probleme der Mädchen innerhalb der Klasse?
Was weiß ich über diejenigen der Jungen?
Wie verstehen sich Mädchen und Jungen miteinander? Was weiß ich über deren Freundschaften ?
Was gefällt mir am Verhalten der Jungen, der Mädchen in meiner Klasse?
Was stört mich?
Zeige ich ein unterschiedliches Verhalten gegenüber Jungen und Mädchen?

1.2.2.6. Abbau von Angst und Wut und Streß

Im oben angeführten Kinderbuchbeispiel von Micky verifiziert sich, daß bei Micky durch den Glauben an die Wirkung eines Bergkristalls die Angst verringert wurde.
Auch im Kinderbuch „Martin hat keine Angst mehr" (Ostheeren/Unzer) wird ein Phantasieobjekt zur Angstreduzierung aufgegriffen.

1. Inhalt:
Eine Fee gibt dem ängstlichen Martin im Traum einen Kürbisknilpser, mit Hilfe dessen Martin jeden in einen Kürbis verwandeln kann, der ihm Angst macht. Die Angst vor dem großen gefährlichen Hund auf dem Heimweg sowie diejenige vor den großen Jungen im Schulhof schwindet, so wie Martin den Knilpser in Bewegung setzt; ja, Martin entwickelt auf einmal ganz andere Verhaltensweisen: „In der Pause spielten die Großen im Hof Fußball. Gerade als Martin sein Pausenbrot auswickeln und hineinbeißen wollte, rempelte ihn einer an. Das Brot fiel auf den Boden. Martin steckte seine Hand in die Hosentasche und umklammerte den Kürbisknilpser. „Du hast mein Brot runtergeworfen. Dann heb es jetzt auch auf!", sagte er entschlossen zu dem großen Jungen. Dabei stellte er sich vor, daß an dessen Stelle gleich ein riesiger Kürbis mitten im Schulhof liegen würde. Bei dem Gedanken mußte er lächeln. Zu seinem Erstaunen grinste der Junge auch, als er sich bückte und das Brot aufhob. Und sogar Peter, den schlimmsten Raufbold der Klasse,

hatte er verwandeln wollen und war so froh, daß dieser kein Kürbis wurde, so daß er ihm von dem Kürbisknilpser erzählte. „Weißt du, das mit dem Kürbis, das ist ein prima Trick", sagte Peter. „Manchmal habe ich auch Angst im Dunkeln und so. Dann stampfe ich immer mit den Füßen ganz kräftig auf, und dann pfeif ich auch ganz laut!"
Martin, der eine Weile nachgedacht hatte, meinte dann: „Denkst du, wir haben alle vor irgend etwas Angst?" „Klar doch! Man muß nur etwas dagegen machen. Dann geht es schon, und es passiert nichts."
(Ostheeren/Unzner 1993)

2. Unterrichtliches Vorgehen:
Die Einführung eines Glücksbringers oder eines Phantasieobjektes oder einer Phantasiegestalt kann zur Angstbewältigung eine große Hilfe sein.
Himmel u. a. berichten, daß bei Einführung eines „inneren Freundes" eine sichtbar zu konstatierende Beruhigung für Schüler vor Klassenarbeiten ausging. Sogar die Leistungsergebnisse fielen deutlich besser aus.
„Ein Freund steht vor dir und spricht zu dir:
‚Ich bin dein Freund. Ich helfe dir. Ich bin bei dir. Du kannst rechnen! Du darfst dir die Aufgaben in Ruhe anschauen und die zuerst heraussuchen, die dir leicht fallen. Du hast viel Zeit. Und jetzt fang an!'" (Himmel u. a. 1994, S. 52)
Hier wird wie bei den Phantasiereisen mit der Technik der Selbsthypnose und Selbstberuhigung gearbeitet und damit ein psychischer Entspannungszustand angestrebt, der auch den Handlungsablauf und die Interaktionen entscheidend tangieren kann.
Aber nicht nur die Einführung von Objekten bzw. Subjekten irrealer oder realer Art kann angst-, wut- und streßvermindernde Funktion haben, auch Instruktionen zur Selbstberuhigung direkter (a) und indirekter verbaler Form durch Reaktionsverzögerung (b) können aggressionsvermindernd wirken.
a) Ich werde nicht wütend!
b) Ich denke zuerst nach und handle dann!
Ebenso sind aggressionsreduzierend:
Instruktionen zur Reflexion (a) hinsichtlich anderer oder (b) in bezug auf die eigene Person.
a) Ich versetze mich in die Lage des anderen.
b) Ich überlege, ob ich mich richtig verhalten habe.

Instruktionen zur Zukunftsorientiertheit (a) in konkreten Situationen mit realer Konsequenz oder (b) als Vorsatz aufgrund von Einsicht.

a) Wenn ich wütend schreie, darf ich nicht mehr mitspielen.
b) Das nächste Mal mache ich es besser.
(vgl. Petermann/Petermann 1993, S. 125)

Der Lehrende selbst wirkt beruhigend, wenn er sich wie folgt zeigt:
- entspannter Gesichtsausdruck,
- normal geöffnete Augen,
- entspannte Haltung,
- Arme locker, offene Hände,
- langsame, fließende Bewegungen,
- gleichmäßige Stimmlage und
- langsame Sprechweise mit Pausen.

1.2.2.7. Kommunikation – Kooperation

Als soziale Wesen, die wir sind, brauchen wir den Kontakt zu anderen. Ein Großteil zwischenmenschlicher Kommunikation funktioniert ohne Sprache. Erwachsene domestizieren auch ihre Körpersprache wegen der vielen Konventionen, die zu beachten sind. Aber das wichtigste Medium menschlicher Kommunikation ist die Sprache, wobei zu beachten ist, daß das Sprechen einen Inhalts- und Beziehungsaspekt hat. Kinder nehmen Schaden, wenn man ihre Möglichkeiten zur Kommunikation beschränkt. Sie müssen ständig sichernd um sich blicken, um sich in der verwirrend komplizierten Welt mit ihren undurchschaubaren und schwer erlernbaren Verhaltensregeln zurechtzufinden. Kommunikation folgt Regeln, die helfen sollen, Mißverständnisse zu vermeiden. Durch das, was wir zueinander sagen, und dadurch, wie wir es sagen in Tonfall, Lautstärke, Sprechtempo und unter körpersprachlicher Begleitung, ordnen wir unsere Verhältnisse zum anderen: Ich habe Angst vor dir; ich möchte dich beherrschen; ich möchte meine Ruhe usw.
Kommunikationsprozesse müssen gelernt werden. Voraussetzung hierzu sind Wahrnehmungs- und Beobachtungsprozesse, nonverbale und verbale Ausdrucksweisen müssen codiert werden können, Zuhörenkönnen ist dabei eine wichtige Voraussetzung, ebenso wie die Entschlüsselung unterschiedlicher Mitteilungsprozesse.
Zur Internalisierung dieser Verhaltensweisen, die gerade im Hinblick auf Gewalttätigkeiten äußerste Relevanz besitzen und sehr häufig Fehlinterpretationen eröffnen und als Antwort hierauf Gewalt hervorrufen, eignen sich im schulischen Bereich sowohl im Primar- als auch im Sekundarbereich Kommunikationsspiele.
Für den Sekundarbereich erscheinen in diesem Zusammenhang der Einsatz von Spielen, wie beispielsweise des Nasa-Spiels, möglich, wobei jeweils

für die beobachtenden Schüler Kriterien erstellt werden müssen, die diese auch schriftlich fixieren.

Kommunikationspädagogisches Beispiel (dieses Beispiel wurde uns von einer Kollegin übermittelt):

Nasa-Spiel
Spieldauer: variabel
Altersgruppe: Jugendliche
Gruppengröße: 2–3 Kleingruppen von je 8 Spielern und je einem Beobachter
Material: pro Spieler Papier, Bleistift und eine Spielanleitung
Es bilden sich Gruppen von je 8 Spielern. Jeder erhält ein Blatt mit folgendem Text:
Sie sind Mitglied einer Raumfahrtmannschaft, die ursprünglich geplant hatte, auf der erhellten Oberfläche des Mondes mit einem Mutterschiff zusammenzutreffen. Infolge technischer Schwierigkeiten ist Ihr Raumschiff jedoch gezwungen worden, an einer Stelle zu landen, die etwa 300 km von dem Treffpunkt entfernt liegt. Während der Landung ist ein großer Teil der Ausrüstung an Bord beschädigt worden. Da die Aussicht zu überleben davon abhängt, ob Sie das Mutterschiff erreichen, müssen die wichtigsten der vorhandenen Dinge für den 300 km langen Weg gewählt werden. Unten finden Sie eine Liste von 15 Gegenständen, die nach der Landung unbeschädigt geblieben sind. Ihre Aufgabe ist es, diese Gegenstände in ihre Rangordnung zu bringen, je nachdem, wie notwendig sie ihnen zum Erreichen des Treffpunktes erscheinen. Setzen Sie die Nummer 1 neben den wichtigsten Gegenstand. Nummer 2 neben den zweitwichtigsten usw.
1 Schachtel Streichhölzer
1 Dose Nahrungskonzentrat
15 m Nylonseil
30 m Fallschirmseide
1 tragbares Heizgerät
2 Pistolen 7,65 mm
1 Kiste Trockenmilch
2 Sauerstofftanks zu je 50 l
1 Sternkarte (Mondkonstellation)
1 Schlauchboot automatisch aufblasbar durch CO_2*-Flaschen*
1 Magnetkompaß
22 l Wasser
Signalpatronen (auch im luftleeren Raum zündend)
1 Erste-Hilfe-Koffer mit Injektionsnadeln
1 Fernmeldeempfänger und -sender mit Sonnenbatterien

Zum Verlauf des Spieles wird den Teilnehmern folgendes erklärt:
Wir wollen versuchen, Entscheidungen zu treffen, und auch darauf achten, welche Schwierigkeiten bzw. Hindernisse im Weg stehen können.

1. Durchgang: Einzelentscheidung
Jeder versucht zunächst allein, die Aufgabe zu lösen. Die ausgefüllten Blätter werden abgegeben.

2. Durchgang: Gruppenentscheidung
Unser Ziel ist ein Beschluß der Gruppe, mit dem jeder einverstanden sein kann. Das heißt, daß der Rang jedes der 15 Gegenstände, die für das Überleben notwendig sind, die Zustimmung eines jeden Gruppenmitgliedes haben muß. Dies wird sich nicht in allen Punkten erreichen lassen. Aber Sie sollten zu einem Gruppenbeschluß kommen, dem wenigstens alle Mitglieder teilweise zustimmen können.

3. Durchgang
Jede Gruppe wählt aus ihrer Mitte 2 Vertreter, die nach Meinung der Gruppe am besten mit der Materie umgehen können. Die Vertreter aller Gruppen entscheiden nun nochmals. Alle Teilnehmer hören dabei zu.

4. Durchgang: Ergebnis:
Die verschiedenen Ergebnisse werden untereinander und mit einem Sachverständigenergebnis verglichen.
Nasa-Fachleute haben folgende Rangordnung aufgeführt:
Sauerstofftanks – Wasser – Sternkarte – Nahrungskonzentrat – Fernmeldeempfänger, -sender – Nylonseil – Erste-Hilfe-Koffer – Fallschirmseide – Schlauchboot – Signalpatronen – Pistole – Trockenmilch – Heizgerät – Magnetkompaß – Streichhölzer

Beobachtungskriterien:
Wie findet die Diskussion und Kommunikation statt (sachlich, emotional, eigene Interessen durchsetzend, kompromißbereit)?
Wird bei der Entscheidung von vornherein ein Mehrheitsbeschluß angestrebt?
Sind alle am Entscheidungsprozeß beteiligt?
Wie lange dauert der Entscheidungsprozeß?

1.2.2.8. Konfliktlösungen

Ein Konflikt ist eine Interaktion zwischen Menschen, wobei wenigstens einer davon Unvereinbarkeiten im Denken, Vorstellen, Wahrnehmen und/oder Fühlen oder Wollen in der Art empfindet und entschlüsselt, daß im Realisieren eine Beeinträchtigung durch den anderen erfolgt.

Als Schritte zur Konfliktlösung müssen einige Grundregeln beachtet werden:
- ausreden lassen,
- höfliche und keine verletzenden Formulierungen wählen,
- Lösungen suchen und Verhaltensalternativen entwickeln,
- Verhaltenskonsequenzen abschätzen,
- unterscheiden zwischen dem Menschen und dem Problem,
- Kompromisse formulieren und abwägen,
- Toleranz für verschiedene Meinungen entwickeln; es gibt zumeist mehrere Wahrheiten: deine, seine und vielleicht noch andere.

Für Konfliktmanagement eignet sich in besonderem Maße das gesprächstherapeutische Vorgehen von Carl Rogers (1902–1987), das von Thomas Gordon auf die Schule übertragen wurde und mit der Begrifflichkeit schülerzentrierter Ansatz versehen wurde. Im Gegensatz zu analytischen Verfahren werden hier nicht die kindlichen Ursprünge psychischer Probleme aufgedeckt, sondern der Therapeut sieht seine Aufgabe darin, die Gefühle, die das Gegenüber hat, herauszuhören. Grundlegend für diesen Ansatz ist der Gedanke, daß der Mensch konstruktiv und vertrauenswürdig ist. Die primärmotivierende Kraft ist nach Rogers eine angeborene Tendenz zur Selbstverwirklichung. Wenn ein Mensch für seine eigenen Bedürfnisse, Gefühle und Erfahrungen offen ist, dann ist sein Handeln konstruktiv für sich und andere. Das Basisverhalten sollte sein:
- Positive Wertschätzung sowie emotionale Wärme.
- Empathisches Verstehen bzw. Verbalisieren der emotionalen Erlebnisinhalte des Gegenübers. Man versucht sich in die Gefühlswelt des oder der Partner hineinzuversetzen und kommuniziert das, was man glaubt, verstanden zu haben, dem anderen in sprachlich gut verständlicher Form. Nach Rogers verwendet man hier die Grundtechniken des aktiven Zuhörens und des Spiegelns.
- Man zeigt sich selbst als Mensch mit Gefühlen, Schwächen und eigenen Bedürfnissen in Form der Ich-Botschaften.

Hierdurch wird eine Änderung der zwischenmenschlichen Beziehungen angestrebt. Beim Gegenüber wird der Abbau von Angst intendiert und dem anderen wird dadurch ermöglicht, sich so zu akzeptieren, wie er ist.
Spiegeln oder paraphrasieren bedeutet mit den eigenen Worten kurz wiederzugeben, was der andere gesagt hat. Das Spiegeln verdeutlicht dem Gegenüber, daß man intensiv zuhört und Mißverständnisse vermeiden will. Beim Spiegeln darf auf keinen Fall bewertet werden.
Adäquates Beispiel: „Du meinst, ich habe dir bisher nicht die Gelegenheit

gegeben, das Problem aus deiner Sichtweise zu erklären, und das hat dich offenbar wütend gemacht!"
Beim aktiven Zuhören sollen über das reine Spiegeln hinaus auch die versteckten Gefühle hinter den Fakten entschlüsselt werden. Gelingt dieser Prozeß, wird sich die erzählende Person verstanden fühlen und zum Mehr-Sagen ermutigt werden. Das Gespräch kann damit an Tiefe gewinnen.

Voraussetzungen und Fähigkeiten des aktiven Zuhörens sind:
- Blickkontakt,
- konzentrierter Gesichtsausdruck,
- zugewandte Körperhaltung,
- bestätigende Wiederholungen,
- kurze Zusammenfassungen,
- keine Beurteilungen,
- keine sofortigen Vorschläge,
- Stellen passender Fragen,
- sowie die Verwendung von Ich-Botschaften anstelle der zumeist schuldzuweisenden Du-Botschaften, die konfliktverschärfend wirken. Wenn jemand etwas über die eigene Meinung oder die eigenen Gefühle mitteilen will, so sollte dies in der Ich-Sprache geschehen. Eine Ich-Botschaft besteht aus einem Gefühls- und einem Tatsachenteil (Emotion und Information). Die eigenen Gefühle werden in Ich-Form zum Ausdruck gebracht. Was diese Gefühle ausgelöst hat, wird im Informationsteil der Botschaft mitgeteilt.
  Beispiel: „Ich bin traurig darüber, daß du mich geschlagen hast!"

Über Gefühle kann nicht argumentiert werden. Sie sind da und werden, wenn sie in der Ich-Form angesprochen werden, nicht zur verletzenden Kritik, wie es so oft bei Du-Botschaften geschicht.
Ich-Botschaften können zumeist in 4 Bestandteile aufgegliedert werden:
Ich bin (Nennen eines Gefühls) …
wenn du (Nennen des Auslösers) …
weil (Begründung) …
und ich möchte (Erwartung) …
Beispiel: Du verleihst dein neues Fahrrad. Als du es von deinem Freund zurück erhältst, hat es einen Platten.
„Ich bin sauer,
wenn du mein Fahrrad so zurückbringst,
weil ich das Rad für den Schulweg brauche,
und ich möchte, daß du den Platten ausbesserst."
Situationsbeispiele zum Training von Ich-Botschaften im Hinblick auf Gewalttätigkeiten:

1. Jemand schubst dich absichtlich, so daß du hinfällst.
2. Jemand schlägt dir dein Pausenbrot aus der Hand.
3. Jemand schreit dich an.
4. Du wirst vor der Klasse vom Lehrer wegen eines Fehlers bloßgestellt.

Eine wichtige Grundtechnik des Ansatzes ist auch das strukturierende Zusammenfassen. Dieses zeigt wie das Spiegeln, daß das Gesagte angekommen ist.
Techniken und Prinzipien zur Konfliktlösung können sowohl von Lehrenden als auch von Schülern der Sekundarstufe eingesetzt werden. An Brennpunktschulen übernimmt man gegenwärtig den Versuch, Schüler zu Mediatoren, Schlichtern oder Peer Helpers auszubilden.

2. Interventionsaspekte bei Aggressionen und Gewalttätigkeiten

2.1. Mediation – was ist das?

Man versteht darunter ein Verfahren, das in den 60er und 70er Jahren in den USA entwickelt wurde und in mehreren Bereichen angewandt wird. Wörtlich übersetzt bedeutet „mediation“ Vermittlung. Gemeint ist die Vermittlung in Konfliktfällen durch unparteiische Dritte, die von beiden Seiten akzeptiert werden. Die Mediatoren helfen den Streitenden, eine einvernehmliche Lösung ihrer Probleme zu finden. Sie hören sich die Anliegen aller Beteiligten an, lassen ihre Gefühle ausdrücken und helfen bei der Klärung den Konfliktparteien. Das Ziel ist eine Einigung bzw. ein Kompromiß.
Die wichtigsten Schritte im Mediationsverfahren sind:
- Vertraulichkeit zusichern,
- Rolle des Mediators beschreiben,
- Sichtweise der Konfliktparteien eruieren,
- Konflikterhellung: Gefühle und Interessen aussprechen,
- Hintergründe: Wiederholung und Zusammenfassung,
- Sammeln und dokumentieren von Lösungsmöglichkeiten,
- Übereinkunft: Formulierung von Kompromissen.

Die Schlichter müssen in all den Punkten, die oben angeführt wurden, eine Ausbildung bzw. ein Training erhalten. Mediatoren sollten für jeden Schüler sichtbar durch ein Symbol (T-Shirt oder Abzeichen) gekennzeichnet werden, so daß jeder Heranwachsende sich an einen Schlichter wenden kann. Schlichter sollten in den Pausen eingesetzt werden, auf dem Schulweg in Brennpunktgebieten und auch in gesonderten Stunden (Eckstun-

den) für Hilfesuchende zur Verfügung stehen. Gerade in den USA hat man die Erfahrung gemacht, daß man auch Gewalttäter selbst für diese Aufgabe einsetzen kann. Diesen wird damit Verantwortung übertragen, die ja – wie oben dargestellt – so wichtig zum Aufbau eines positiven Selbstkonzeptes ist.
Die Funktion von Schlichtern ist letztlich, die in eine Konfliktsituation Involvierten selbst zu Kompromißmöglichkeiten bzw. Lösungsansätzen kommen zu lassen, wie dies auch auf und aus dem Esel-Bild ersichtlich wird (s. S. 129).
Deckt man die letzten 3 Bilder ab, so können Schüler hierzu eine Geschichte schreiben.
Denkbar wäre:
- sie ziehen so lange an der Leine bis einer gewinnt,
- sie ziehen solange, bis sie sich verletzen,
- sie beißen die Schnur durch und fressen vom eigenen Haufen,
- sie fressen erst einen und dann den zweiten Haufen gemeinsam auf, wobei die Gefahr des gierigen Fressens besteht,
- sie gehen hintereinander und schieben beide Haufen zusammen.

Die Mediation ist eine faire Lösung, bei der es weder Gewinner noch Verlierer gibt. Beispielsweise startete die Geschwister-Scholl-Realschule in Mannheim im Jahre 1997 ein Pilotprojekt. An Wochenenden und Nachmittagen ließ sich etwa die Hälfte des 29köpfigen Kollegiums von einer Psychologin als Konfliktschlichter ausbilden. Anschließend gaben die Lehrer ihr erworbenes Wissen an Schüler der Jahrgangsstufen neun und zehn weiter. Seit Schuljahresbeginn stehen an der Mannheimer Realschule jeweils zwei Mediatoren eine Stunde pro Tag für Schlichtungsgespräche zur Verfügung. Die Schule richtete eigens einen Schlichtungsraum ein, in dem sich die Kontrahenten auf neutralem Boden treffen können. Aufgabe des Vermittlers ist es, den Prozeß der Konfliktbearbeitung in Gang zu bringen und zu steuern. Im Gespräch werden die Kontrahenten ermutigt, ihre Gefühle und Gedanken zu beschreiben, mit dem Ziel, die Parteien für die Perspektive der Gegenseite zu sensibilisieren. Am Ende steht zumeist ein Kompromiß mit dem alle leben können (Psychologie Heute, 25, 1998, H. 12, S. 34).
Auch in Freiburg wurde dieses Projekt zur Deeskalation bereits an zwei Schulen eingeführt und erprobt. Hierbei ist zu fokussieren, daß die Beziehungen der Schüler untereinander durch ihre symmetrische Qualität gekennzeichnet sind. Es gibt keinen grundsätzlich überlegenen Partner. Zudem ist der helfende Schüler dem Gegenüber in seiner sprachlichen Ausdrucksweise näher als der Erwachsene.

2.2. Gewalterfahrungen in der Schule als Diskurs- und Trainingsmöglichkeiten

2.2.1. Interaktionspädagogische und szenische Spiele sowie Situationsbeschreibungen

„Zwanzig Menschen gehen schweigend im Raum umher. Ein Mann beginnt, Blicke zu werfen, zuerst suchend, dann immer direkter – abschätzige, unfreundliche Blicke. Sein Opfer: eine junge Frau, die seine Augenattacken zu ignorieren versucht. Nach und nach schließen sich die anderen Gruppenteilnehmer dem wortlosen Blickmobbing an. Auch sie schauen das Mädchen nun ablehnend, kritisch, starr an. Die Atmosphäre ist beklemmend."
(Koch, in: Psychologie Heute, 25, 1998, H. 11, S. 29)
Das Außenseiter- oder Ausgrenzungsspiel gehört zu den Gegenstrategien eines Wuppertaler Modellprojekts, das gegenwärtig erprobt wird, um Schüler die brisante Materie Konfliktlösung ohne Gewalt erlernen zu lassen. Mit dem Ausgrenzungsspiel erzielte die am Projekt beteiligte Lehrerin bereits Erfolg. Sie machte in ihrer 5. Klasse einen Jungen aus, der sich als „Bully" betätigte. Über Intrigen versuchte er, Mitschüler auszugrenzen. Sie schickte die Klasse daraufhin in den eigens in der Schule eingerichteten Spielraum und gab der Klasse in Abwesenheit des Bullys die Anweisung, den Jungen mit Gesten und Blicken auszugrenzen.
„Ich weiß, warum ihr das mit mir macht. Weil ich mich oft selber so verhalte", war die rasche kleinlaute Erkenntnis des Jungen. Im anschließenden Gespräch berichteten mehrere Schüler, wie schlimm eine Ausgrenzung für sie sei. Durch die Trainingssequenz zeigte sich der gesamte Klassenverband sensibilisiert.
Gerade durch spielerisch-körperliche Übungsmöglichkeiten – der Körper hat sein eigenes Gedächtnis! – versucht man den Schülern, eine breitgefächerte Handlungskompetenz zur Konfliktlösung nahezubringen. Anstatt draufloszuschlagen, sollen Schüler lernen, wenn sie in einem Rollenspiel angerempelt werden, wie sich die geballte Faust in der Tasche anfühlt oder wie man Wut hinunterschlucken kann.
Negative Gefühle wie Haß und Wut dürfen nicht tabuisiert werden, denn sie bestimmen auch unsere Körpersprache, die wiederum das Verhalten des Gegenübers beeinflußt.
Einen Aspekt sollten Lehrende besonders im Umgang mit unbeliebten Schülern beachten:
Ein Schüler, der den Lehrenden blöd findet und dies in seiner Körpersprache signalisiert, bewirkt beim Lehrer wiederum, daß dieser weder verbind-

lichen Augenkontakt aufnimmt noch sich ihm im Gespräch zuwendet. Dies sind nonverbale Botschaften, die gegenseitige Vorurteile bestärken und eine konstruktive Zusammenarbeit behindern.
Als Lehrender sollte man die alte indianische Weisheit adaptieren:
„Bewahre mich davor, einen anderen zu verurteilen, bevor ich nicht eine Meile in seinen Mokassins gelaufen bin."

Spiel gegen Gewalt:
Nein!
Die Kinder bilden Zweiergruppen, die sich im Raum verteilen. Folgende Anweisung wird gegeben: Dein Gegenüber kommt auf dich zu und bedroht dich. Wie kannst du dich wehren oder schützen? Probiere verschiedene Körperhaltungen aus, achte auf deine Stimme, Mimik, Gestik und deinen Blick. Versuche, eine Haltung zu finden, die dein ‚Nein' am besten zum Ausdruck bringt. Vermeide jeden Körperausdruck, der deinem Gegenüber die Schwelle zur Gewalt erleichtert, also provoziere ihn nicht. Aber vermeide auch jeden Ausdruck jenseits von Täter- und Opferrolle!" (Koch, in: Psychologie Heute, 25, 1998, H. 11, S. 31)
Auch *Situationsbeschreibungen* sind geeignete Trainingsmöglichkeiten:
- Jemand tritt dir im Bus auf deine neuen Schuhe.
- In der Pause auf dem Schulhof. Du gehst an einer Gruppe von Mitschülern vorbei, da hörst du, wie jemand sagt: „Da geht die blöde Gans!"
- Ein Mitschüler geht an deinem Tisch vorbei und wirft dein Mäppchen herunter – offenbar absichtlich.
- Hauke stellt Marie ein Bein. Sie fällt hin und verletzt sich. Hauke meint, er habe ja nur Spaß gemacht.
- Gerda trägt eine dicke Brille wegen ihrer schlechten Sehfähigkeit; einige Mitschüler lachen sie deshalb immer aus.

Die Beispiele ließen sich beliebig ausweiten. Wie aus harmlosen Alltagssituationen in Familie und Schule Zank und Streit entstehen, welche Gefühle da hineinspielen, zeigt Manfred Mai in seinen „Warum-Geschichten" (1995), die ab dem 1. Schuljahr einsetzbar sind und die Schüler provokativ zum Diskurs auffordern.

2.2.2. Verhalten in Gewaltsituationen

Vor Gewaltsituationen ist niemand geschützt. Es gibt unterschiedliche Möglichkeiten, auf Gewaltbedrohungen zu reagieren:
- flüchten,
- nachgeben, d.h. tun, was der Täter verlangt,

- aus Angst gar nichts tun,
- sich gewaltfrei wehren,
- verbale oder körperliche Abwehr oder Gegengewalt.

Angst vor Gewalt treibt immer mehr Menschen in Selbstverteidigungskurse: Aikido, Karate oder Teakwondo-Kurse haben gegenwärtig Hochkonjunktur. Gewalt gegen Gewalt ist aber zumeist die falsche Strategie. Erfahrungen haben gezeigt, daß Gegengewalt häufig noch mehr Gewalt erzeugt. Harte Kampftechniken sind nur eine trügerische Strategie. Letztlich gibt es keine richtigen oder falschen Antworten auf Bedrohungssituationen. Die Reaktion muß immer von der jeweiligen Situation abhängig gemacht werden. Aber einer bedrohlichen Gefahr kann man sich vielleicht entwinden, wenn man bestimmte Reaktionsweisen berücksichtigt und antizipiert:
- Ruhig bleiben: Hektik und Panik sollten vermieden werden; diese lösen zumeist nur reflexartige Situationen aus.
- Halte den Kontakt zum Angreifer: Wichtig ist, sich nicht von der Angst lähmen zu lassen. Stelle Blickkontakt her und versuche Kommunikation aufrechtzuerhalten!
- Versuche die Signale des Täters intuitiv zu entschlüsseln!
- Drohe nicht und beleidige nicht! Mach keinesfalls geringschätzige Äußerungen über den Angreifer!
- Vermeide Körperkontakt, da dieser in der Regel als Grenzüberschreitung wahrgenommen wird, die zu weiterer Aggression führen kann.
- Hole dir Hilfe – so es möglich ist. Sprich dabei aber immer einzelne Personen direkt an, nicht eine anonyme Masse!
- Stelle dich auf keinen Fall als Opfer dar!

Typische Gewaltopfer zeichnen sich, wie vielfältige Untersuchungsergebnisse belegen, nicht allein durch körperliche Schwäche aus. Sie signalisieren durch ihre Körpersprache, daß sie sich nicht wehren werden, und werden dadurch auch häufiger als andere Individuen Ziel aggressiver Übergriffe.

2.2.3. *Gewalterfahrungen in der Schule als Thema im Unterricht*

2.2.3.1. Einsatz und Diskurs von Kinder- und Jugendliteratur zur schulischen Gewaltthematik

Es gibt zwischenzeitlich zahlreiche Kinder- und Jugendbücher, die die schulischen Gewalterfahrungen von Heranwachsenden aufgreifen und in den Unterricht implementieren.
Zielsetzungen eines Unterrichts über Gewalt sind:
- sich auf die Erfahrungen der Heranwachsenden einlassen,

- diese erörtern,
- über die Bewertung von Gewalt sprechen,
- den Kreislauf der Gewalt erhellen,
- alternative Konfliktlösungsmöglichkeiten suchen,
- angemessene Handlungsinterventionen gegenüber Tätern und Opfern aufzuzeigen.

Diese Zielsetzungen sollen im folgenden anhand des Kinderbuches **„Lorenz, Anton und die Folterkammer" (Eva Polak 1992)** aufgezeigt werden:

1. Inhalt:

1.1. Äußere Rahmenbedingungen:

Im Zentrum der Handlung steht der achtjährige, etwas schmächtige Lorenz. Er wächst als Einzelkind behütet und geborgen in einem finanziell gut gestellten Elternhaus auf. Sein Vater ist Anwalt. Er hat wenig Zeit und kommt oft sehr müde von der Arbeit. Die Mutter hat seit der Geburt von Lorenz ihre Arbeit als Stewardeß aufgegeben und kümmert sich nur um das Kind und den Haushalt. Sie bewältigt in energischer Form die meisten Familienangelegenheiten. Die in der Nähe lebende Großmutter erlaubt ihrem Enkel manches, was die Mutter nicht duldet. Deshalb stehen diese beiden Personen oft im Streit miteinander.
Lorenz ist mit Herrn Henning, dem Zeitungsladenbesitzer, und dessen Rauhhaardackel Anton befreundet und besucht beide auch häufig.

1.2. Sich entwickelnde und eskalierende Gewaltsituation

Das Problem beginnt damit, daß Lorenz nicht mehr zur Schule gehen möchte, weil er von Lars, dem ältesten und stärksten Jungen der Klasse, geärgert wird. Was zuerst nur verbal begann, spitzt sich tätlich zu. Zuerst nimmt Lars Lorenz die Mütze weg. Für Lars ist die Sache nur Spaß, für Lorenz wird sie jedoch zur Tortur. Zusammen mit zwei anderen Jungen (Roman und Basti), die sich ihm angeschlossen haben, lockt Lars Lorenz in ein Versteck auf dem Schulhof. Ursprünglich wurde dieses von allen vier Kindern gemeinsam gebaut. Nun hat es sich jedoch für Lorenz in eine Folterkammer verwandelt, in der er einiges erleiden muß.
„Dabei schnappt Basti ihn am rechten Bein. Lorenz kippt nach vorne, und Lars packt ihn an den Händen. Lars ist sehr stark, deswegen gelingt es Lorenz nicht, sich loszureißen. ‚Man bist du mager, Lorenz!', staunt Lars. ‚Auf deinen Rippen kann man ja Klavier spielen!' Und während sich Lorenz wütend windet, knufft Lars ihn zwischen die Rippen und macht ‚dadada', ganz so, als würde er auf Tasten hauen" (Polak 1992, S. 41/42).

Die Jungen gehen sogar so weit, die Behandlung von Lorenz in Folterstufen zu unterteilen. Lorenz läßt sich zweimal in die Folterkammer locken. Danach fühlt er sich jedesmal so elend und erniedrigt, daß er am liebsten gar nicht mehr in die Schule gehen möchte. Er ersinnt allerlei Ausflüchte, um die Schule zu umgehen. Als er damit nicht zum Ziel kommt, wird seine Angst immer stärker und er schwänzt die Schule.

1.3. Reaktion des Umfeldes

Als das Schwänzen herauskommt, muß er, der die Angelegenheit ohne die Hilfe von Erwachsenen regeln wollte, ihnen alles erzählen. Zuerst vertraut er sich der Oma an. Diese ist bestürzt, hat aber gleich unkonventionelle Vorschläge bereit:

„‚Dann mach dich doch auch mal über sie lustig', rät Oma. ‚An jedem gibt's was zu lachen!'" (S. 59)

Als Lorenz sich jedoch dafür nicht begeistern kann, schlägt sie folgendes vor:

„‚Ich hab's!', ruft sie nach einiger Weile. ‚Wir laden sie alle zum Mittagessen ein!'

‚Waas', schreit Lorenz. ‚Ja', Oma strahlt. ‚Eine freundliche Geste wirkt manchmal Wunder. Du bringst sie einfach nach der Schule mit! Ich mache Schnitzel mit Kartoffelbrei, backe Käsekuchen mit Aprikosen'." (S. 63)

Aber Lorenz kann diesen Vorschlag nicht akzeptieren.

Im Gespräch mit Herrn Henning, dem er sein Problem ebenfalls erzählt, offenbart sich das Dilemma, in dem Lorenz sich befindet. Er möchte trotz aller Schikanen gern mit den Jungen befreundet sein und will keinesfalls als Schwächling, der keine Mutproben bestehen kann, gelten.

Die Mutter von Lorenz reagiert auf den Bericht ihres Sohnes resolut. Sie will die Klassenlehrerin informieren oder mit den Eltern der drei Buben reden. Lorenz kommt mit seiner Mutter ob ihres Vorschlages in Konflikt.

Der Vater hingegen gibt Lorenz gute Ratschläge, wie er die Situation allein meistern könnte. Seiner Ansicht nach ist das Ignorieren der Bande die einzig richtige Möglichkeit. Zudem schlägt er ihm das Suchen neuer Freunde vor.

Aufgrund des psychischen Druckes, den die Bande auf ihn ausübt, wird Lorenz krank. Nach einer Woche kann er wieder zur Schule gehen. Kurz bevor er das Haus verläßt, teilt ihm die Mutter mit, daß sie – entgegen der Absprache mit dem Vater – in der großen Pause zur Schule kommen wolle, um die Sache zu klären. Lorenz ist entsetzt. Niedergeschlagen tritt er seinen Schulweg an und fürchtet sich sowohl vor der Folterkammer als auch vor dem Eingreifen der Mutter. Da er noch etwas Zeit hat, geht er zuvor zu Anton und Herrn Henning. Dieser erzählt ihm, wie sich sein kleiner Dackel erfolgreich gegen einen viel größeren Hund gewehrt habe:

„‚Der hat dich doch richtig vermißt, du Bengel!‘, sagt Herr Henning. ‚Jedesmal, wenn die Tür aufging, schaute er, ob du's bist!
Ja und gestern, da hätte es ihn fast erwischt, stell dir mal vor!‘ Das kann Lorenz sich nicht vorstellen. ‚Na ja‘, erzählt Herr Henning, ‚ich gehe mit Anton kurz mal raus und da kommt doch plötzlich ein Riese von Hund angerast, so'n böser Typ, verstehst du, ein rabiater, sein Frauchen läuft mit 'ner Kette hinterher, ruft ihn zurück, aber der hat schon unsere halbe Portion bemerkt.‘ ‚Und?‘, fragt Lorenz. ‚Na ja‘, sagt Herr Henning, ‚ich hab' einen Mordsschreck bekommen, dachte, jetzt ist's geschehen um den Kleinen, stürze sofort los, um das Schlimmste zu verhindern.‘ ‚Und?‘
‚Es war zu spät! Wie ein geölter Blitz ist Anton auf ihn losgegangen!‘
‚Anton?‘, Lorenz reißt die Augen auf. ‚Auf den Großen?‘
‚Ja, stell dir mal vor! Schade, daß ich die Hundesprache nicht verstehe! Junge, Junge, der hat's ihm gegeben! Und was glaubst du, machte der Köter?‘ Das weiß Lorenz natürlich nicht. ‚Abgehauen ist er‘, sagt Herr Henning, ‚wie ein Osterhase!‘
Lorenz ist überwältigt …“ (S. 124–126)
„‚So ist es halt unter Hunden‘, sagt Herr Henning. ‚Wenn die merken, da hat einer Angst vor mir, spielen sie den Starken! So ist es oft auch unter Menschen, würd' ich sagen. Tja, das war ein großer Tag für unseren Anton.‘“ (S. 126)

1.4. Lösung des Konflikts

Auf Lorenz hinterläßt dies alles einen starken Eindruck:
„Eine halbe Portion, denkt er, so einer wie ich.“ (S. 127)
In der großen Pause spürt er, daß der Zeitpunkt gekommen ist, in dem er sich entscheiden muß. Er sammelt Kraft und überwindet sich.
„Lorenz' Magen, der ja jetzt ein paar Tage Erholung hatte, zieht sich wieder zusammen. Lorenz ist stehengeblieben. Wenn es in Lorenz' Leben etwas gibt, was ganz schwierig ist, etwas, was Lorenz machen muß und sich nicht traut, dann macht er eine einfache Sache. Er zählt bis drei. Im Geiste, versteht sich. Und wenn er dann ‚drei‘ sagt, dann macht er's. Manchmal, in besonders schweren Fällen, zählt er bis fünf.“ (S. 131/132)
In diesem Fall zählt er bis fünf. Als er angegriffen wird, nimmt er allen Mut zusammen, schreit seine Gegner an und steigert sich immer mehr in Abwehr hinein.
„‚Ihr sollt herauskommen!‘, sagt Lorenz mit kräftiger Stimme. ‚Und zwar alle! … es ist, daß ihr mich sofort in Ruhe laßt! Ja!‘, schreit Lorenz nun ganz laut. ‚Ihr laßt mich ab sofort in Frieden! Und zwar für immer!‘
Basti sagt, Lorenz solle sich beruhigen. Das kann Lorenz aber nicht mehr.

‚Ihr hört auf, mich zu ärgern!', brüllt er. ‚Sonst erlebt ihr was!'" (S. 134–136) Die anderen Jungen sind so verwirrt, daß sie sich gegenseitig die Schuld an dem Vorgefallenen zuweisen.
Lorenz ist nun stolz auf sich. Dies äußert sich auch darin, daß er sich am nächsten Tag seine Kleidungsstücke selbst heraussucht und seiner Mutter erklärt, sie möge ihn doch nicht wie ein Krabbelkind behandeln. Als er erfährt, daß sich Anton nicht verteidigt hat, sondern nur durch Herrn Henning gerettet wurde, verzeiht er diesem die Lüge und geht erstmals wieder ohne Angst zur Schule.

2. Bewertung:

Der abschreckende Titel des Buches läßt einen düsteren, mit Gewalttätigkeiten reichlich versehenen Inhalt vermuten. Auf spannende Weise wird der Konflikt von seiner Entstehung bis zu seiner Lösung beschrieben. Die Hintergründe und Motive der Handlungsträger werden überzeugend dargestellt. Die Gewalttätigkeiten, denen Lorenz ausgesetzt ist, erfahren durch die eindrücklichen Gefühlsschilderungen des Opfers eine negative Bewertung und machen dem gleichaltrigen Leser klar, daß so etwas auch an seiner Schule passieren kann; d. h., die Schüler werden für diese Thematik sensibilisiert. Lorenz wird als schmächtiges Kind geschildert, das aber dann doch Stärken zeigt. Die Leser können so Sympathien für Lorenz entwickeln und es wird eine Identifikation mit der Ablehnung von Gewalt erreicht. Es ist positiv zu sehen, daß Lorenz sich wohl die unterschiedlichen Lösungsmöglichkeiten seines Umfeldes anhört, aber dann doch mit Hilfe des Hundes seine eigene „saubere Lösung" findet. Auch wenn ein Kind, das in einer solchen Situation ist, diesen Weg für sich persönlich nicht akzeptieren kann, mag es zumindest die von den Erwachsenen vorgetragenen und von Lorenz abgelehnten Alternativen in Erwägung ziehen und begreifen lernen, daß man sich gegen Gewalt auch in verbaler Form zur Wehr setzen kann und dies auf alle Fälle auch tun sollte.

3. Zur didaktischen Intention und ihrer Realisierung:

Lernziele:
- den Konflikt zwischen Lorenz, Lars, Roman, Basti erkennen,
- die Struktur der Bande (Anführer und Mitläufer) analysieren,
- sich in die einzelnen Personen, ihre Gefühle und Motive hineinversetzen,
- Möglichkeiten zur Problemlösung diskutieren,
- Sensibilisierung für die Gewaltproblematik.

Das Kinderbuch ist für eine dritte Klasse geeignet. Die Behandlung des Buches wird gestrafft, indem viele Passagen vom Lehrer vorgelesen wer-

den. Die Passagen, in denen es jedoch zu inneren Konflikten und zur Beschreibung der Gewalttätigkeiten kommt, werden als Textauszüge den Schülern zur Verfügung gestellt. Um dennoch den Buchcharakter zu wahren, werden die einzelnen Seiten mit Vorder- und Rückdeckel aus Karton in Buchform zusammengeheftet, dessen Deckblatt die Schüler auch selbst gestalten dürfen.
Nach der Vorstellung der Romanfiguren durch Vorlesen vom Lehrenden werden den Schülern zwei Gewaltszenen vorgelegt. Die eine spielt auf dem Schulweg von Lorenz (Polak 1992, S. 28–36), die andere in der Folterkammer. (Polak 1992, S. 38–47) Es wird ein Unterrichtsgespräch angeschlossen, das sich vor allem auf mögliche Lösungswege konzentriert. Daraufhin werden die Reaktionen der beteiligten Personen in Augenschein genommen und im Rollenspiel jeweils gespielt und von den Schülern kommentiert und bewertet. Es wird mit den Schülern besprochen, was passieren könnte, wenn Lorenz von den benannten Mitschülern noch mehr terrorisiert würde. Vorschläge werden gesammelt, was man an der Stelle von Lorenz tun könnte.
Die Reaktion von Anton (S. 123–126) und Herrn Hennings Gedanken hierzu werden als Textauszug bearbeitet und reflektiert. Kapitel 13 und 14 werden vorgelesen und die von Lorenz gefundene Lösung besprochen.

Kinder-/Jugendbuch: Sonst bist du dran! (Renate Welsh 1995):

1. Inhalt:

Michel, Schüler der 4. Klasse, wird Zeuge, wie Arnold, ein Mitschüler, von zwei weiteren Jungen aus der Klasse in der Pause auf der Schultoilette mit dem Kopf in die Kloschüssel getunkt wird, bis er gurgelt. Auf dem Heimweg sieht Michel, wie einige Kinder aus der Klasse Arnold brutal im Park verprügeln. Michel wird von den Gewalttätern das Versprechen abgenommen, über das Geschehene zu schweigen.
Am nächsten Tag erhält Michel vom Bandenboß das Angebot, Mitglied in der Bande zu werden. Aus Angst vor Gewalttätigkeiten schließt er sich der Bande an und nimmt an einer Hetzjagd auf Arnold teil. Bertram wirft hierbei noch Arnolds zurückgebliebenen Schal in einen Baum.
An einem der folgenden Tage wird Michel gezwungen, Arnold zu mißhandeln. Er stopft dem Opfer Gras in den Mund und schlägt auf ihn ein. Michel wird krank und erzählt seinen Eltern in äußerst verworrener Form von den Geschehnissen. Sie bieten Lösungsvorschläge an. Aufgrund einer Rauferei in der Schule, bei der ein Kind zu Schaden kommt, ruft Michels Klassenlehrerin, die etwas über die Vorgänge in ihrer Klasse zu ahnen scheint, die Schüler zu einer Gesprächsrunde über das Thema Gewalt zusammen. Die Kinder erhalten die Aufgabe, anonym auf einem Zettel zu notieren, wann sie selbst

Gewalt ausgeübt und wann sie welche erfahren haben. Michel schreibt, er habe jemandem Gras in den Mund gestopft.
Die Schüler sind über alle ihre Untaten und Gewalttätigkeiten, die auf anonyme Weise vorgetragen werden, sehr betroffen; auch die Bandenmitglieder.
Michel sucht in den folgenden Wochen Gelegenheiten der Annäherung an Arnold, um sich zu entschuldigen. Es gelingt ihm, Arnolds Schal vom Baum im Park zu holen, und seine Mutter wäscht und bügelt denselben. Arnold kann die Rückgabe des Schals und die Entschuldigung annehmen.
„‚Es ist dein Schal. Ich hab ihn heruntergeholt.' Arnold nickte, packte ihn aus, legte sich ihn um den Hals. ‚Gebügelt hast du ihn auch.' ‚Es ist … ich wollte das alles nicht …', stieß Michel hervor. ‚Bist du noch sauer?'
Arnold stand da und sagte eine ganze Weile nichts, wiegte nur den Kopf hin und her. ‚Nein', entschied er schließlich. ‚Aber deswegen muß ich dich ja noch lange nicht mögen, oder?'
‚Nein. Ich dich auch nicht, oder?' Plötzlich fingen beide an zu lachen. Nebeneinander gingen sie ins Schulhaus …" (Welsh 1995, S. 127)

2. Bewertung:

Eine sensibel geschriebene Erzählung, die äußerst spannend und für den schulischen Einsatz gut geeignet ist. Die Gewalterfahrungen in Form der Zettelsammlung zu thematisieren ist eine originelle Idee. Die Anführerposition der Bandenmitglieder gerät durch dieses didaktische Vorgehen der Klassenlehrerin ins Wanken. Das Buch bietet einen Weg an, Kinder auf der Suche nach Erklärungen für ihre Welt und ihre Handlungen zu unterstützen. Michel gerät in das Spannungsfeld, sowohl Opfer als auch Täter sein zu müssen. Er findet jedoch seinen individuellen Weg aus dem Konflikt.

3. Zur didaktischen Intention und ihrer Realisierung:

Lernziele:
- Formen von Gewalttätigkeiten unterschiedlicher Art erkennen,
- Sensibilisierung für die Gefühle des Opfers,
- Opfer- und Täterperspektive in der Person von Michel antizipieren,
- mögliche Lösungswege reflektieren,
- Respektieren auch der Kinder und Menschen, die „uns nicht so liegen".

Unterrichtliches Vorgehen – Klasse 4 oder 5:
Auch hier eignet sich die Kombination von Vorlesen und Textkopien zur Diskussion für die Schüler.
Anfangsszene und Parkszene vorlesen (S. 5–18, „Du weißt ja, wenn du ein Wort sagst, bist du dran!")

Diskussion: Wie Michel sich fühlt und was er dagegen tun könnte.
Michel muß Mitglied der Bande werden und wird gezwungenermaßen zum Täter (S. 30–37 und 46–54) – Reflexion der Gründe und Gefühle von Michel
Mögliche Lösungswege diskutieren und erörtern. Vorlesen, wie Michel seinen Eltern alles gesteht.
Kopien S. 77–92: Die Aufgabe der Klassenlehrerin und der Vortrag der unterschiedlichen Gewalttätigkeiten der Kinder in anonymer Form.
Die Wende (S. 85–86) vorlesen.
Schlußteil als Kopien (S. 126–128) – Reflexion und Diskussion: Man kann und muß nicht alle Kinder lieben. Man sollte sich jedoch respektieren.

Jugendbuch: Was ist schon dabei? Schüler schreiben eine Geschichte über die ganz alltägliche Gewalt (Porsche Realschule Wolfsburg 1994)

1. Inhalt:

Die Geschichte handelt von einem 12jährigen Siebtkläßler der Realschule, der von fünf Jungen aus der 10. Klasse seelisch und körperlich gequält wird. Innerhalb einer Woche spielt sich ein eskalierendes Szenario ab, das mit dem Tod des Jungen Martin endet.
Die fünf Jungen bilden eine Gang, deren Anführer Stefan Egge ist. Die Geschichte beginnt damit, daß vier der Jungen unter der Leitung von Stefan im Kaufhaus Strehl Schuhe stehlen und dabei vom Hausdetektiv erwischt werden. Aus Wut über die erfahrenen häuslichen Strafen erpreßt die Gang mit Geldforderungen nun Martin Bährlapp, den Sohn des Detektivs. Martin, ein stiller Junge und guter Schüler, wird als Lappi verhöhnt und ihm wird gedroht, daß man Lehrer und Eltern von der Tatsache informiere, daß Martin rauche. Diese Behauptung trifft keinesfalls zu; doch aus Angst spricht Martin weder mit den Eltern, noch bekennt er beim Klassenlehrer Farbe, obgleich dieser etwas von den Vorgängen zu ahnen scheint und Martin auf seine Veränderung anspricht, die sich auch in gravierenden schulischen Leistungseinbrüchen manifestiert.
Im Verlauf des Handlungsablaufs erfährt der Leser von den defizitären familiären Verhältnissen, in denen die Jungen der Gang aufwachsen. Markus Uhlhorst hat einen schlagenden, brutalen Vater. Der Vater von Anführer Stefan Egge ist Alkoholiker, der auch die Mutter verprügelt. Mathias Kern lebt bei einer Mutter mit ständig wechselnden Männerbekanntschaften. Jochen Strehl, der Sohn des Kaufhausbesitzers, ist nahezu immer allein gelassen. Die Eltern sind im Geschäft, und seitdem er das Gymnasium nicht geschafft hat, ist er bei seinem Vater abgeschrieben. Er hielt die Idee, den kleinen Bährlapp fertigmachen zu wollen, für „Schrott“.

Aber er hatte nur diese Kumpels. Alle anderen der Klasse gingen ihm aus dem Weg, eben weil er diese Kumpels hatte!
Joe Brockmeyer hat Eltern, die sich rund um die Uhr abrackern und ihn vernachlässigen.
Die Geschichte spitzt sich dahingehend zu, daß Martin von der Gang benutzt wird, beim Schulfest am Freitag abend Alkohol in die Schule zu schmuggeln, den die Gang dort trinken will. Unter der Federführung von Stefan Egge wird nun auch Martin damit abgefüllt. Es kommt soweit, daß dieser nicht mehr gehen kann und die Treppe ihm „wegkippt".
Die Fünf entfernen sich und hören noch das Gespräch zwischen zwei Lehrern, die von einer gebrochenen Wirbelsäule und einer Schädelfraktur bei Martin sprechen. Rollstuhl? Hirndefekt?
Alle Mitglieder der Gang – außer Stefan Egge – beginnen nachzudenken und empfinden sich als Mörder. Der coole Stefan Egge besorgt sich zwischenzeitlich ein hieb- und stichfestes Alibi.
Am Montag erfährt die Klasse die Nachricht vom Tode Martin Bährlapps. Die Gang verläßt ungeschoren die Schule und trifft sich zur Beratung. Stefan Egge distanziert sich von den Kumpels durch sein angebliches Alibi im Lindentreff, einer Gastwirtschaft, in die er sich sofort nach dem Sturz Martins kühl berechnend begeben hatte. Jochen Strehl will aus der Gang aussteigen und wird daraufhin von Stefan angegriffen. Es kommt zu einem Kampf, aus dem alle die Erkenntnis ziehen, daß sie einen Typ wie Stefan nicht mehr ernst nehmen können. „Typen wie Egge waren immer die Stärkeren – solange sie genug Leute um sich hatten, die sie stark machen. Aus ihrer Schlappheit zog Egge seine Power." (Porsche-Realschule Wolfsburg 1994, S. 116)

2. Bewertung:

Diese von Schülern selbst inszenierte Geschichte zeichnet sich durch außerordentliche Spannung aus und besticht durch die sensible Beleuchtung von Gewaltursachen und die Schilderung der Persönlichkeitsstruktur der Gangmitglieder und deren Familiensituation. Es sind Täter, die Haß in sich tragen und denselben durch Gewalt kompensieren wollen, damit ihre Wut zumindest für kurze Zeit verschwindet.
Auch das Opfer, der ängstliche, stille und gehorsame Martin, wird sehr einfühlsam in seiner Wehr- und Hilflosigkeit und den hieraus sich ergebenden Konsequenzen gezeichnet. Ein äußerst nachdenklich machender Gewaltkrimi, der Jugendliche zum Gewaltdiskurs geradezu auffordert. Erscheinungsformen, Ursachen sowie der Kreislauf von Gewalt können anhand des Buches eruiert werden. Mögliche Handlungsalternativen von Opfern und Tätern können gesucht, erörtert und bewertet werden.

3. Zur didaktischen Intention und ihrer Realisierung:

Diese Schülerarbeit kann zum Ausgangspunkt einer Sammlung und Dokumentation von Gewaltszenen und dem adäquaten Umgang damit werden.

Beispiel:

Ich lebe noch

Ich heiße Boi Van Nho und bin 42 Jahre alt. In meiner Heimat Nordvietnam verdiente ich so wenig, daß ich meine Familie nicht ernähren konnte. Deshalb mußte ich im Ausland arbeiten: zuerst in China, dann vor drei Jahren in Deutschland.

Dort fand ich Arbeit bei einer Reinigungsfirma und ein Zimmer in einem Wohnheim für ausländische Arbeiter. Im letzten Jahr wurde ich dreimal überfallen. Nachdem beim 2. Überfall mein Nasenbein gebrochen wurde, traute ich mich nur noch mit einem Stuhlbein unter dem Mantel aus dem Haus. Aber das hat mir leider nichts genützt, als ich zum 3. Mal angriffen wurde.

Es war Montag nachmittag, 16. Oktober, etwa drei Uhr. Ich wartete an der Bushaltestelle mit einigen anderen, als drei 16–17jährige Jungs dazukamen und sich so etwas wie „Fidschis klatschen" zuriefen. Als der Bus schon um die Ecke fuhr, stürzten sie sich auf mich. Ich hatte gerade mein Stuhlbein herausgezogen, da spürte ich einen Schlag im Gesicht, von dem ich ohnmächtig wurde. Aus Erzählungen weiß ich, wie es weiterging.

Als ich schon bewußtlos am Boden lag, trampelten sie mit ihren Stiefeln mit Stahlkappen auf mir herum. Keiner von den Zuschauern hat eingegriffen. Sechs Wochen lag ich mit einem Schädelbasisbruch im Krankenhaus. Weil ich danach nicht mehr alleine zurecht kam, sorgte die Ausländerbeauftragte, daß meine Frau und mein ältester Sohn einen Monat später nach Deutschland kommen konnten.

Jetzt – vier Monate nach dem Angriff – bin ich immer noch nicht gesund: Auf dem rechten Ohr höre ich fast nichts.

Sobald ich mich anstrenge, wird mir schwindelig. Die Ärzte sagten, daß ich vielleicht nie wieder arbeiten kann. Ich habe Angst. Wieso passiert so etwas immer mir? Jetzt wage ich mich kaum mehr alleine aus dem Haus.

Obwohl ich lebensgefährlich verletzt war, wurden die drei Schüler, die es getan haben, keinen einzigen Tag eingesperrt. Sie haben sich auch nicht bei mir entschuldigt. Trotzdem habe ich noch Glück gehabt: Ich lebe ja noch!

(modifizierte Form aus: Die Zeit, 21. 1. 1992, S. 95)

Jede Gruppe der Klasse kann in einem gespielten Interview ein Gewaltopfer vorstellen:

Reporterfragen:

- *Wie heißen Sie? Wie alt sind Sie? Woher kommen Sie?*
- *Bei ausländischen Opfern: Warum kamen Sie nach Deutschland?*
- *Was passierte als Sie angegriffen wurden?*
- *Wissen Sie etwas über die Täter oder den Täter?*
- *Wurde der Täter bestraft?*
- *Welche Folgen hatte der Angriff für Sie? Für Ihre Familie/Freunde?*
- *Können Sie sich vorstellen, warum die Täter gerade Sie als Opfer angegriffen haben?*

Herstellung eines Video-Filmes – Sekundarstufe

„Anläßlich des Klassenbesuchs von ‚Schindlers Liste' (Religion – Klasse 8 – d. Verf.) und der daran anschließenden Gespräche wurde deutlich, daß auch echte Betroffenheit die Schüler nicht davon abhält, mit höhnischen Mätzchen zu reagieren: Aufzählungen, wer alles geheult hat, und Schilderungen, welche Ekel- und Angstgefühle man selber gehabt hat, mußten unbedingt mit ein paar Judenwitzen garniert werden; (...) vor allem die jungen männlichen Teilnehmer benutzten Greuelschilderungen und höhnisch-witzige Kommentare dazu, ihre wirklichen Gefühle zu überspielen, (...) um bloß nicht als ‚Softy' der Verachtung anheimzufallen" (Büttner, E., in: Pädagogik, 47, 1995, H. 6, S. 46).
Aufgrund dieser Erkenntnis schlug Büttner einer siebten Klasse vor, einen Videofilm über folgende Begebenheit zu drehen:
Authentische grausame Hinrichtung eines Juden im Jahre 1573, die in sechs Stufen vor sich ging: Reißen mit glühenden Zangen, Rädern, Vierteilen, Herausreißen der Gedärme, Köpfen und Verbrennen.
Ein Drehbuch mußte erstellt werden, und man mußte sich mit den Grausamkeiten und Gewalttätigkeiten auseinandersetzen.
Mit den Dreharbeiten begann die Aufgabe der technischen Realisierung. Wer würde sich rot bespritzen und beschmieren lassen.
„Schließlich wurde zusammen mit den Schülern eine Hinrichtungsszene konzipiert, die die grausamen Vorgänge auf die indirekteste Weise darstellt. Einige Zuschauer der Folterszenen, die keinen Sitzplatz mehr bekommen haben, kommentieren die Vorgänge von weitem. Statt ausgiebiger Blutspritzereien hört und sieht man eine Diskussion über Vorurteile und Schuldfragen, auf vier Drehbuchseiten wird die gerade stattfindende Grausamkeit in ganzen drei Sätzen benannt, einer davon lautet: ‚is nix für zarte Nerven,

Madameken! Hätten mal hören sollen, wie der gewiehert hat, als sie ihm mit dem Wagenrad die Gelenke zertrümmert haben!'"
(E. Büttner, S. 47)
Auf diese Weise wird eine Auseinandersetzung mit der Thematik Gewalt geradezu provoziert. Auch eine Gewalttätigkeit aus der Tageszeitung bzw. aus dem Schulalltag eignet sich für eine solche Aufbereitung mit Einleitung, Schluß und interpretierenden Kommentaren. Die Botschaft, die Jugendlichen in verbaler Form zumeist nicht vermittelt werden kann, wird somit in einen Handlungsrahmen gestellt und konkretisiert und durch die notwendige Diskussion auch internalisiert.

3. Resümee: Schule im Spannungsfeld der Bedürfnisse nach Personalisation und Sozialisation sowie Qualifikation

Die 1981 von Andreas Flitner getroffene Prognose, daß es weniger der Bildungsnotstand (Georg Picht) als vielmehr der Erziehungsnotstand sein wird, den die Schule zukünftig zu bewältigen hat, scheint zwischenzeitlich Realität geworden zu sein. Nach einer von Spanhel und Hübner durchgeführten Untersuchung rangiert vor allem bei Grundschullehrerinnen die Auseinandersetzung mit Schülerkonflikten und Verhaltensauffälligkeiten an der Spitze der Belastungsfaktoren im Berufsalltag (Spanhel/Hübner 1995). Veränderte Kindheits- und Jugendzeitstrukturen haben auch ein verändertes Selbstverständnis der Schule und eine Diskussion um ihren Auftrag neu entfacht. Von einigen Autoren wird vehement vor einer Sozialpädagogisierung der Schule gewarnt. Andere wiederum halten eine Trennung von sozialpädagogischen Aufgaben und unterrichtlichen Qualifikationen für fiktiv, da diese vor allem in Schulbezirken, die aufgrund ihrer raumökonomischen Lage und ihrer Bevölkerungsstruktur in sogenannten sozialen Brennpunkten liegen, nicht mehr realisierbar ist. Die Verdichtung von Problemen vor allem im Hinblick auf die Gewaltthematik macht ein Sozialengagement der Lehrenden notwendig, um überhaupt das Lernen zu initiieren. Lehrende stehen hier häufig in einer Zerreißprobe an ihrem Arbeitsplatz, denn es muß festgehalten werden, daß die derzeit den Lehrenden zur Verfügung stehenden allgemeinen sowie spezifischen Präventions- und Interventionsmöglichkeiten sich nur auf eine Fülle praktikabler und in Einzelfällen auch sehr hilfreicher Vorschläge beziehen. Ein koordinierendes Vorgehen aller Beteiligter und ein überzeugend integrierendes Programm, in das auch außerschulische Institutionen und die Schulbehörden sowie die Eltern und nächsten Bezugspersonen integriert werden sollten, liegt noch nicht vor. Auch über die Grundmuster des Erzie-

hungskonzepts von Lehrenden sowie über familiäre und schulische Erziehungsprinzipien muß sich im Hinblick auf Wege und Auswege verständigt werden.
Dennoch möchten wir an den Schluß unserer Ausführungen zur Gewaltthematik und zur Fokussierung der Aufgaben all derer, die an der Erziehung und Bildung von Kindern und Jugendlichen beteiligt sind, folgenden Briefabschnitt von Haim Ginott setzen:

„Liebe Leser! Ich habe im Konzentrationslager überlebt. Meine Augen haben einige Dinge gesehen, die kein menschliches Auge je erblicken sollte: Gaskammern, erbaut von gebildeten Ingenieuren; Kinder, vergiftet von wissenschaftlich ausgebildeten Ärzten; Säuglinge, getötet von erfahrenen Kinderschwestern. Frauen und Kinder, erschossen und verbrannt von ehemaligen Oberschülern und Akademikern.
Deshalb traue ich der Bildung nicht mehr. Mein Anliegen ist: Helfen Sie Ihren Schülern, menschlich zu werden. Ihr Unterricht und Ihr Einsatz sollte keine gelehrten Ungeheuer hervorbringen, keine befähigten Psychopathen, keine gebildeten Eichmanns. Lesen, Schreiben und Arithmetik sind nur wichtig, wenn sie dazu beitragen, unsere Kinder menschlich zu machen."
(Haim Ginott 1972, in: Ringel 1986, S. 58)

4. Literatur

Ahlborn, H.-U.: Werteerziehung durch Vorbildlernen. Tugenden in moderner Sicht. Frankfurt/M 1996.

Alex, S./Vopel, K.: „Lehre mich nicht, laß mich lernen!" Neue Interaktionsspiele Teil 1–4. Hamburg ²1992.

Alfermann, D.: Geschlechterrollen und geschlechtstypisches Verhalten. Stuttgart/Berlin/Köln 1996.

Badegruber, B.: Kinder ohne Gewalt. München/Linz 1996.

Bäuerle, S. (Hrsg.): Der suchtgefährdete Schüler. Eine Herausforderung für Lehrer, Eltern und Schüler. Regensburg 1993.

Bäuerle, S./Moll-Strobel, H.: „Ich bin – ich kann – ich mag." Aufbau von Selbstwert bei Kindern. Regensburg 1996.

Baldering, D.: Selbstkonzepte von Kindern im Grundschulalter. Ein Vergleich zwischen psychisch auffälligen Kindern mit Kindern der Normalpopulation. Frankfurt a. M./Berlin/Bern/New York/Paris/Wien 1993.

Bartmann, Th./Ulonska, H. (Hrsg.): Kinder in der Grundschule. Anthropologische Grundlagenforschung. Bad Heilbrunn 1996.

Besemer, Ch.: Mediation – Vermittlung in Konflikten. Darmstadt ⁴1997.

Bierhoff, H. W./Wagner, M. (Hrsg.): Aggression und Gewalt. Phänomene, Ursachen und Interventionen. Stuttgart/Berlin/Köln 1998.

Böhnisch, L./Winter, R.: Männliche Sozialisation. Bewältigungsprobleme männlicher Geschlechtsidentität im Lebenslauf. Weinheim/München ³1997.

Branden, N.: „Ich liebe mich auch." Reinbek 1997.

Brenn, H.: „Moderne" Lehrerleitbilder und die Lehrerbeurteilungspraxis in Österreich. Vortrag am 22. 11. 1997 auf dem 2. Karlsruher Fachsymposium (Lehramtsprüfungen 2000).

Brockner, J.: Self-esteem, self-consciousness and task performance. Replication, extensions and possible explanations. In: Journal of Personality and Social Psychology, 37, 1979, S. 447–461.

Bründel, H./Hurrelmann, K.: Gewalt macht Schule. Wie gehen wir mit aggressiven Kindern um? München 1994.

Bründel, H./Hurrelmann, K.: Einführung in die Kindheitsforschung. Weinheim/Basel 1996.

Büchner, P./Fuhs, B./Krüger, H.-H. (Hrsg.): Vom Teddybär zum ersten Kuss. Wege aus der Kindheit in Ost- und Westdeutschland. Opladen 1996.

Büttner, Ch./Dittmann, M. (Hrsg.): Brave Mädchen – böse Buben? Erziehung zur Geschlechtsidentität in Kindergarten und Grundschule. Weinheim/Basel 1993.

Büttner, E.: Wir drehen einen blutrünstigen Videofilm. Oder: Von der Phantasie zur Realität. In: Pädagogik, 47, H. 6, 1995, S. 45–49.

Burow, O.-A./Gudjons, H. (Hrsg.): Gestaltpädagogik in der Schule. Hamburg 1994.

Cohn, R. C.: Von der Psychoanalyse zur themenzentrierten Interaktion. Stuttgart 1975.

Cohn, R. C.: Es geht ums Anteilnehmen. Freiburg ³1993.

Damon, W./Hart, D.: Self-understanding in childhood and adolescence. Cambridge 1988.

De Jong, Th. M.: Eigentlich sind Mädchen stärker. München 1995.

Du gegen mich. Geschichten über Gewalt von jungen Autorinnen und Autoren. Frankfurt a. M. 1997.

Faller, K./Kerndtke, W./Wackmann, M.: Konflikte selber lösen. Mediation für Schule und Jugendarbeit. Mühlheim a. d. Ruhr 1996.
Felger-Pärsch, A.: Untersuchungen zum Stand der Entwicklung von Selbstkonzepten bei Schülern der Primarstufe (Klasse 4) – eine Erkundungsstudie. Hrsg. v. Direktorium des Instituts für Grundschulpädagogik. Potsdam 1995.
Filipp, S.-H. (Hrsg.): Selbstkonzept – Forschung. Probleme, Befunde und Perspektiven. Stuttgart [3]1993.
Flitner, A.: Besinnung auf die Grundschule. In: Grundschule, 13, H. 11, 1981, S. 454–458.
Fölling-Albers, M.: Veränderte Kindheit – verändertes Selbstverständnis der Schule? In: Grundschule, 30, H. 7/8, 1998, S. 59–62.
Fromm, E.: Leben zwischen Haben und Sein. Freiburg [3]1993.
Gärtner-Harnach, V.: Angst und Leistung. Weinheim 1972.
Gebauer, K.: Turbulenzen im Klassenzimmer. Emotionales Lernen in der Schule. Stuttgart 1997.
Glasl, F.: Konfliktmanagement. Ein Handbuch für Führungskräfte, Beraterinnen und Berater. Bern/Stuttgart 1997.
Goleman, D.: Emotionale Intelligenz. München/Wien 1996.
Hagedorn, O.: Konfliktlotsen. Lehrer und Schüler lernen die Vermittlung im Konflikt. Leipzig/Stuttgart [2]1996.
Hanckel, Ch./Heyse, H./Kalweit, M. (Hrsg.): Psychologie macht Schule. Kongreß des zehnten Bundeskongresses des BDP. Bonn 1993.
Heidemann, R.: Körpersprache im Unterricht. Ein praxisorientierter Ratgeber. Wiesbaden [5]1996.
Hempel, M. (Hrsg.): Grundschulreform und Koedukation. Beiträge zum Zusammenhang von Grundschulforschung und Geschlechtersozialisation. Weinheim/München 1996.
Hering, S./Rietschel, Ch.: Weil ich ein Mädchen bin. ... Weiblichkeit und Männlichkeit aus Sicht der Kinder. In: Psychologie Heute, 22, H. 7, 1995, S. 60–63.
Himmel, W./Hinz, H./Quitmann, M./Vollmer-Berens: Berührt sein. Gestaltpädagogik in der Schule. In: Die Unterrichtspraxis, Beilage zu „bildung und wissenschaft“ der GEW Baden-Württemberg, H. 7, 1994, S. 51–55.
Horstkemper, M.: Schule, Geschlecht und Selbstvertrauen. Eine Längsschnittstudie über Mädchensozialisation in der Schule. Weinheim/München [3]1995.
Huber, A.: Stichwort Angst. München 1995.
Hurrelmann, K.: Die alten Kinder. In: Psychologie Heute, 21, H. 10, 1994, S. 72–77.
Hurrelmann, K./Rixius, N./Schirp, H.: Gegen Gewalt in der Schule. Ein Handbuch für Elternhaus und Schule. Weinheim/Basel 1996.
Jefferys, K./Noack, U.: Streiten – Vermitteln – Lösen. Das Schüler-Streit-Schlichterprogramm für die Klassen 5–10. Lichtenau 1995.
Juul, J.: „Die Eltern-Kind-Beziehung kann nicht demokratisch sein.“ In: Psychologie Heute, 25, H. 10, 1998, S. 47–49.
Kaiser, A.: Gewalt an Schulen. Sachunterrichtliche Perspektiven. In: Grundschule, 26, H. 11, 1994, S. 53–56.
Kaiser, A. (1996): Zur Bildung gehört auch Menschenbildung. In: Psychologie Heute, 23, H. 11, 1996, S. 67.
Kaiser, A. (Hrsg.): Koedukation und Jungen. Soziale Jungenförderung in der Schule. Weinheim 1997.
Kast, V.: Vom Sinn der Angst. Wie Ängste sich festsetzen und wie sie sich verwandeln lassen. Freiburg [4]1996.

Kellmer Pringle, M.: Was Kinder brauchen. Stuttgart 1979.
Kersten, J.: Schwarzer Gürtel für alle? In: Psychologie Heute, 24, H. 12, 1997, S. 2–67.
Kiper, H.: Gewalterfahrungen von Kindern in der Schule als Thema im Unterricht. In: Sache – Wort – Zahl, 24, H. 1, 1994, S. 52–58.
Koch, S.: Auf dem Stundenplan: Training gegen Gewalt und Diskriminierung. In: Psychologie Heute, 25, H. 11, 1998, S. 28–33.
Kohut, H.: Narzißmus. Frankfurt a. M. [3]1981.
Kotthoff, L. (1996): Selbstkonzeptentwicklung im Grundschulalter. In: Sache – Wort – Zahl, 24, H. 1, 1996, S. 5–13.
Kotthoff, L.: Selbstkonzeptentwicklung und Bedeutung des Selbstwertgefühls. In: Bartmann, Th./Klonska, H. (Hrsg.): Kinder in der Grundschule. Anthropologische Grundlagenforschung. Bad Heilbrunn 1996, S. 75–103.
Krappmann, L./ Oswald, H.: Alltag der Schulkinder. Beobachtungen und Analysen von Interaktionen und Sozialbeziehungen. Weinheim/München 1995.
Krause, Ch.: Was macht die Schule aus dem Selbst der Machtlosen? In: Hanckel, Ch./Heyse, H./Kalweit, K. (Hrsg.): Psychologie macht Schule. Kongreß des 10. Bundeskongresses des BDP. Bonn 1993, S. 274–286.
Lichthardt, Ch.: Laut(er) starke Mädchen. Selbstverteidigung und Selbstbekämpfung an Schulen. Münster 1995.
Milhoffer, P.: Gewalt hat auch ein Geschlecht. In: Melzer, W. u. a.: Gewaltlösungen. Seelze 1995, S. 108–111.
Ministerium für Gleichstellung von Frau und Mann des Landes von Nordrhein-Westfalen (Hrsg.): Was Sandkastenrocker von Heulsusen lernen können. Dokumente und Berichte, 36, 1996.
Möller, K. (Hrsg.): Nur Macher und Macho? Geschlechtsreflektierende Jungen- und Männerarbeit. Weinheim/München 1997.
Möller-Streitbörger, W.: Erspüre die Gefahr! Intention als Chance für Verbrechensopfer. In: Psychologie Heute, 25, H. 8, 1998, S. 28–31.
Moll-Strobel, H.: Schulanfang in jahrgangsübergreifenden Klassen. Ein anachronistisches oder innovatives Konzept? In: Grundschulmagazin, 13, H. 5, 1998, S. 7–9.
Montamedi, S.: Körpersprache – schwere Sprache. In: Psychologie Heute, 23, H. 10, 1996, S. 52–57.
Naudascher, B.: Spieglein, Spieglein an der Wand. Wie die Selbstkonzepte unserer Kinder entstehen. München 1983.
Neuhäuser, A.: Analyse aktueller Kinderbücher deutschsprachiger Autoren unter dem Aspekt der Gewalt. Eine Untersuchung ausgewählter Gewalt zentral thematisierender Werke der Kinderliteratur. Unveröffentlichte wissenschaftliche Hausarbeit, Pädagogische Hochschule Karlsruhe 1994.
Nordlohne, E./Hurrelmann, K.: Arzneimittelkonsum bei Kindern und Jugendlichen. Verbreitung, Hintergründe und Perspektiven für schulische Präventionsmaßnahmen. In: Bäuerle, S. (Hrsg.): Der suchtgefährdete Schüler. Regensburg 1993, S. 107–129.
Oberthür, R./Mayer, A.: Psalmwort-Kartei. In Bildworten der Bibel sich selbst entdecken. Heinsberg 1995.
Oerter, R./Montada, L. (Hrsg.): Entwicklungspsychologie. Weinheim 1995.
Petermann, F./Petermann, U.: Training mit Jugendlichen. Förderung von Arbeits- und Sozialverhalten. Weinheim 1992.
Petermann, F./Petermann, U.: Training mit aggressiven Kindern. Weinheim [6]1993.
Petz, S.: Zärtlichkeit, Mitfühlen, Solidarität. In: Psychologie Heute, 23, H. 11, 1996, S. 62–66.

Psychologie Heute, 21, H. 11, 1994, S. 20–28.
Psychologie Heute, 23, H. 11, 1996.
Revers, W. J. u. a.: Thematic Apperception Test. Cambridge [3]1973.
Richter, S.: Unterschiede in den Schulleistungen von Mädchen und Jungen. Regensburg 1996.
Ringel, E.: Die österreichische Seele. 10 Reden über Medizin, Politik, Kunst und Religion. Wien 1986.
Roth, H.-J.: Narzißmus. Selbstwerdung zwischen Destruktion und Produktivität. Weinheim/München 1990.
Sache – Wort – Zahl, 25, H. 7: Junge und Mädchen. Köln 1997.
Sache – Wort – Zahl, 25, H. 10: Kommunikation. Köln 1997.
Sader, M./Weber, H.: Psychologie der Persönlichkeit. München/Weinheim 1996.
Satir, V.: Kommunikation, Selbstwert, Kongruenz. Paderborn 1990.
Schnack, D./Neutzling, R.: „Wir fürchten weder Tod noch Teufel!" Wovor Jungen Angst haben. In: Büttner, Ch./Dittmann, M. (Hrsg.): Brave Mädchen, böse Buben? Erziehung zur Geschlechtsidentität in Kindergarten und Grundschule. Weinheim/Basel [2]1993, S. 133–144.
Schubert, B.: „Schlampe ... – Und da bin ich dann ausgerastet." In: Pädagogik, 47, H. 10, 1995, S. 41–43.
Schultz, H. J.: Angst. Facetten eines Urgefühls. München 1995.
Sobull, D.: Damit der Streit nicht eskaliert. In: Psychologie Heute, 25, H. 12, 1998, S. 31–36.
Sommerfeld, V.: Umgang mit Aggressionen. Ein Arbeitsbuch für Erzieherinnen, Lehrer und Eltern. Neuwied 1996.
Spanhel, D./Huber, H.-G.: Lehrersein heute – berufliche Belastungen und Wege zu deren Bewältigung. Bad Heilbrunn 1995.
Stierlin, H.: Wir müssen lernen, unsere Konflikte auszuhalten. In: Psychologie Heute, 22, H. 4, 1995, S. 34–42.
Stone, K. F./Dillchunt, H. Q. (1978): Self Science. The Subject Is Me. Santa Monica 1978.
Tausch, A.-M.: Gespräche gegen die Angst. Reinbek 1997.
Tausch, R.: Jemanden zum Reden haben. In: Psychologie Heute, 25, H. 1, 1998, S. 28–29.
Thema Gewalt: 22 Arbeitsblätter für einen fächerübergreifenden Unterricht Hauptschule/Berufsschule. Stuttgart/Dresden [3]1993.
Thema Gewalt: 36 Arbeitsblätter für einen fächerübergreifenden Unterricht Gymnasium/Realschule. Stuttgart/Leipzig [3]1994.
Trautner, H. M.: Der Beitrag der Selbstkonzept-Forschung zur Erklärung sozial abweichenden Verhaltens. In: Filipp, S.-H. (Hrsg.): Selbstkonzept – Forschung. Probleme, Befunde, Perspektiven. Stuttgart [3]1993, S. 273–291.
Volker, K.: Jugend und Gewalt. München 1996.
Vopel, K.: Interaktionsspiele für Kinder. Teil 1–4, Hamburg 1991.
Vopel, K. W.: Kooperation und Kompetenz. Teil 1 und 2, Salzhausen 1997.
Waibel, E. M.: Erziehung zum Selbstwert. Persönlichkeitsförderung als zentrales pädagogisches Anliegen. Donauwörth 1994.
Walker, J.: Gewaltfreier Umgang mit Konflikten in der Grundschule. Frankfurt a. M. 1995a.
Walker, J.: Gewaltfreier Umgang mit Konflikten in der Sekundarstufe I. Frankfurt a. M. 1995b.
Zeidler, K.: Die Wiederentdeckung der Grenze. Hildesheim 1985. Nachdruck der Ausgabe 1926.

Zeiher, H./Büchner, P./Zinnecker, J. (Hrsg.): Kinder als Außenseiter? Umbrüche in der gesellschaftlichen Wahrnehmung von Kindern und Kindheit. Weinheim/München 1996.
Zeltner, E.: Weder Macho noch Muttersöhnchen. Denkanstöße zum Umgang mit Jungen. Bern ²1997.
Ziegler, R./Ziegler, A.: Gewalt in der (Grund-)Schule. Analysen und pädagogische Konsequenzen. Aachen 1997.
Zinnecker, J./Silbereisen, R. K.: Kindheit in Deutschland. Aktueller Survey über Kinder und ihre Eltern. Weinheim/München 1996.
Zulliger, H.: Die Angst unserer Kinder. Frankfurt a. M. ⁶1973.

Kinder- und Jugendbücher zur Thematik Aggression und Gewalt

(Die mit * gekennzeichneten Werke sind für das Jugendalter geeignet.)

Chambers, A.: Wer stoppt Melanie Prosser? Ravensburg 1996 (Ravensburger TB).
Deinert, S./Krieg, T.: Das Familienalbum. Oldenburg 1993.
Ende, M./Michl, R.: Norbert Nackendick. Stuttgart/Wien 1987.
Engelmann, R. (Hrsg.): Da hab ich einfach draufgehaun. Texte zum Thema Jugendkriminalität. Würzburg 1997.*
Hagemann, M.: Schwarzer, Wolf, Skin. Stuttgart/Wien 1993.*
Hoestlander, J./Kang, J.: Die große Angst unter den Sternen. München 1995.
Hughes, D.: Macker. Frankfurt a. M. 1993.
Innocenti, R.: Rosa Weiss. Frankfurt a. M. ⁵1992.
Karan, M./Chmura, B. A.: Die Bärendienst-GmbH. Berlin 1991.
Kestenberg, J. S./Koorland, V.: Als Eure Großeltern jung waren. Mit Kindern über den Holocaust sprechen. Hamburg 1993.
Maar, P./Ballhaus, V.: Neben mir ist noch Platz. Lohr a. M. 1993.
Mai, M.: Warum-Geschichten. Vom Streiten und Raufen. Bindlach 1995.
Nelson, M./Hessell, J.: Gut, daß ich es gesagt habe. München 1993.
Nöstlinger, Ch.: Anna und die Wut. Wien 1994.
Polak, E.: Lorenz, Anton und die Folterkammer. Berlin 1992.
Porsche-Realschule Wolfsburg: Was ist denn schon dabei? Weinheim/Basel 1994.*
Pressler, M./Krömer, A.: Nora ist mal so, mal so. Frankfurt/M. 1996.
Reichenstetter, F./Schober, M.: Der Ritter, der nicht kämpfen wollte. Erlangen 1993.
Reuter, E.: Judith und Lisa. München 1988.
Reuter, E.: Marie und ihre Mutter. Hamburg 1991.
Schiemann, K. D.: Was ist los in Feuerland? Mülheim/Ruhr 1993.
Welsh, R.: Sonst bist du dran! Eine Erzählung zum Thema Gewalt in der Schule. Würzburg 1994.
Wikander, Eva: Saat der Gewalt. München 1995.
Zanger, Jan de: Dann eben mit Gewalt. Weinheim 1995.*
Zöller, E.: Und wenn ich zurückhaue? Stuttgart/Wien 1994.

Kinderbücher zur Geschlechterthematik

Die Liste wurde in Auszügen der Zeitschrift: Sache – Wort – Zahl, 25, H. 7, 1997, S. 46 entnommen!
Zusammenstellung: Regine Calder und Janine Mühlenfeld

Schon geeignet für das 1. und 2. Schuljahr:

Boie, Kirsten (Text), Peter Knorr (Illustr.): Mutter, Vater, Kind. 25 Seiten, viele Zeichnungen. Hamburg 1994.
Zwischen Line und Daniel entwickelt sich eine Freundschaft, in der die traditionellen Geschlechterrollen keine Rolle spielen.

Boie, Kirsten: Lena hat nur Fußball im Kopf. 63 Seiten, mit Zeichnungen. Hamburg 1993.
Lena ist ein fußballbegeistertes Mädchen und spielt natürlich auch im Verein in einer Jungenmannschaft. Als ihre Eltern ihr aufgrund schlechter Zensuren in Mathe das Fußballtraining verbieten, läßt sich Lena etwas einfallen, um ihre Mitspieler nicht hängen zu lassen.

Herfurtner, Rudolf (Text), Reinhard Michl (Illustr.): Papa, du sollst kommen. 21 Seiten, viele Zeichnungen. Hamburg 1992.
Mutter ist berufstätig, Vater ist Schriftsteller und arbeitet zu Hause. Der Alltag von Lisa und ihrem Vater, der nicht immer so arbeiten kann, wie er möchte, wird hier geschildert.

Munsch, Robert (Text), Helge Nyncke (Illustr.): Die Tütenprinzessin. 28 Seiten, viele Zeichnungen. Oldenburg 1987.
Prinzessin soll Prinzen retten, der sich hinterher zum „Armleuchter" entwickelt.

Nahrgang, Frauke/Döring, Hans-Günther: Andy Bärchen Eisenmann. 96 Seiten, mehrere Bilder. Weinheim 1995.
Andy wird von seiner Mutter Bärchen genannt, obwohl er den Kosenamen zu weichlich findet. Als seine Mitschüler den Namen erfahren, wird er gehänselt. Später erfährt er, daß sein Mitschüler, der ihn am meisten geärgert hat, auch einen Kosenamen hat.

Timm, Jutta (Illustr.)/Scheffler Ursel (Text): Sofie fängt den wilden Löwen. Stuttgart/Wien 1994.

Eher geeignet für das 3. und 4. Schuljahr

Clarke, Judith: Immer Wirbel um Sophie. 139 Seiten, einige Bilder. Würzburg 1995.
Sophie ist ein wildes Mädchen, das keine Regeln einhalten will und sich nicht alleine beschäftigen kann. Sie ist frech und vorlaut. Der schüchterne Waldemar wird am Schluß ihr Freund.

Fuchs, Ursula: Steine hüpfen übers Wasser. 127 Seiten, ohne Bilder. Kevelaer 1988.
Oles Vater wird arbeitslos, seine Mutter arbeitet ganze Tage. Als Oles Ferien anfangen, findet Ole heraus, daß sein Vater heimlich Babysitter ist. Vater und Sohn teilen das Geheimnis und Ole stellt fest, daß ihm sein Vater eigentlich so ganz gut gefällt.

Laas, Christa: Muss ja nicht jeder ein Held sein. 168 Seiten, ein Bild pro Kapitel. Berlin/München 1993.

Michael, der eine sehr selbständige Schwester hat, ist eher ein ängstlicher Typ. Die männlichen Erwachsenen wollen ihn aber stark und unerschrocken haben, während seine Mutter ihn verzärtelt, um keinen „Macho“ aus ihm zu machen. Zum Ende des Buches findet Michael seinen eigenen Weg.

Welsh, Renate: Julie auf dem Fußballplatz. 95 Seiten, einige Bilder. München/Wien 1984.
Seit Julies Brüder von zu Hause ausgezogen sind, hat es Julie nicht leicht. Die Eltern müssen viel arbeiten und Julie soll immer brav sein und „Mädchendinge“ tun. Aber sie geht gerne auf den Fußballplatz. Dort fühlt sie sich wohl, denn Fußball ist ihr großes Hobby.

Kinder- und Jugendbücher zur Thematik Selbstwert

(Die mit * versehenen Titel eignen sich für das Jugendalter)

Aliki: Gefühle sind wie Farben. Weinheim 1987.
Braun, G./Wolters, D.: Das große und das kleine Nein. Mühlheim 1991.
Bulla, C. R.: Der Junge mit der Kreideschachtel. Weinheim 1993.
Cave, K.: Irgendwie anders. Hamburg 1994.
Chidolue, D.: Pischmarie. München 1994.
Corentin, Ph.: Keiner mag mich. Frankfurt/M. 1996.
King, St. M.: Weißt du, wie lieb Papa dich hat? Ravensburg 1997.
Lobe, M./Weigel, S.: Das kleine Ich bin ich. München 1972.
McBratney, S./Jeram, A.: Weißt du eigentlich, wie lieb ich dich habe? Aarau/Frankfurt [6]1995.
Michels, T./Michl, R.: Sei mein Freund und friß mich nicht. München 1995.
Norlin, A./Anderson, L.: Die Geschichte vom traurigen Nilpferd. München 1993.
Oram, H./Kitamura, S.: Der wütende Willi. Mülheim/Ruhr 1993.
Ortal, A.: Hans Hase, der Angsthase. München 1996.
Ostheeren, I./Unzer, Ch.: Martin hat keine Angst mehr. Zürich/Hamburg 1993.
Pfister, M.: Hoppel findet einen Freund. Gossau/Zürich/Hamburg/Salzburg 1996.
Pressler, M.: Bitterschokolade. Weinheim/Basel 1980.*
Rodrian, I./Grolik, M.: Ich will eine Löwe sein. Stuttgart/Wien 1994.
Röhrig, T.: Freunde kann man nicht zaubern. Würzburg [12]1997.
Rusch, R.: Johanna, wir sind stark. Würzburg [3]1997.
Saalmann, G.: Ich bin der King. Ravensburg 1997.*
Scamell, R./Warnes, T.: Wer hat Wolfie lieb? Würzburg 1995.
Schmid, E.: Das schwarze Schaf. Zürich/Hamburg/Salzburg 1986.
Spee, G.: Lach doch wieder, Bruno! Hamburg 1995.
Windsor, P.: Die Sache mit dem Haß und der Liebe. Hamburg 1994.*
Wölfel, U.: Feuerschuh und Windsandale. Stuttgart/Wien 1993.